글쓰기의 원리와 실제

양정호 김윤선 육민수 김창원 이봉호

도서출판 월인

머리말

이 책은 대학생을 대상으로 글쓰기의 원리와 실제를 설명하는 목적으로 씌었다. 이미 글쓰기와 관련된 책들이 적잖이 출판되어 있는 상황에서, 새로운 글쓰기 책을 쓰는 데에는 여러 가지 고심이 있었다. 다만, 좋은 책들이 많은 가운데에도 꼭 흡족한 책을 꼽기가 쉽지 않았던 것이 집필 용기를 내는 데에 도움이 되었다. 또한 대학의 글쓰기 교수자나 학습자들 가운데 누군가에게는 꽤 유용한 책이 되리라는 스스로의 위안이 집필을 계속하는 힘이 되었다. 하지만 막상 집필을 마치고 보니 아쉬운 점이 한둘이 아니다. 앞으로 독자들의 질정을 달게 받아 더 나은 책이 될 수 있도록 깁고 더하는 노력을 계속하고자 한다.

이 책은 크게 3부로 구성되어 있다. 1부에서는 '글쓰기의 원리'라 하여 글쓰기 윤리, 글쓰기의 성격, 글의 유형 등을 다루고, 2부에서는 '글쓰기의 과정'이라 하여 글쓰기의 맥락 파악에서부터 내용을 생성하고 조직하여 표현하는 글쓰기 전 과정에 대해 다루었다. 3부에서는 '글쓰기의 실제'라 하여, 자기소개서, 비판적 칼럼, 보고서, 이력서 등 대학생에게 필요한 다양한 유형의 글을 쓰는 데 도움이 될 만한 정보를 다루었다. 전체적으로 보아 글쓰기의 원리적 성격을 이해하고, 이를 바탕으로 글쓰기의 과정을 학습한 다음, 실제적인 글쓰기에 이를 적용하도록 구성함으로써 학생들의 글쓰기 능력을 체계적으로 향상시키는 데 주안점을 두었다고 할 수 있다. 저자들의 이러한 의도가 학생들을 통해 실현되기를 바라는 마음 간절하다.

부록으로 말하기를 다루었다. 이 책이 글쓰기 책이기는 하지만 대학 생활이나 이후의 사회생활에서 글쓰기 못지않게 중요한 것이 말하기라는 생각 때문이다. 말하기에서 다루어야 할 내용이 상당히 많지만, 글쓰기 책의 부록이라는 특수성을 고려하여 발표, 토론, 언어 예절만으로 내용을 한정하였다. 부족한 대로 학생들에게 도움이 되기를 바란다.

이 책이 나오기까지 음으로 양으로 많은 분들의 관심과 도움이 있었다. 진심으로 감사를 드린다. 일일이 성함을 밝히지 않는 것은, 제한된 지면 때문임을 양해해 주시기 바란다.

2011년 2월
저자 일동

Contents

제1부

글쓰기의 원리

1장 글쓰기와 글쓰기 윤리

글쓰기의 중요성을 알아보고, 좋은 글이란 어떤 글인지를 소개한다. 또한 대학생이 글쓰기 과정에서 지켜야 할 글쓰기의 윤리를 학습한다.

1. 대학생과 글쓰기

"깨달은 내용의 깊고 얕음, 행동한 일의 선하고 악함은 반드시 글에 나타나게 되어 있다. 문장은 하루아침에 쌓을 수 있는 잔재주가 아니라 오랜 세월 노력이 쌓여야 한다."(최한기, 『인정』)라는 말처럼 글은 인간의 성장과 함께 한다. 글을 보면 사람을 안다고 하는 이유이기도 하다. 또 글은 어느 날 갑자기 잘 쓸 수 있는 게 아니다.

글은 문자 언어를 통하여 자신의 의사를 표현하고, 다른 사람들과 의사소통을 하며, 새로운 의미를 발견하고 창조하는 행위이다. 또한 복잡한 사고 과정 및 문제 해결 과정을 필요로 하는 고등정신 기능을 수반하는 행위이다. 글을 잘 쓸 수 있는 능력, 특히 주어진 문제에 대하여 논리적으로 사고를 전개하여 효과적으로 정보를 전달하거나 설득하는 텍스트를 생산하는 글쓰기 능력은 학교 교육을 제대로 받기 위해서나 학문적 성취를 이룩하기 위해서도 중요하지만 사회생활을 올바르게 수행하기 위해서도 필수적인 기능이다. 게다가 최근 인터넷의 발달로 글을 통한 의사소통 능력은 더욱 더 중요시되고 있다.

특히 대학에서는 글쓰기 능력을 학생들의 지적 능력의 척도로 삼을 만큼 중시한다. 한국의 대학생이라면 더 이상 한국어를 모르지 않을 터인데 고등 교육 기관인 대학에서까지 글쓰기를 배워야하는 이유는 무엇인가? 대학에서 글쓰기를 중요시 하는 것은 무엇보다도 문제 해결 과정으로서의 글쓰기의 성격과 연관이 깊다. 문제 해결 과정은 학문 탐구 과정이기도 하기 때문이다.

대학생들은 교양 과정 및 전공 과정에서 일차적으로 글을 통해 지식을 학습하고,

학습한 지식을 자신의 글을 통해 재생산하는 법을 배운다. 보고서나 논문 쓰기가 그 예이다. 대학생들은 글쓰기 수업에서만이 아니라 대부분의 교과목에서 스스로 문제를 찾고 그 문제를 해결해 나가는 과정으로서의 글쓰기를 수행한다. 이것이 곧 대학에서 배우고 익히는 학문 탐구 과정이다. 대학에서 글쓰기는 모든 교과와 연관되어 있으며 글쓰기 능력의 문제는 학문 탐구 능력의 문제와 직결된다.

따라서 대학생이 글쓰기를 배운다는 것은 언어적 차원을 학습하거나 수사적인 내용을 익히는 것 이상의 가치와 의미가 있다. 설사 대학생의 글쓰기가 언어적 차원의 학습과 수사적인 내용을 담는다 하더라도 그것이 최종 목적은 아니다. 대학생은 자신이 배운 지식을 글로 표현할 수 있어야 하며, 글을 통해 자신의 앎을 사회화할 수 있어야 한다. 그들은 대학에서 학문 탐구 과정으로서의 글쓰기와 의사소통 행위로서의 글쓰기를 배우고 익힌다. 그리고 이를 통해 한 개인의 성숙과 발전 뿐 아니라, 진리를 추구하고 사회를 책임질 인재로 성장할 수 있어야 한다. 글은 개인의 성장만이 아니라 우리 사회의 성장과도 함께 하기 때문이다. 당신의 글에 우리의 미래가 있다는 것을 기억하라.

확인 · 심화

1. 다음은 '문장 공부'에 대한 정약용의 글이다. 그가 강조한 내용이 무엇인지를 참조하여, 글쓰기 공부를 위한 자신의 계획을 써 보자.

> 변지의 군이 천 리 길을 걸어서 나를 찾아왔기에 그 뜻을 물어보니 문장 공부를 해 보겠다고 하였다. 마침 이날 우리 집 아이가 나무를 심기에 나는 그 나무를 가리키면서 다음과 같이 말해 주었다.
>
> "사람에게 문장이란 나무에 꽃이 피는 것과 같다. 나무를 심을 때 우선 뿌리에 북을 주고 줄거리를 바로 세워 주어야 한다. 그리하여 진액이 오르고 가지와 잎이 무성해지면 거기에서 꽃이 피는 것이다. 그러므로 나무를 잘 가꾸지도 않고 꽃만 보려고 서둘러서는 안 된다.
>
> 나무뿌리를 북돋우듯 자기 마음을 바로 잡고, 줄기를 바로 세우듯 자기 몸을 수양하고, 진약이 통하듯 경전을 깊이 연구하고, 가지와 잎이 무성하듯 학식을 넓히고 기교를 연마하여 마음속에 든든하게 쌓은 다음에 마음에 품은 것을 표현하면 곧 글이 되는 것이며, 사람들이 보고 훌륭한 문장이라고 말할 것이니, 이것이 진정한 문장이다. 문장의 길만을 따로 떼어서 성급하게 구할 수는 없을 것이다."
>
> 정약용, 「변지의에게 주는 말(爲陽德人邊知意贈言)」, 『與猶堂全書』

2. 다음 글을 읽고 글쓰기의 중요성과 필요성에 대해 발표하자.

> 글 잘 쓰는 과학자가 성공할 확률 높다
>
> - 갈릴레이 · 다윈 · 프로이드는 베스트셀러 작가
>
> 세계 최고의 공과대학 MIT의 근처 서점에서 수십년 동안 가장 많이 팔린 책은 무엇일까. 뜻밖에도 작문 책이라고 한다. 우수한 공과대학 학생들이 왜 이토록 작문 책을 사보는 것일까. 직접 현장을 찾아가 그 내막을 알아보았다.
>
> 매사추세츠공대(MIT) 학생들이 가장 많이 지나다니는 보스턴시의 MIT켄달 지하철역 앞에는 MIT COOP이란 이름의 커다란 책방이 있다. 오후가 되면 북적대는 학생들로 이 책방은 활기가 돈다.

학생들이 책방을 들락날락 거리는 출입구 옆 쇼윈도에는 잘 팔리는 책 몇권이 늘 전시된다. 여기에 진열된 손바닥 크기의 작문 책인 "스타일의 요소(The Elements of Style)"는 수십년 동안 이 책방에서 가장 많이 팔린 책이다. 미국 최고의 이공계 대학에서 작문 책이 가장 잘 팔린다는 것은 처음에는 정말 의외였다.

이 책은 윌리엄 스트렁크라는 대학 교수가 1919년에 강단에서 작문을 가르치면서 만들었던 강의록을 그의 제자이자 작가인 E. B. 화이트가 수정해 40년 뒤에 만든 것이다.

글은 간결하고 짧게,

두개의 문장을 절대 붙여서 길게 쓰지 말고,

수동형은 피하고,

불필요한 단어는 무조건 빼라고 이 책은 강조한다.

졸업하려면 2번의 쓰기 관문 통과해야

MIT에서 1년여 동안 연수를 받으면서 필자는 왜 학생들이 그토록 글쓰기에 열심인지 조금씩 그 내막을 알게 됐다. 그리고 우리나라 이공계 출신들이 "글"에 맥을 못추는 것은 관심과 능력이 없어서가 아니라, 제대로 쓰기 교육을 받지 못했기 때문이라는 확신이 생겼다.

이 대학 입학생은 2학년 초까지 쓰기 1단계, 졸업 전에 쓰기 2단계라는 두개의 관문을 넘어야 졸업할 수 있다. 그러려면 쓰기 과목을 수강하거나, 글을 제출해 일정 점수 이상을 받아야 한다. 한해에 쓰기 과목을 배우는 대학생 숫자가 전체 4천2백명 가운데 9백명. 졸업할 때까지 평균 한 과목 정도는 수강하는 셈이다.

대학에는 "쓰기 프로그램과"가 있으며, 여기에 소속된 교수와 강사가 29명이나 된다. 교수진은 소설가, 에세이작가, 시인, 번역가, 전기작가, 역사가, 과학자 등 다양하다. 교육 과목은 설명 및 수사학, 창작, 과학기술 쓰기 등 크게 세 분야로 나뉘어진다. 학생들은 현대공상과학소설, 과학에세이, 과학저널리즘, 사이버스페이스에서의 커뮤니케이션, 수사학 등 36과목 가운데 자신의 구미에 맞는 것을 고를 수 있다.

대학이 글쓰기를 강조하는 분위기여서 필자도 여기서 글쓰기를 다시 배웠다. 지도를 맡았던 바바라 골도프타스 교수는 "MIT가 쓰기를 강조하는 이유는 쓰기를 통해 명쾌한 사고 능력이 생기게 되고, 이것이 연구 능력과도 직결되기 때문"이라고 말했다. 그녀는 "실제로 MIT에서 글을 잘 썼던 학생들이 졸업한 뒤에도 성공하는 가능성이 높다는 조사 결과도 있었다"고 덧붙였다.

MIT 쓰기 프로그램과 학과장인 제임스 패러디스 교수는 아예 과학과 기술을 일종의 커뮤니케이션으로 보는 인물이다. 그는 쓰기의 중요성을 이렇게 설명했다. "과학기술자에게 쓰기는 지식 형성에 결정적인 영향을 미치고, 대중은 물론 같은 분야의 전문가들이 정보를 습득하는데 큰 도움을 준다. 또한 요즘 과학기술 논문은 대부분 공저이기 때문에 글쓰기가 하나의 협동과정이다. 특히 요즘에는 자료들이 e메일을 타고 빠르게 돌아다니기 때문에 글쓰기가 더욱 중요해지고 있다."

리포트가 성적 평가 50% 차지

MIT에서 가장 인기 있는 교양과목인 스티븐 핑커 교수의 심리학은 쓰기가 학과목에 얼마나 구석구석 침투해 있는지 잘 보여준다. 핑커 교수는 마음을 컴퓨터로 보고 리엔지니어링하는 학자로 유명하다.

심리학 과목의 학점은 10% 출석, 40% 시험, 50% 리포트로 매겨진다. 쓰기가 학점의 절반을 좌우하는 셈이다. 리포트의 주제는 자유롭다. 하지만 리포트를 한번 제출하면 끝나는게 아니라 처음 낸 리포트를 계속 수정 · 보완해 3차 리포트까지 제출해야 한다.

일단 6-8장 정도로 리포트를 써내면, 조교들이 문제점과 개선 방향을 지적해 되돌려준다. 그러면 학생들은 이를 수정해 8-10장으로 다시 내야 한다. 학생들은 수정 경험을 바탕으로 3차 리포트를 12-15장으로 다시 써낸다. 물론 1, 2, 3차 리포트의 점수는 각각 별도로 매겨진다.

리포트가 성적을 좌우하므로 많은 학생들은 조교가 지적한 리포트의 논리적 허점, 표현 미숙 등을 해결하기 위해 밤새 씨름을 하고, 그래도 부족하면 교내의 쓰기 센터에 가서 개인적인 도움을 받는다. 그냥 써서 교수의 편지함에 집어넣으면 끝나는 한국의 대학생들은 행복하다고 할까. 하지만 이런 고통 속에서 MIT 학생들은 졸업할 때쯤 되면 유능한 과학자나 엔지니어뿐 아니라 훌륭한 작가로 단련된다.

또한 과학 쓰기 시간에 교수들이 학생에게 내는 숙제 가운데 빼놓을 수 없는 것은 무엇이 어떻게 작동하는지 설명하는 것이다. 재봉틀이나 펌프가 어떻게 움직이는지, 사과는 왜 떨어지는지, 눈은 본 것을 어떻게 뇌에게 알려주는지 설명하라는 것이다. 숙제를 하면서 장래의 과학자들은 지금까지 모호하게 알고 있던 작동 메커니즘을 확실히 깨닫게 된다. 또한 이런 숙제를 해본 학생들은 나중에 과학자나 엔지니어가 돼도 과학과 기술을 정부 관계자나 대중에게 훨씬 쉽게 설명한다.

미국의 한 학자가 20개 연구기관에서 일하는 과학자와 엔지니어 2백65명을 대상으로 설문조사를 한 바에 따르면, "쓰기 능력이 자신의 개인적 경력과 출세에 아주 영향을 많이 주었다"고 동그라미를 친 응답자가 절반이나 됐다. 특히 매니저는 그렇다고 응답한 비율이 71%에 달한다. "자신의 생각을 명쾌하고 논리적으로 표현할 수 있는 젊은 엔지니어는 졸업 후 5년 안에 매니저가 될 수 있다." "형편없는 제안서와 보고서로는 연구비와 고객을 얻을 수 없다." "커뮤니케이션의 질은 아이디어의 습득에 매우 강한 영향을 미친다." 이들이 설문지에 써놓은 내용이다.

또한 이 과학자와 엔지니어들은 적어도 자신의 시간 중 1/3을 쓰기, 읽기, 편집, 프레젠테이션 준비 등 쓰기와 관련된 일에 소모했다. 승진할수록 비율은 더 늘어나 평연구원은 34%, 중간관리자는 40%, 그리고 매니저는 50%를 쓰면서 보낸다.

베스트셀러 작가 반열에 오르기도

그렇다고 글쓰기가 꼭 출세와 승진을 위한 것만은 아니다. 위대한 과학자들 가운데는 위대한 작가가 많다. 지난 5백년 동안 과학혁명을 주도해 왔던 코페르니쿠스, 갈릴레이, 뉴턴, 다윈, 프로이드, 베게너, 슈뢰딩거, 자크 모노, 제임스 왓슨, 레이첼 카슨 등은 단지 논문뿐 아니라 대중이 읽을 수 있는 훌륭한 책을 쓴 사람들이다.

갈릴레이는 지구중심설과 태양중심설을 믿는 두 학자와 한 명의 지식인 간의 논쟁을 희곡처럼 구성한 "대화록"을 써 단숨에 유명해졌다. 이로 인해 결국 로마 교황청에 끌려가 무기징역을 선고받기도 했다.

다윈이 5년 동안 남미와 갈라파고스를 둘러보고 돌아와서 쓴 "비글호의 항해"는 보고 경험한 것을 너무도 생생하게 묘사하고 있어 문학사에서도 고전으로 꼽힌다. 진화론을 체계화한 "종의 기원"은 판매가 시작되자마자 매진된 베스트셀러였다.

감춰져 있던 무의식의 세계를 파헤친 정신과 의사 프로이트는 "꿈의 해석"을 고전으로 남겼다. 양자역학의 기초를 세운 슈뢰딩거는 말년에 15년 동안 아일랜드에 살면서 물리학, 철학, 과학사를 섭렵해 "생명이란 무엇인가"를 썼다. 젊어서 이 책을 읽고 감명받은 DNA 나선구조 발견자 제임스 왓슨은 나선구조를 밝혀내는데 관여한 사람들의 도전과 욕망을 그린 "이중 나선"을 써서 과학자들의 애독서가 되고 있다. 미국의 해양생물학자인 레이첼 카슨이 쓴 "침묵의 봄"은 환경운동의 기폭제 역할을 했다.

요즘도 선진국에서는 과학자들이 책을 통해 대중의 지적 욕구를 채워주는 지식인 역할을 많이 하고 있다. 대중 저서로 퓰리처상을 두번 받은 사회생물학자 에드워드 윌슨, "이기적 유전자"를 쓴 리처드 도킨스, "시간의 역사"를 쓴 스티븐 호킹, 가이아 학설을 주창한 제임스 러브록과 린 마굴리스, 마음을 파헤치는 이론 물리학자 로저 펜로즈 등은 전문 작가 뺨치게 글을 써 베스트셀러 작가의 반열에 오른 인물들이다.

우리나라도 작문교육 강화될 전망

우리나라에서도 서울대가 현재 고교 2년생이 대학입시를 치르는 2003학년도 수시모집에서 과학논술, 언어논술, 논리논술, 수리논술을 도입하는 방안을 검토 중이다. 이렇게 되면 논술이 학생의 당락을 결정적으로 좌우하게 돼, 고등학교 글쓰기 교육이 한층 강화될 것으로 보인다. 하지만 고교생에게만 쓰기 교육을 시킬 것이 아니라, 글쓰기가 미숙한 이공계 대학생들에게도 작문교육을 철저히 시켜야 한다. "사인, 코사인만 배워서 그런지 문과 출신 친구들이 잘 쓰는 것을 볼 때 한계를 느낀다"는 말이 나오지 않게 해야 한다.

요즘 글을 잘 쓰는 과학 기술인으로, 김영환 과학기술부 장관과 서울대 생물학과 최재천 교수가 꼽힌다. "방귀에 불이 붙을까요?"란 동시집을 최근 펴낸 김 장관은 민주화 운동을 하다가 옥중에서 시 쓰는 공부를 했다. 한편 최 교수는 고교시절 문예반 학생이었음에도 불구하고, 교수가 된 뒤 다시 글쓰기 과외 지도를 받았다. 하지만 대부분의 이공계 학생들은 한창 문학에 심취할 중·고교 시절에 독서나 작문보다 수학에 매달리고, 대학에서도 쓰기 교육이라고는 거의 받아본 적이 없다.

글은 엉켜진 생각을 질서 있게 정리해주는 묘한 마력을 지니고 있다. 그래서 글쓰기를 "마음의 서치엔진"이라고도 한다. 과학은 "생각하는 방식"이다. 생각하는 방식을 바꾸지 않고서는 새로운 것을 발견할 수 없다. 하찮은 실험 결과도 자꾸 글로 정리하면서 마음의 서치엔진을 작동시키다 보면 대발견에 이를 수 있는 것이다.

신동호, ≪과학동아≫, 2002. 2.

2. 좋은 글을 쓰기 위한 원칙

문제를 발견하고 주제화하라

글쓰기 과정에서 필자는 글쓰기 과제의 완수를 위해 기능이나 전략을 활용하여 문제를 해결한다. 글쓰기는 일상생활에서 접하는 문제 해결 과정 뿐 아니라 예술가와 과학자, 사업가가 자신의 분야에서 경험하는 여러 문제를 해결하기 위한 과정과도 유사하다. 각 분야의 전문가들이 자신들의 당면 문제의 해결을 위해 전략을 세우는 것처럼, 필자도 문제 해결을 위해 글쓰기 전략을 세운다. 즉 글쓰기는 필자가 문제 상황을 발견하고, 문제가 요구하는 것이 무엇인지를 이해하며, 그 문제를 해결하기 위한 과정이다.

주제는 중립적인 화제가 아니라 갈등을 내포한 문제적 차원에서 설정되어야 한다.

따라서 글을 쓸 때 필자가 해야 할 첫 번째 일은 '문제'를 찾는 것이다. 이를 주제 찾기라고 할 수 있다. 주제가 분명하지 않은 글은 좋은 글이 될 수 없다. 흔히 주제를 화제, 제재, 소재로 혼동하는 경우가 많다. '…에 대해서'에 해당하는 화제는 주제가 아니다. 이러한 화제를 문제적 차원에서 구체화해야 하고, 문제적 차원에서 구체화된 것을 주제로 정해야 한다. 주제가 없는 글, 주제가 확실하지 않은 글은 좋은 글이 될 수 없다.

독자를 고려하라

글쓰기는 필자와 독자의 의사소통 행위다. 필자는 글을 통해 독자와 소통한다. 의사소통이 원활한 사회는 민주 사회의 특징이기도 하다. 때문에 대학생에게 글쓰기는 건전한 민주 시민, 성숙한 시민이 되기 위한 의사소통 교육 과정의 하나이기도 하다. 전문인 양성이나 직업인 양성 뿐 아니라 건전한 민주 시민 교육을 중시하는 현재 한국 사회의 대학 교육 목표를 고려할 때 의사소통 행위로서의 글쓰기 교육은 더 강화될 수밖에 없다. 이런 관점에서 필자는 글을 쓸 때 독자에 대한 고려를 잊어서는 안 된다.

독자와 소통할 수 있는 글, 독자에게 감흥을 줄 수 있는 글을 쓰기 위해서는 독자 분석이 필요하다. 예를 들어 대학생이 쓰는 보고서의 경우 독자는 해당 교과의 교수다. 대학생은 교수가 보고서에서 요구하는 사항, 수업에서 중요시 한 내용, 교수가 보고서를 통해 획득하고자 하는 목표, 작게는 교수의 사소한 성향까지도 충분히 분석하고, 분석 내용을 고려해서 보고서를 써야 한다. 자신의 보고서를 읽을 독자가 해당 분야의 전문가인 교수라는 것을 염두에 둔다면 스스로 탐구하지 않고 쓰거나 다른 사람의 보고서를 베껴 쓰는 등의 무성의한 보고서 작성은 하지 않을 것이다. 독자에 대한 분석과 배려 없이 독자에게 다가갈 수 없다. 연애편지도 읽을 상대의 성향을 무시하고 쓴다면 그 사람의 마음을 움직일 수 없는 법이다.

사회적 약속에 충실하라

글은 문자 언어로 전달된다. 언어는 사회적 약속이다. 때문에 사회적 약속을 지키지 않는다면, 글을 통한 소기의 목적도 달성하기 어렵다. 그렇다면 글에서 지켜야 할 약속은 무엇인가? 무엇보다 어법 준수다.

청자를 직접 대면한 상황에서 주로 행해지는 말보다 글을 통한 의사소통 상황은 직접적이지 않다. 그러므로 의사 전달의 정확함이 더 필요하다. 표준어를 사용하고, 문법에 맞는 글을 쓰도록 노력하자. 사회적 약속에 충실하지 않은 글이 사회적 역할과 기능을 수행할 수 있다고 기대할 수 없다.

사고(思考) 과정을 담되, 그것을 단계화하라

글쓰기는 논리적인 사고 과정, 사유과정을 표현한다. 글쓰기를 통해 필자는 자신의 생각을 구체화하고 가시화한다. 좋은 글은 필자의 논리적이면서도 깊이 있는 사고 과정 속에서 실현된다. 개요 작성하기와 같은 글쓰기 설계 과정은 사고 과정을 단계화하는 작업이다. 사고 과정을 개요 작성하기를 통해 가시화 하고 과정의 논리적 연관을 점검하자. 이 과정을 글쓰기로 옮길 수 있어야 한다. 그것의 기본이 단락이다.

글에서 단락은 생각의 단위이다. 때문에 생각의 단위가 바뀔 때마다 단락 나누기를 통해 글을 전개하자. 잘 쓴 단락은 좋은 글을 쓰기 위한 첫걸음이다. 단락은 글의 최소 단위이며, 이런 단락이 모여서 한 편의 글이 된다. 생각의 마디가 분명하면서도 정교한 글, 그러한 마디들의 단계가 명확하면서도 그 흐름이 하나의 사유로 응집될 수 있는 글이 좋은 글이며 그 과정은 단락의 전개를 통해 구현되어야 한다.

비판적 태도를 강화하라

글은 단순히 한 개인의 사적 창작물이 아니다. 개인은 사회·문화적 존재이며, 글쓰기는 사회·문화적 실천 행위이다. 때문에 좋은 글을 쓰기 위해서 필자는 자신이 속해 있는 사회·문화적 상황을 성찰하고 이해하며, 자신이 속한 사회·문화적 현실과 자신이 배운 지식에 대한 비판적 안목을 키울 필요가 있다. 특히 지식 정보화 사회를 기반으로 급속하게 정치·사회·문화가 변화하는 현대에 개인과 사회의 생존과 자존을 지키기 위해 필요한 것이 비판 능력이다.

비판은 옳고 그름을 가리어 판단하고 밝히는 것이다. 사물을 분석하여 각각의 의미와 가치를 인정하고, 전체 의미와의 관계를 분명히 하여 그 존재의 논리적 기초를 밝히는 일이 비판이다. 좋은 글을 쓰기 위해 평소에 늘 비판적 태도를 지니도록 노력하자. 비판 없이 자신이 읽은 글보다 더 나은 글을 쓸 수 없으며, 더 나은 글을 쓸 수 없다면 더 좋은 사회, 더 발전된 삶도 기대할 수 없다. 글은 단순한 문자 기호들의 집합이 아니라 삶의 문제요 생활의 현장이며, 우리가 지향하는 미래 세계의 청사진이기 때문이다.

나만의 글을 써라

글쓰기는 창조 행위다. 이를 반영하는 것이 독창성이다. 아무리 내용이 좋은 글이라 하더라도 자신의 목소리가 없다면 그 글은 동어반복에 지나지 않는다. 때문에 글에 생명력을 부여하는 것이 독창성이다. 항상 자신만의 목소리, 기존의 글과는 다른 자신의 글만이 갖는 차별성을 지니도록 노력해 보자.

그런데 글쓰기에서의 창조는 무에서 유를 창조해 내는 것이 아니다. 필자는 유에서 유, 즉 다른 사람의 글을 토대로 새로운 글을 쓰는 것이다. 다른 글과의 관계 속에서 필자가 쓰는 새로운 글의 독창성이 유의미한 차이를 보여줄 때 그 글은 좋은 글이 될 수 있다.

정직한 글을 써라

권모술수가 만연한 사회는 불행한 사회이며 발전이 없는 사회다. 글도 마찬가지다. 거짓과 속임수를 기본으로 한 글이 좋은 글이 될 수 없다. 글은 정직해야 한다. 거짓말로 내용을 꾸며서도 안 되고 타인의 글을 자기 글처럼 이용해서도 안 된다. 글은 다른 글을 토대로 창조해 내는 행위이다. 때문에 내 글과 타인의 글을 구분하면서 써야 한다. 타인의 글에서 도움을 받은 것은 죄도 아니며 비윤리적 행위도 아니다. 그러나 그것을 밝히지 않았을 때, 그것은 범죄행위와 같다.

중등학교 시절에는 자습서나 참고서의 내용을 별개의 표시 없이도 거리낌 없이 베껴 쓰곤 했다. 대학생의 글은 그래서는 안 된다. 자신의 글과 타인의 글을 구분하면서 쓰는 것은 정직한 글의 첫 번째 요건이며, 자신이 공부한 만큼, 노력한 만큼 쓰되 과대포장해서 자신의 글로 드러내서는 안 된다. 거짓말쟁이로 키우는 것이 글쓰기가 아니다. 사기꾼으로 훈련시키는 것이 글쓰기여서는 안 된다.

나를 보여주되 나를 숨겨라

"자기만의 개별성을 지우려는 노력을 부단히 하지 않는다면 읽을 만한 글을 절대 쓸 수 없다." 『동물농장』과 『1984년』을 쓴 작가 조지 오웰의 말이다. 좋은 글을 쓰기 위해서는 개별성을 지워야 한다. 자신의 경험을 보편성을 띤 경험의 하나로 바꾸어낼 수 있어야 한다.

조지 오웰 George Orwell 1903~1950 영국의 작가, 저널리스트. 대표작은 『동물농장』(1945), 『1984』(1948)

필자의 개인적 경험은 자신이 쓰고자 하는 글의 동기, 글의 목적, 소재가 될 수 있다. 그러나 그것이 그대로 글로 표현될 수 있는 것은 아니다. 따라서 글을 쓸 때는 자신의 경험 중에서 글감이 될 수 있는 것을 선별할 수 있어야 하며, 그것을 글로 쓸 때는 사적 경험을 객관화시키는 작업이 필요하다. 이를 위한 가장 쉬운 방법의 하나는 주어 '나'를 쓰지 않는 것이다. 특히 보고서를 비롯한 학술적 글쓰기에서는 나만의 개인적이고 주관적인 경험이나 감정의 직설적 고백을 지양해야 한다.

보기에 좋은 글을 써라

예전 동양의 선비들은 서예, 서도를 했다. 그들은 글자를 쓰는 것만으로도 예술이고 도를 따르는 길이라 여겼다. 그 정도는 아니라 하더라도 글을 쓸 때 시각적으로 보기에 좋은 글을 쓰고자 하는 예의는 지금도 여전히 필요하다. 글자체, 글자 크기, 편집 용지 하나하나까지도 고려해서 독자가 보기 좋게 쓰고 편집하고 마무리 하자. 보기에 좋은 떡이 먹기에도 좋고 맛도 있듯이 보기 좋은 글이 글의 내용을 읽고 이해하는 데 도움이 된다.

워드 프로세서 기술이 미숙한 대학 신입생이라면 문서 작업 기술을 배우고 익히자. 글자를 처음 배우던 시절 글씨 연습을 했던 것처럼 워드 프로세서 기술을 익혀 글쓰기 도구에 익숙해져야 한다.

글쓰기 습관을 개선하라

글쓰기 실력은 한 순간에 향상되지 않는다. 때문에 평상시 글쓰기에 도움이 되는 습관을 생활화하는 것이 필요하다. 글쓰기는 이론이 아니다. 그것은 노동이며 실천이다. 글쓰기를 일상화하고 글쓰기에 도움이 되는 습관을 생활화하는 것보다 글을 잘 쓰기 위한 더 좋은 방법은 없다고 해도 과언이 아니다.

메모하는 것, 좋은 글귀는 저장해 놓는 것, 정기적으로 글을 쓰는 것, 글을 여러 번 고쳐 쓰는 것, 글을 쓴 후에는 다른 사람에게 보여주고 그들의 조언을 듣는 것, 글을 쓴 후에는 소리 내어 읽으면서 수정하는 것 등을 생활화하자. 자신의 글쓰기 습관을 점검하고 개선하여 좋은 글쓰기 습관을 생활하는 것이 글의 변화를 가능하게 한다.

나탈리 골드버그 (Natalie Goldberg) 미국의 작가이자 글쓰기 강사. 『뼛속까지 내려가서 써라』(1986) 출간.

공부에는 왕도가 없다는 말이 있다. 글쓰기에도 왕도가 없다. 꾸준한 글쓰기와 반복된 연습을 통해서 누구나 좀 더 글을 잘 쓸 수 있다. 글쓰기 이론은 이를 위한 조언의 역할을 할 뿐이다. 좋은 글을 쓰고 싶다면 꾸준하게 글을 쓰는 습관을 들이자. 그리고 글쓰기를 자신의 일상생활로 정착시키자. 노력 없이, 반복된 연습 없이 글쓰기는 절대로 좋아지지 않는다. 나탈리 골드버그(Natalie Goldberg)가 지적했듯이 글쓰기는 글쓰기를 통해서 배울 수 있다. 마지막으로 무엇보다 중요한 것이 있다. 여러분 스스로 좋은 필자가 되기를 원해야 한다는 점이다. 글을 잘 쓰기를 원하라. 원하는 것보다 더 좋은 길은 없다. 대학은, 그리고 대학을 졸업하고 나가게 될 사회는 그렇게 원하는 자를 더욱 간절히 바라고 있다.

확인 · 심화

1. 좋은 글을 쓰기 위한 원칙들을 요약해 보자. 본문에서 제시한 것 외에도 추가할 수 있는 원칙이 있다면 발표해 보자.

2. 어떤 필자는 피곤할 때마다 초콜릿을 먹곤 한다. 어느 날 초콜릿을 먹는 것이 피로감을 푸는 데 효과가 있는지 궁금했고 이것을 과학적으로 증명해 보고 싶었다. 그래서 이에 대해 조사하고 자신이 찾은 결론을 논증하는 글을 쓰게 되었다. 이 필자는 자신의 글에서 다음과 같이 주제 설정 동기를 서론에 기술하였다. 이러한 기술 방법이 타당한지 논의해보고, 이를 수정해 보자.

얼마 전 나는 초콜릿을 먹다가 문득 초콜릿이 피로 회복에 도움이 될까 궁금하였다. 나는 피곤할 때마다 초콜릿을 먹는다. 그것을 먹고 나면 피로가 풀리는 것처럼 느껴진다. 과연 초콜릿 섭취가 피로 회복에 도움이 될까? 이런 궁금증을 풀기 위해 나는 이에 대해 알아보고자 이 글을 쓰게 되었다.

3. 글쓰기의 윤리

대학에서의 학습 활동은 주로 '글'을 통해 행해진다. 글을 통해 지식을 배우고, 글로써 자신이 익히고 배운 바를 평가 받는다. 때문에 대학생에게 글쓰기에서 지켜야 할 윤리는 학습 윤리 중에서도 가장 중요한 부분이다. 이 장에서는 글쓰기 윤리를 표절, 변조, 위조 등으로 구분하여 살펴볼 것이다.

진리를 추구하는 학문 탐구의 전당인 대학에서 글쓰기 윤리를 위배하는 것은 중죄 중의 중죄다. 미국 대학의 경우에는 중등학교 시절부터 표절 교육이 철저하게 시행되고 있다. 한국의 중등학교 학생들은 표절에 대한 특별한 교육을 받지 않은 채 오히려 자습서 · 참고서 · 인터넷 자료를 무분별하게 이용하면서 학습을 하는 것이 상례다. 그러다 보니 표절의 비윤리적인 측면, 범법적인 위험성을 제대로 인식하지 못한 채 대학 생활을 시작한다. 때문에 대학에서 글쓰기 교육을 받기 위해 가장 먼저 전제되어야 할 부분이 글쓰기 윤리이다. 학문적 정직성을 지켜 건전한 학문 풍토를 조성하는 일에 능동적으로 동참하자. 전문가이자 건전한 민주 시민이 되어야 할 대학생이 의식적 · 무의시적으로 글쓰기 윤리에 저촉되는 일은 삼가야 할 것이다.

왜 글쓰기 윤리인가

글은 필자의 생각만을 풀어쓰는 것으로 부족하다. 인간은 타인과 관계를 맺고 서로 도움을 주고받으며 산다. 글도 마찬가지로 혼자의 힘으로, 혼자의 생각만으로 쓸 수 없다. 한 편의 글은 다른 글의 도움을 주고받으며 작성되고, 다른 글과의 관계 속에서 완성된다. 때문에 도움을 받았다거나 이용했다는 그 자체가 죄가 되는 것은 아니다. 오히려 이를 밝히지 않았을 때 문제가 된다. 이와 관련해서 대학생들은 글쓰기의 윤리 및 그 구체적 실천 방법으로서 인용하는 방법, 인용문에 주를 달아 자료의 출처를 밝히는 방법, 참고문헌 작성법을 알아야 한다.

자신의 글이 아닌 글을 자신의 글인 양 쓰거나 타인의 글을 이용하고도 그 출처를 표시하지 않는다면 아무리 멋진 주장을 담고 아름다운 표현을 썼다 하더라도 그 글은 좋은 글이 될 수 없다. 좋은 글은 좋은 관계를 통해 완성되며, 그 관계는 출처 표시를 통해 드러나야 한다. 일상생활에서도 도움을 받은 사람에게 감사 인사를 하는 것처럼 글을 쓸 때 타인의 글을 자신의 글에서 이용했다면 정직하게 글의 출처를 표시해서 예를 갖추도록 하자. 우리가 대학에서 탐구하고 추구하는 진리는 거짓이 없어야 하며, 정직성은 사회에서도 글에서도 첫 번째 지켜져야 할 윤리이기 때문이다.

정직성의 3원칙

미국 시카고 대학의 표절 연구 분야 권위자인 찰스 립슨(Charles Lpson) 교수에 따르면 대학 사회가 지켜야 할 학문적 정직성에는 세 가지 원칙이 있다. 아래를 기억하며 글쓰기의 정직성을 준수하자.

1. 자신의 이름으로 제출하거나 발표하는 모든 연구 실적은 실제로 자신이 연구한 것이어야 한다.
2. 다른 연구자의 연구 실적을 인용하거나 참고했을 때에는 반드시 그 출처를 밝혀야 한다. 단지 학술 용어를 인용한 것이라도 예외가 될 수 없다.
3. 연구 자료는 정확하고 정직하게 제시하여야 한다. 연구 실적과 관련이 있는 모든 자료는 그것이 어떤 형태의 것이든지 예외가 될 수 없다.

Charles Lpson, 『정직한 글쓰기』

1) 표절(plagiarism)

표절은 대학생들의 글쓰기 뿐 아니라 전문가들의 글쓰기에서도 가장 어기기 쉽다. 표절(剽竊)의 사전적 의미는 다른 사람의 글을 빼앗고 훔치는 행위, 남의 작품을 일부러 몰래 따다 쓰는 행위다. 표절은 타인의 아이디어, 연구내용 · 결과 등을 적절한 인용 없이 사용하는 것으로 타인의 글을 출처 표시 없이 자신의 글에서 쓴 경우이다. 원전이 있음에도 자신이 처음 쓰는 것처럼 썼다면 표절이다. 일반적으로 표절은 타인의 글을 출처 표시 없이 가져왔을 때이지만, 자기표절도 표절로 취급받는다.

자기표절이란 자기의 글일지라도 이미 썼던 예전의 글을 상당 부분 다시 베껴 쓰면서도 처음 쓰는 것처럼 출처를 밝히지 않은 경우에 해당된다. 연구자들의 경우 업적을 많게 하기 위해 중복 게재하거나 중복 출판하는 경우가 있는데, 이는 자기표절이다. 대학생의 경우 공식적으로 발표하거나 출판한 연구 실적이 거의 없기 때문에 자기표절이 없는 경우가 대부분이지만 이미 썼던 보고서를 다시 이용하여 중복 제출한다면 이 역시 자기표절의 한 예가 될 수 있다.

표절의 종류로는 아이디어 표절, 텍스트 표절, 모자이크 표절, 아이디어 왜곡이 있다. 가장 일반적인 것은 텍스트 표절로 저자를 밝히지 않고 다른 사람의 글의 일부를 베껴오는 행위이다. 대학생들은 텍스트 표절을 하는 경우가 많다. 서적 뿐 아니라 인터넷의 보급이 대중화되면서 웹상에 떠도는 글을 저자 표시 없이 무분별하게 베껴오는 경우가 허다하다. 인터넷 표절은 현재 한국 대학생들에게 가장 우려되는 표절의 행태로 그 수준이 심각하다. 모자이크 표절은 다른 사람의 글을 조합하거나 단어를 추가 삽입해서 베껴오는 경우이며, 아이디어 표절은 다른 사람의 아이디어를 출처 표시 없이 도용하는 경우다. 연구자의 경우 타인의 연구 제안서, 기고 원고 등을 심사하는 경우 알게 된 아이디어를 후에 자신의 글에서 이용하는 아이디어 표절을 하는 경우가 있다. 대학생들 역시 다른 학우들의 발표나 보고서, 대화에서 얻은 아이디어가 있다면 그것을 이용할 때는 적절한 출처 표시와 인용을 하는 습관을 들이도록 하자.

· 표절의 예

원문) 닭은 오랜 세월 우리 인간이 오로지 알을 잘 낳도록 인위선택하여 만들어낸 '괴물'이다. 그러다 보니 지금 세계 어느 나라 닭장이든 그 안에 있는 닭들은 거의 '복제 닭' 수준이다. 그래서 일단 바이러스가 진입하면 몰살을 면치 못하는 것이다. 철새들이 정말 닭들에게 바이러스를 전해주는지, 철새들은 바이러스를 지니고도 끄떡 없는데 왜 닭들은 힘없이 죽어나가는지, 그렇다면 닭들이 철새들로부터 무엇을 배워 실천해야 하는지 등을 연구해야 한다.

최재천, 「철새들을 위한 변호」

표절1) 닭은 오랜 세월 우리 인간이 오로지 알을 잘 낳도록 인위선택하여 만들어낸 '괴물'이다. 그러다 보니 지금 세계 어느 나라 닭장이든 그 안에 있는 닭들은 거의 '복제 닭' 수준이다. 그래서 일단 바이러스가 진입하면 몰살을 면치 못하는 것이다. 철새들이 정말 닭들에게 바이러스를 전해주는지, 철새들은 바이러스를 지니고도 끄떡 없는데 왜 닭들은 힘없이 죽어나가는지, 그렇다면 닭들이 철새들로부터 무엇을 배워 실천해야 하는지 등을 연구해야 한다.

→ 가장 노골적인 표절!

표절2) 닭은 자연계의 동물이라기보다 알만 잘 낳도록 만들어진 괴물이다. 그러다 보니 지금 세계 어느 나라 닭장이든 그 안에 있는 닭들은 면역력이 매우 약해져 있고, 그래서 일단 바이러스가 진입하면 몰살을 면치 못하는 것이다. 이제 우리는 철새들이 정말 닭들에게 바이러스를 전해주는지, 철새들은 바이러스를 지니고도 끄떡없는데 왜 닭들은 힘없이 죽어나가는지, 그렇다면 닭들이 철새들로부터 무엇을 배워야 하는지 등을 연구해야 한다.

→ 자구만 약간 수정. 아이디어 도용

표절3) 최근 칼럼에 나타난 최재천 교수의 생각은 주목할 만하다. 그에 따르면 닭은 오랜 세월 우리 인간이 오로지 알을 잘 낳도록 인위선택하여 만들어낸 '괴물'이다. 그러다 보니 지금 세계 어느 나라 닭장이든 그 안에 있는 닭들은 거의 '복제 닭' 수준이다. 그래서 일단 바이러스가 진입하면 몰살을 면치 못하는 것이다. 철새들이 정말 닭들에게 바이러스를 전해주는지, 철새들은 바이러스를 지니고도 끄떡없는데 왜 닭들은 힘없이 죽어나가는지, 그렇다면 닭들이 철새들로부터 무엇을 배워 실천해야 하는지 등을 연구해야 한다.

→ 누구의 견해인지는 밝혔으나, 간접인용을 취하여 마치 타인의 글을 마치 자기 말로 표현한 것처럼 보이게 했다. 하지만 실은 원저자의 말을 그대로 베낀 것이어서 간접인용 반칙으로 역시 표절. 이런 경우는 사실상 직접인용이므로 반드시 큰따옴표로 인용문을 표시해주어야 한다.

2) 변조(falsification)와 위조(fabrication)

표절 외에도 변조와 위조 역시 연구 윤리 위반에 해당되는 사항이다. '변조'는 연구 재료・장비・과정 등을 인위적으로 조작하거나 데이터를 임의로 변형・삭제함으로써 연구 내용 또는 결과를 왜곡하는 경우이다. 자신에게 유리한 데이터만을 사용한다면 이는 변조이며, 특히 자연과학 계열의 논문에서 변조를 이용해서 연구 결과를 조작할 수 있다. 문헌 자료를 왜곡하는 경우, 연구 데이터를 조작하는 경우, 연구 데이터를 누락시키는 경우, 연구 방법을 조작하는 경우가 모두 변조이다. 문헌 자료를 왜곡하는 것은 문헌 자료 내용의 전체 혹은 일부를 변형하거나 생략하여 글을 쓰는 행위이다. 연구 데이터를 조작하는 경우는 연구 과정에서 설문이나 실험을 통해 얻은 데이터의 전체 혹은 일부를 유리하게 변경하는 행위이다. 연구 데이터를 누락시키는 경우는 실험 등을 통해 증거를 얻어야 하는 연구 과정에서 자신의 연구 결과에 유리한 데이터만 선별하여 취하고 불리한 데이터는 누락시켜 은폐하는 행위이다. 마지막으로 연구 방법을 조작하는 경우는 연구 방법을 조작함으로써 획득한 결과를 정상적인 것인 양 제시하는 행위이다. 연구 방법은 연구의 타당성을 확보하는 것인데 이를 조작해서 얻은 결과는 신뢰할 수 없다.

'위조'는 실험 결과를 인위적으로 만드는 행위이다. 즉 존재하지 않는 데이터 또는 연구 결과 등을 허위로 만들어 내는 것이 위조로, 실험, 관찰, 조사 등을 통해 얻은 결과가 없는데도 결과를 거짓으로 만들어 내어 보고하거나 제출하는 경우이다. 특히 자연과학 연구에서 범하기 쉽다.

사회과학 분야의 연구에서도 이와 같은 연구 윤리 위반이 일어날 수 있는데 예를 들어, 설문 응답자의 응답 내용을 거짓으로 만드는 행위도 위조에 해당된다. 대학생들의 경우 빈번하게 범할 수 있는 위조의 예는 책과 같은 자료를 읽지 않고 읽은 척하거나 일부만 읽고 전체를 다 읽은 것처럼 속이는 것, 자신이 경험하지 않은 일을 경험한 것인 양 하는 것 등으로 모두 심각한 부정행위인 위조에 해당된다.

이상 표절, 변조, 위조 외에도 주의해야 할 연구 부정행위는 '부당한 논문저자 표시'이다. 이는 연구 내용 또는 연구 결과에 대하여 과학적·기술적 공헌 또는 기여를 한 사람에게 정당한 이유 없이 논문 저자 자격을 부여하지 않거나, 과학적·기술적 공헌 또는 기여를 하지 않은 자에게 감사의 표시 또는 예우 등을 이유로 논문 저자 자격을 부여하는 행위이다. 대학생의 경우 공동 참여 과제에서 참여하지 않은 자를 참여자로 하거나 참여한 자를 누락시키는 경우에 해당된다고 할 수 있다. 이 외에도 한국 교육 과학 기술부에서 2010년에 제정한 <연구 윤리 확보를 위한 규칙 제정안>에 따르면, 본인 또는 타인의 연구 부정행위 의혹에 대한 조사를 고의로 방해하는 경우, 그밖에 과학 기술계에서 통상적으로 용인되는 범위를 심각하게 벗어나는 행위 역시 부정한 방법으로 연구 개발을 하는 행위에 해당된다.

3) 인용의 필요성과 유의점

보고서나 논문 등 학술적 글쓰기를 할 때 다른 책이나 논문을 참고하면서 그 내용의 일부를 활용할 필요가 생긴다. 특히 논문에서는 논거를 제시하여 논증을 진행하는 과정에서 다른 글의 성과를 인용하는 일이 많다. 적절한 인용은 논문의 구체성과 설득력을 높여준다. 그런데 이렇게 타인의 글을 인용할 때는 반드시 전거 즉 출처를 밝혀야 한다. 이를 제대로 밝히지 않으면 표절이 된다. 그 외에도 다른 사람의 글을 인용을 할 때는 다음과 같은 점에 유의해야 한다.

첫째, 자기가 실제로 읽고 이해한 범위에서 인용해야 한다. 스스로도 이해하지 못하는 문장들을 단지 그럴 듯해 보인다는 이유로 인용해서는 안 된다. 둘째, 원문을 왜곡하여 인용해서는 안 된다. 인용문을 임의로 바꾸거나 중요한 부분을 제외함으로써 원저자의 의도를 자신의 글에 적합하도록 왜곡하지 않도록 유의한다. 셋째, 다른 책에서 인용한 구절을 그대로 인용하는 재인용을 피하되, 재인용을 했다면 그 사실을 밝혀야 한다. 어떤 책에서 인용된 것을 다시 인용할 때는 가급적이면 원문을 찾아서 직접 읽어보고 인용하는 것이 좋다.

다른 사람의 글이나 말을 인용할 때는 인용 부호로 이를 표시한다. 내용이 긴 경우에는 단락을 독립하여 표시한다. 이 경우 본문의 단락 크기보다 작게 하여 인용문을 시각적으로 부각시켜야 하며, 글자의 크기도 본문 크기보다 작게 쓰는 경우가 많다.

학술적인 글에서는 인용되는 자료와 문헌은 학술적인 가치가 있는 것이어야 한다. 인용에는 인용문을 원문 그대로 옮겨오는 직접 인용과 원문을 압축하여 필자가 자신의 말로 풀거나 요약해서 인용하는 간접 인용이 있다. 직접 인용이건 간접 인용이건 모두 출처를 표시해야 한다.

4) 주와 참고문헌

인용문의 출처에 관한 정보는 주(註)와 참고문헌을 통해 기술한다. 주는 본문을 보충해 주는 글이다. 인용문의 출처에 관한 상세한 정보를 밝히는 것은 두 가지 이유 때문이다. 하나는 필자가 글을 쓰면서 다른 사람의 업적을 활용했음을 알리기 위해서이고, 다른 하나는 독자에게 관련 자료에 관한 정보를 제공하기 위해서이다. 인용을 했음에도 출처를 밝히지 않으면 글쓰기 윤리에 위배된다. 주는 다음과 같은 조건을 갖추어야 한다.

가. 정확성: 사실과 일치하는 정보를 제공해야 한다.

나. 구체성: 실제 출처를 확인할 수 없을 정도로 막연한 정보를 제시해서는 안 된다. 출처에 관한 정보가 구체성을 확보하기 위해서는 저자의 이름, 원문의 제목, 발표 매체, 출판지(出判地)와 출판사, 출판 연도, 페이지 수 등의 내용이 포함되어야 한다.

다. 통일성: 한 편의 글이나 책 속에서 주석의 형식이 일관성을 유지해야 한다.

주나 참고문헌은 전공 분야에 따라, 저서나 학회지의 형식에 따라 기술하는 방법이 다를 수 있다. 특히 학회지나 편저의 경우 해당 기관에서 요청하는 형식을 따라야 한다. 주석과 참고문헌 기입 방법의 구체적이고 전문적인 내용에 대해서는 해당 전공 분야별 논문 작성법을 숙지해야 하나, 가장 기본적인 내용을 소개하면 다음과 같다.

주석의 유형

주는 주에 적힌 내용에 따라 참고주(또는 참조주)와 내용주, 주가 글 어디에 위치하느냐에 따라 각주, 미주, 내주가 있으며, 형식에 따라 완전주석 · 약식주석이 있다. 내용주는 본문 내용의 일부분에 대해 내용적인 보충 설명을 하는 주이고, 참고주는 인용된 글의 출처와 같은 내용 외적 정보를 제공하는 주이다. 위치에 따라 주는 책의 면 아래쪽에 본문과 분리하여 놓은 각주, 본문 안에서 인용문 바로 뒤에 괄호를 사용하여 적어 놓는 내주, 본문이 모두 끝난 뒤에 뒷부분에 따로 모아 놓은 미주로 분류될 수 있다. 저자, 서지 사항, 인용한 쪽수 등과 관련된 정보를 모두 제시했다면 완전주석이고, 간단하게 표시했다면 약식 주석이다.

① 내용주의 예

그 주요한 공격목표들은 헤겔과 마르크스의 이른바 결정론적 역사 철학들이었는데, 그것들은 '역사주의'[1]라는 경멸스런 이름으로 한데 묶였다.

---

1) 내가 정확성이 요구되지 않는 한두 가지 경우를 제외하고 '역사주의(historicism)'라는 단어를 기피한 이유는 포퍼 교수가 그 주제에 관하여 쓴 널리 알려진 그의 저작들에서 그 용어의 정확한 의미를 제거했기 때문이다.

② 각주는 예전부터 가장 일반적으로 사용되는 방식이다.

에드워드 카는 "외부의 어떤 전지전능한 힘"[2)]이 역사를 이끌지 않고, 오히려 "이름 없는 수백만"[3)]의 개인들이 역사를 이끈다고 믿는다.

---

2) 에드워드 헬릿 카, 『역사란 무엇 인가』, 김택현 옮김, 서울: 까치글방, 2007, 78쪽.
3) 위의 책, 80쪽.

③ 내주는 "내각주"로도 부르며, 본문과 함께 있다하여 "본문주"로도 부른다. 내주에는 극히 간단한 정보만 적는다. 출처 표시를 할 때에도 일반적으로 출처의 모든 정보를 다 표시하지 않고, 저자의 이름, 발행 연도, 쪽수만을 표시하는 약식 주석의 형태를 띤다. 쪽수 앞에 " : " 대신 " , "를 사용하기도 한다. 서양 이름처럼 성만으로 구별할 수 있는 경우 이름을 생략하고 성만 쓴다.

"나는 소위 말하는 대한민국의 '공돌이'다. 그걸로 사회생활을 시작했고, 평생을 먹고 살았다. 그러나 직장 생활을 하면서 가장 힘들었던 것은 업무 자체보다는 '글'이었다" (임재춘, 2004: 6).

내주를 각주와 함께 사용하는 경우도 많다. 인용문의 출처 표시를 위해서는 내주를 사용하고, 보다 많은 양의 글이 써질 수도 있을 내용적인 주석을 달 때는 각주를 사용하는 경우가 그 예다. 또 경우에 따라서는 각주의 위치에 주를 쓰면서도 형식은 약식 주석의 형식으로 저자 이름, 발행 연도, 쪽수만을 적는 경우도 있다.

④ 미주는 논문이나 책의 각 면에 흩어져 있는 주를 문서의 맨 마지막 부분에 따로 모아 둔 형식이다. 미주에서의 출처 표시 방식은 각주와 같다. 미주나 각주는 어떤 주가 어떤 문장에 달린 것인지를 번호를 붙여 표시하는 것이 상례다. 이런 번호를 붙이는 것은 문서 프로그램에서 자동으로 붙일 수 있다. 아래아 한글 프로그램을 사용할 때, 본문에서 주의 번호를 붙일 곳에 커서를 놓고 메뉴<입력> → <주석> → <각주> 또는 <미주>를 선택하면 자동으로 번호가 생성되며, 커서는 주 내용을 적는 곳에서 깜박이게 된다.

출처 표시의 기본 형식

① 저서에 대한 주

저자, 『책 제목』, 출판사, 출판 연도, 페이지 수.

위의 예는 완전주석의 형식이다.

국내서의 경우 책 제목 앞뒤에 『 』나 ≪ ≫를 사용.

서양문헌의 경우 책 제목은 이탤릭체로 표시.

페이지 수는 "p.20"이라고 하거나 "20쪽"이라고 할 수 있다. 단순히 "20"이라고만 쓰기도 한다.

② 논문에 대한 주

저자, 「논문제목」, 편자 이름, 『편저서 제목』, 출판사, 출판 연도, 페이지 수.

저자, 「논문제목」, 『학술지 또는 잡지 제목』 제○호, 학회이름, 발간 연도, 페이지 수.

[예]

지명관은 다음과 같이 말한다. "청나라의 패배는 중국 내부에서 오래 지속돼온 천조체제(天朝體制)가 결정적으로 붕괴되는 것을 의미했다."[4)]

4) 지명관, 「전환기의 동아시아」, 정문길 편, 『발견으로서의 동아시아』, 문학과 지성사, 2000, p.23.

[예]

나혜석은 조선의 민족 현실을 외면한 종교로서가 아니라 조선의 민족 현실과 인간 운명의 고통을 직시할 수 있는 내적 힘으로서 기독교를 선택했다.[5)]

5) 김윤선, 「한국 근대 기독교와 여성적 글쓰기」, 『여성문학연구』 19호, 한국여성문학학회, 2008, p.47.

③ 인터넷 자료에 대한 주

저자, 「논문제목」, 『웹사이트 혹은 웹진 제목』, 제○호 혹은 게재 연월(웹사이트 주소, 인용 자료를 본 날짜).

25일 영어교육업체 윤선생 영어교실이 초·중·고생 학부모 회원 627명을 상대로 영어 사교육비 지출 규모를 조사한 결과에 따르면, 응답자들이 자녀 한 명의 영어 사교육비로 쓰는 비용의 평균은 월 19만5000원으로 나타났다. 또 이들 학부모가 자녀 1인당 영어 사교육비로 감내할 수 있는 비용은 월 평균 24만원 정도인 것으로 파악됐다.[6)]

6) 정유진, 「초·중·고생들 영어 사교육비 월 평균 20만원」, 『경향신문』, 2010.1.25 (http://news.khan.co.kr/kh_news/khan_art_view.html?artid=201101252144045&code=940401, 2010. 1. 26 접속).

인터넷에는 사실 저자를 알 수 있는 경우보다는 저자가 누구인지 알 수 없고 제목도 없는 정체불명의 자료들이 더 많이 떠돌아다닌다. 이런 글들은 신빙성이 약하기 때문에, 자신의 논리를 뒷받침하는 전거로서 인용을 하고자 할 때는 저자가 확실하고 그 사람에게 그 주장의 책임을 돌릴 수 있는 텍스트인지 확인할 필요가 있다. 따라서 인터넷에서 인용하는 경우에도 저자와 글의 제목을 밝혀주는 것은 매우 중요하다. 인터뷰, 토론문, 영상물 자료, 기타 특수 자료 등을 이용할 때에도 출처를 밝혀야 한다.

참고문헌 작성하기

글의 마지막 부분에는 필자가 참고한 책이나 논문의 목록을 제시한다. 이 부분을 '참고문헌'이라고 한다. 참고문헌의 의의는 두 가지다. 하나는 자신의 글이 어떤 문헌을 참고했는지를 밝히고 아울러 선행 연구에 경의를 표하는 것이다. 다른 하나는 다른 연구자들이 해당 주제에 관해 더 알고 싶은 경우에 어떤 문헌을 참조할 수 있는지 서지 정보를 독자에게 제공하는 것이다.

참고문헌은 글의 끝에 집필 시 이용한 자료를 총체적으로 제시하여야 한다. 이 때 1차 자료와 2차 자료를 구분해서 작성할 수 있으며, 단행본, 정기간행물, 기타 자료 순서로 작성한다. 국내 저작과 외국 저작이 있다면 국내 저작물을 먼저 작성하고 외국 저작물을 작성한다. 한글로 된 책의 경우에는 문헌들을 저자명의 가나다 순서로 배열하여야 한다. 특히 내주를 이용하여 약식으로 출처를 표시했다면, 반드시 참고문헌을 갖추어야 한다.

참고문헌의 형식은 대체로 완전 주석의 형식과 유사하다. 다만 인용한 페이지 수를 뺀다. 편서나 학회지에 실린 논문의 경우, 논문의 시작과 끝 페이지를 제시해주는 것이 좋다.

<참고문헌 작성 기본형식>

저자명, 서명, 출판사, 출판 연도.

저자명, 서명, 출판사, 출판 연도 사이를 모두 쉼표로 할 수 있다. 단행본, 정기간행물, 기타 참고 자료 순으로 적는다. 단행본은 동양 문헌과 서양 문헌 순, 국내서적, 번역서, 외국 서적 순, 저자 이름의 가나다 순, 서양서의 경우 성의 알파벳 순으로 적는다. 같은 저자가 반복될 경우에는 횡선으로 저자 이름을 표시한다.

[예]

강선미, 『한국의 근대초기 페미니즘 연구』, 푸른사상, 2005.

나혜석, 『이혼고백서』, 오상, 1999.

지명관, 「전환기의 동아시아」, 정문길 외(편), 『발견으로서의 동아시아』, 서울: 문학과 지성사, 2000, pp.12-44.

내주의 불완전한 출처 표시는 참고문헌에서의 완전한 출처 표시를 전제한다. 출처의 완전한 정보는 참고문헌에서 표시된다. 따라서 참고문헌을 작성하지 않고 내주에서 출처를 불완전하게 표시한다면, 사실상 출처를 밝히지 않은 것과 다름없다. 본문에서 인용문 다음에 내주의 형식으로 (임재춘, 2004: 6)을 표시했다면 다음과 같이 참고문헌에 완전한 정보를 표시해야 한다.

참고문헌

임재춘(2004), 『한국의 이공계는 글쓰기가 두렵다』, 서울: 마이넌.

주와 참고문헌에 대한 더 구체적인 논의는 논문 작성법이나 참고문헌 작성법과 관련된 참고 서적을 이용하자.

5) 매매 행위 근절과 명예 서약

인터넷의 보급이 보편화 되면서 보고서나 논문을 매매하는 사이트들이 있다. 다른 사람의 글을 구매하여 자신의 글로 대체하는 것은 부정행위다. 부당한 매매 사이트에 글을 팔지도 사지도 말자. 상업적 거래가 아니더라도 선배나 친구의 글을 받아 자신의 글로 이용해서는 안 된다. 모든 글은 자신이 직접 작성하여야 한다.

글쓰기 윤리를 준수하기 위해 다음과 같은 항목을 과제 제출 전에 점검하는 것이 도움이 될 수 있다. 대학마다 글쓰기 윤리를 지켰음을 선언하는 명예 서약문이나 과제 제출 체크 리스트를 함께 제출하게 하는 경우가 점점 늘어나고 있다. 스스로 점검하고 스스로 지키는 윤리적인 모습이야 말로 대학인이 보여줘야 할 자세이다.

<명예 서약문의 예>

나는 이 보고서를 작성하면서 다음과 같은 사항을 준수하였다.

1. 이 보고서는 내가 직접 연구하고 작성하였다.
2. 타인의 자료를 이용할 때는 그 사실을 정직하게 밝혔다.
3. 타인의 글을 인용할 때는 출처를 바르고 정확하게 제시하였다.
4. 나는 표절·변조·위조하지 않았다.
5. 나는 이 보고서를 구매하지 않았다.
6. 이 보고서에 대해 부당한 저자 표시를 하지 않았다.
7. 보고서 끝에는 참고문헌을 제시하였다.
8. 이 보고서는 다른 교과목에서 제출했던 보고서가 아니다.

확인 · 심화

1. 자신이 좋아하는 글을 직접 인용 형식으로 적고 각주를 써 보자.

2. 전공서나 교양서 중에서 하나를 선택하여 그 책에서 기입한 인용문의 출처 방식을 찾아보고 옮겨 적어 보자.

3. 도서관에 가서 읽고 싶은 책들을 10권 이상 찾고, 책의 서지 사항을 참고문헌의 형태로 정리해 보자.

2장 글쓰기의 성격

이 단원에서는 글쓰기의 본질적 성격을 학습함으로써, 실제 글쓰기 과정에서 사용되는 다양한 지식과 전략을 이해하는 데 필요한 기반을 마련한다.

글쓰기는 기본적으로 창조적 사고 과정으로서의 성격, 의사소통 행위로서의 성격, 사회·문화적 실천 행위로서의 성격, 문제 해결 과정으로서의 성격을 가진다. 글쓰기가 가지는 이러한 본질적 성격을 이해하는 것은, 좋은 글을 쓰는 데 필요한 다양한 지식과 전략을 학습하는 첫걸음이라 할 수 있다.

1. 창조적 사고 과정으로서의 글쓰기

글쓰기 과정은 내용 생성 단계, 내용 조직 단계, 내용 표현 단계로 이루어진다

글을 쓰는 과정에는 다양한 사고 작용이 관여한다. 관점에 따라 글쓰기 과정을 파악하는 방식이 다를 수 있겠지만, 대략 보자면, 제일 먼저 어떤 내용을 쓸 것인지 정하고, 다음으로 그 내용을 어떻게 조직할 것인지 구상하고, 마지막으로 그러한 구상을 어떻게 문자 언어로 표현할 것인지 생각하게 된다. 이상과 같은 일련의 사고 과정을 글쓰기 과정으로 바꾸어 보면, 내용 생성 단계, 내용 조직 단계, 내용 표현 단계라고 할 수 있다.

내용 생성 단계에서는 일차적으로 자신의 머릿속에 들어 있는 정보들을 떠올리게 되지만, 대개 이것만으로 글을 쓰지 못하는 경우가 많다. 따라서 실제의 경우에는 도서관이나 인터넷 등 여러 경로를 통해 글쓰기에 필요한 자료를 수집하고 정리하는 작업을 하게 된다. 내용 조직 단계에서는 수집·정리된 자료들을 통일성과 일관성이

통일성 : 글의 모든 내용이 하나의 주제에 관련되는 특성.
일관성 : 글의 모든 내용이 동일한 주장을 하는 특성.

있도록 적절하게 조직하고 구조화한다. 내용 표현 단계에서는 조직화, 구조화된 내용들을 적절한 어휘와 정확한 문장 등 완결된 언어의 모습으로 표현한다.

글쓰기 과정은 창조적 사고 과정이다

내용의 생성, 조직, 표현이라는 글쓰기의 절차는 글을 쓰는 사람에 상관없이 본질적으로 동일하지만, 이러한 절차들이 어떻게 실현되어 어떠한 글이 탄생하게 되는가는 글을 쓰는 사람마다 다르다. 글쓰기의 절차가 기계적으로 진행되는 것이 아니라 지극히 창조적인 사고 과정을 통해 이루어지기 때문이다. 즉 내용 생성 단계, 내용 조직 단계, 내용 표현 단계가 모두 창조적 사고 과정이기 때문에 글쓰기 전체가 창조적 사고 과정이라고 할 수 있고, 그렇기 때문에 글을 쓰는 사람에 따라 제각각 개성 있고 창의적인 글이 탄생되는 것이다.

담화 : 필자가 독자와 맥락을 고려하여 쓴 문장의 합으로서의 글. 통일성과 일관성은 문장을 담화로 만드는 요소.

또한 글을 쓰는 사람은 내용을 생성하고 조직하고 표현하는 일련의 과정에서 의식적, 무의식적으로 여러 가지 요소를 고려하게 되는데, 글을 쓰는 목적, 글의 주제, 예상 독자, 필자를 둘러싼 사회·문화적 맥락 등 글쓰기 맥락이 그러한 요소라고 할 수 있다. 이와 같은 다양한 요소들은 한편으로는 객관적 지식이나 정보와 관련되어 있지만, 다른 한편으로는 글 쓰는 이의 가치관, 경험, 지식 체계 등과 관련되어 있다. 객관적 지식이나 정보들이 주관적 가치관, 경험, 지식 체계 등을 통해 재해석되고 재구성될 뿐 아니라, 이를 바탕으로 새로운 담화로 창조되는 것이다. 동일한 지식이나 정보를 활용해서 글을 쓰는 경우에도 창조적인 글쓰기가 가능한 이유이다.

확인 · 심화

1. 글쓰기가 창조적인 사고 과정으로 이해되는 이유를 크게 두 가지로 정리해 보자.

(1)

(2)

2. 친구들과 함께 경험한 사건의 대략을 써서 서로 비교해 보고, 창조적 과정으로서의 글쓰기 과정에 대해 다음 측면에서 확인해 보자.

(1) 내용 생성

(2) 내용 조직

(3) 내용 표현

3. 글쓰기가 창조적인 사고 과정이라는 점을 음악, 미술 등 다른 예술 활동과 비교하여 설명하는 글을 써 보자.

2. 의사소통 행위로서의 글쓰기

글쓰기는 독자와의 양방적 의사소통 행위이다

글쓰기는 의사소통 행위이다. 물론 글을 쓰는 사람의 입장에서만 본다면 일방적인 표현 행위로 이해될 수도 있을 것이다. 하지만 거의 모든 글이 예상 독자를 상정하고 쓰인다는 점에서, 그리고 이때의 필자가 독자에게 일방적으로 자신의 정서나 지식이나 주장을 표현하고 전달하는 것이 아니라는 점에서, 글은 양방적인 성격을 가진다.

모든 필자는 글을 쓸 때 누가 이 글을 읽을 것인지를 고려하고 쓰게 된다. 대학 생활에서 작성하는 보고서나 시험 답안지를 생각해 보자. 학생은 이 보고서나 답안지를 누가 보는가에 대해 충분히 고려하여야 한다. 예상 독자가 교수라는 점은, 글의 목적과 성격을 결정하는 데에 매우 중요한 요소이다. 자기가 쓰고 싶은 대로 쓰는 것이 아니라 보고서나 답안지를 통해 교수가 요구하는 것이 무엇인지에 따라 써야 하는 것이다. 이를 의사소통 행위라는 관점에서 보자면, 학생은 글쓰기 과정을 통해 교수와 의사소통 행위를 하고 있는 것으로 이해된다.

이것은 비단 보고서나 답안지에 국한되는 것은 아니다. 예를 들어 행사 안내문을 쓴다고 가정해 보자. 일종의 설명문이라고 할 수 있는 각종 안내문에 어떤 정보가 들어가야 할지를 결정하는 과정은 이미 의사소통 행위가 된다. 독자의 입장에서 어떤 정보가 필요할지에 대해 생각한다는 것은, 독자와 필자 사이에 의사소통 행위가 이루어진다는 것을 의미하기 때문이다.

글쓰기는 말하기에 비해 일방적 전달의 성격이 강하다

비(非)언어적 요소 : 표정이나 몸짓과 같이 본질적으로 언어적이지 않으면서 의사소통에 기여하는 요소
반(半)언어적 요소 : 말의 강약이나 속도 등과 같이 부분적으로 언어적 성격을 가지는 요소

물론 글쓰기를 통한 의사소통과 말하기를 통한 의사소통이 동일한 정도로 양방적 성격을 가지는 것은 아니다. 시공간의 측면에서, 말하기의 경우 화자와 청자가 동일 시공간을 공유하는 데 비해, 글쓰기는 동일한 시공간을 공유하지 않기 때문에 양방적 의사소통이 즉각적이지 않고 다분히 일방적 전달의 성격을 갖게 된다. 또한 말하기의 경우 음성 언어 이외에 표정이나 몸짓 같은 비(非)언어적 요소와 말의 강약이나 속도 같은 반(半)언어적 요소가 효과적인 의사소통에 기여하지만, 글쓰기의 경우 그러한 요소들의 도움이 없기 때문에 독자의 인지 부담이 크다는 차이가 있다.

확인 · 심화

1. 글쓰기의 예상 독자 문제와 관련하여, 일기 쓰기를 의사소통 행위로서의 글쓰기로 볼 수 있을지 생각해 보자.

2. 글에서도 비(非)언어적 요소나 반(半)언어적 요소가 활용되는 경우가 많다. 구체적으로 어떤 요소들이 의사소통에 기여하는지 생각해 보자.

3. 휴대전화 문자 메시지는 문자 언어이면서도 음성 언어의 특성을 많이 가지고 있는 독특한 언어 현상을 보여 준다. 이러한 특성을 글쓰기와 말하기의 측면에서 구체적으로 분석하고 이해해 보자.
   (1) 글쓰기로서의 특성
   (2) 말하기로서의 특성

3. 사회 · 문화적 실천 행위로서의 글쓰기

필자는 글쓰기를 통해 사회 · 문화적 공동체와 소통한다

필자가 글쓰기를 통해 의사소통하는 독자는, 특정한 개인일 수도 있지만, 많은 경우에 사회 · 문화적 공동체이다. 이것은, 필자가 글쓰기 과정에서 독자로 고려하는 대상이 독립된 개체로서의 개인이라기보다 사회 · 문화적 공동체의 일원으로서의 개인이라는 것을 의미한다.

이러한 사회 · 문화적 공동체는 그 성격이 다양해서, 특정 집단일 수도 있고, 특정 계층일 수도 있으며, 특정 세대일 수도 있다. 하지만 이처럼 다양한 공동체가 공동체로서의 존재 가치를 가지는 것은, 공동체 의식을 공유하고 있기 때문이다. 이 공동체 의식은 공동체가 합의한 지식, 가치관, 세계관, 이념 등을 모두 포괄하는 광범위한 문화와 가치라고 할 수 있다. 따라서 필자가 글쓰기를 통해 공동체와 의사소통을 한다는 것은 이러한 문화와 가치를 공유하면서, 어떠한 방식으로든 글 속에 그 문화와 가치를 반영한다는 의미이다.

필자는 글쓰기를 통해 사회 · 문화적 공동체의 유지와 발전에 기여한다

글과 공동체: 글은 공동체를 기반으로 탄생되는 것이고, 그렇게 탄생한 글은 어떤 방식으로든 공동체에 영향을 주기 때문에 글과 공동체는 서로 영향을 주고 받는다.

필자는 글쓰기를 통해 독자와 의사소통하는 과정을 통해 자신이 속한 공동체의 사회 · 문화적 상황을 고려함으로써 공동체가 요구하는 것이 무엇인지를 고려하게 된다. 공동체의 요구란 곧 글쓰기의 목적과 연관된다. 글을 쓰는 목적은 필자의 것인 동시에 독자의 것이기 때문이다. 예를 들어 정보 전달을 목적으로 하는 글을 쓴다는 것은 공동체의 축적된 지식과 문화를 전승하는 글을 쓴다는 것이며, 설득을 목적으로 하는 글을 쓴다는 것은 공동체의 가치와 신념을 고양시키는 글을 쓴다는 것이다. 이처럼 글쓰기 행위는 공동체의 유지와 발전에 기여하는 행위로서, 사회 · 문화적 실천 행위가 되는 것이다.

확인 · 심화

1. 사회·문화적 실천 행위로서의 글쓰기가 사회·문화적 공동체의 유지와 발전에 기여하는 행위라고 할 때, 다음 글이 사회·문화적 실천 행위로 이해될 수 있는지 생각해 보자.

지금 우리 사회는 영어를 잘 쓰는 기술에 큰 투자를 하고 있다. 비록 그런 투자는 대부분 개인들에 의해 자발적으로 이루어지지만, 그 규모는 무척 크다. 아쉽게도, 그런 투자의 효율성은 그리 높지 않다. 그런 투자를 보다 효율적으로 만든 사회적 기구들이 너무 부족하기 때문이다.

그런 사회적 기구들 가운데 가장 중요한 것은 영어를 공용어로 삼는 일이다. 영어가 공용어가 된다면, 개인들의 단편적 투자가 보다 큰 효과를 낼 수 있을 것이다. 이미 영어를 공용어로 삼은 나라들이 거두는 혜택들은 많고 크다. 단편적인 예를 하나 들면, 그런 나라들에선 씨엔엔(CNN)이 세계의 소식들을 실시간으로 알려주지만, 우리 사회의 텔레비전들은 그것들 가운데 일부만을 아주 압축해서 방영한다. 비록 작지만, 그런 차이들이 모인 장기적 효과는 결코 작지 않다. 시민들이 영어를 보다 잘 듣고 말하는 것만이 아니라 시민들이 지닌 나라 밖 사정에 대한 안목까지 영향을 받는 것이다. 이젠 우리 사회에서도 영어를 공용어로 삼는 일을 진지하게 논의할 때가 되었다.

복거일, 「국제화 시대의 민족어」 중에서

4. 문제 해결 과정으로서의 글쓰기

문제 해결 과정으로서의 글쓰기란 두 가지 의미를 가진 것으로 이해된다. 하나는 글쓰기가 어떤 문제의 해결과 내용적으로 관련된다는 의미이고, 다른 하나는 글쓰기 과정이 문제 해결 과정의 성격을 갖는다는 의미이다.

글쓰기는 내용적 측면에서 문제 해결 과정의 성격을 가질 수 있다

글쓰기가 문제 해결과 내용적으로 관련된다는 것은, 글쓰기가 문제 해결을 위한 의사소통 수단으로 활용된다는 의미이다. 예를 들어 영어 교육에 대한 지나친 투자가 우리 사회에 끼치는 악영향을 해소하기 위하여 영어 공용어화를 주장하는 글을 쓴다고 가정해 보자. 필자는 영어 공용어화 문제에 대한 자신의 견해에 따라 그러한 견해를 뒷받침할 수 있는 근거들을 수집하고 정리해서 조직화함으로써 글쓰기 행위를 하게 된다. 이러한 행위는 우리 사회가 당면한 문제를 해결하는 방안을 제시하고 있다는 점에서 문제 해결 기능을 하고 있는 글이라고 평가할 수 있다. 당면 문제를 해결하기 위한 의사소통 행위를 하고 있는 것이다.

글쓰기는 목표 지향적 사고 과정이라는 점에서 문제 해결 과정과 유사하다

다음으로, 글쓰기 과정이 문제 해결 과정의 성격을 갖는다는 것은, 글쓰기 과정이 문제 해결 과정과 동일하거나 유사한 성격을 공유하고 있다는 의미이다. 일단 글쓰기 과정과 문제 해결 과정을 비교해 보면, 써야 할 '글'과 해결해야 할 '문제'가 대응되고, '글쓰기'와 '문제 해결'이 대응 관계에 있다고 이해할 수 있다. 이러한 대응 관계에 바탕해서 볼 때, 두 과정이 공유하는 성격은 크게 두 가지로 정리할 수 있다. 첫째, 두 과정은 목표 지향적 사고 과정이라는 점에서 동일하다. 즉 문제 해결 과정에서의 목표가 '문제 해결'인 것과 마찬가지로 글쓰기 과정에서의 목표는 '글쓰기'이다. 이때 '글쓰기'는 글쓰기 행위 자체가 가지는 의사소통 행위로서의 성격이 중점이 된다. 즉 필자는 일반적인 문제 해결 과정과 마찬가지로 필자와 독자가 함께 직면한 문제를 해결하고자 하는 목표를 달성하기 위해 의사소통 행위로서의 글쓰기 과정을 수행한다는 것이다. 예를 들어 경복궁 내의 집현전이라는 건축물에 대한 정보를 전달하겠다는 목표를 달성하기 위해 집현전에 대한 정보를 담은 안내문을 작성한다면, 이것은 목표 지향적 사고 과정으로서의 글쓰기라고 할 수 있다는 것이다.

글쓰기 과정은 실제적인 수행 절차에 있어 문제 해결 과정과 유사하다

둘째, 문제 해결 과정과 글쓰기 과정은 실제적인 수행 절차에 있어 매우 유사한 성격을 보인다. 일반적인 문제 해결 과정의 경우 대체로 다음과 같은 절차를 거치게 된다. 우선 주어진 문제 상황을 분석함으로써 목표를 분명히 설정하고, 한 다음, 문제 해결 계획을 수립하고, 구체적인 문제 해결 방안을 생성하고, 그러한 방안들을 일정하게 조직화하여 문제 해결을 추진하게 된다. 이러한 절차는 글쓰기 과정에서도 거의 유사하게 확인된다. 글쓰기 과정은 일반적으로 다음과 같은 다섯 절차로 이루어진다. 첫째, 주어진 문제를 분석하여 글쓰기를 통해 달성하고자 하는 목표를 분명히 하고, 둘째, 글 전체의 개략적인 구조를 계획하고, 셋째, 글 속에 담을 내용들을 수집·정리하거나 새롭게 생성하고, 넷째, 선택된 내용들을 글의 조직 원리에 따라 구조화하고, 다섯째, 예상 독자와 수사적 문제 등을 고려하여 글로 표현한다. 이러한 절차를 간략하게 정리해 보면 다음과 같다.

이와 같은 글쓰기의 과정은 일반적인 문제 해결 과정과 매우 유사하다. 글쓰기 과정을 일반적인 문제 해결 과정으로 이해한다면, 체계적이고 꾸준한 연습을 통해 글쓰기 능력을 향상시킬 수 있음이 분명히 드러난다. 글쓰기 능력에 선천적인 요소가 없다고 할 수는 없겠지만, 그것만으로는 결코 좋은 글을 쓸 수 없는 이유가 여기에 있다. 정보 전달이나 설득을 목적으로 하는 글쓰기는 물론이고, 심지어 시나 소설과 같은 정서 표현을 목적으로 하는 글쓰기에 있어서도 체계적이고 꾸준한 연습은 필수적 요소라 하겠다.

확인 · 심화

1. 글쓰기 과정이 문제 해결 과정으로 이해되는 세 가지 성격을 정리해 보자.

(1)

(2)

(3)

2. 글쓰기 과정이 진행되는 다섯 단계의 절차를 간략하게 정리하면 다음과 같다. 각 단계에 대해 간단히 설명해 보자.

단계	절차	내용
1	목표 설정하기	주어진 문제를 분석하여 글쓰기를 통해 달성하고자 하는 목표를 분명히 한다.
2	계획하기	
3	내용 생성하기	
4	내용 조직하기	
5	표현하기	

3장 글의 유형

집필 목적에 따라 정보 전달을 위한 글, 설득을 위한 글, 사회적 상호작용을 위한 글, 자기 성찰을 위한 글, 학습을 위한 글 등 다섯 가지 유형을 제시하고, 각 유형의 특성 및 예문을 소개하고 있다.

글의 유형은 기준에 따라 다양하겠지만, 이 책에서는 집필 목적을 기준으로 삼아 글의 유형을 나누고자 한다. 왜냐하면 집필 목적에 따라 작문의 전략을 수립한 후 글을 써야 쉽고 정확하게 글을 쓸 수 있기 때문이다. 작문 전략을 수립할 때 고려해야 할 요소는 집필 목적 뿐만 아니라 작자, 독자, 주제, 집필 동기 등이 있다. 이 중 집필 목적을 우선적으로 고려하여 작문 전략을 세우면 글을 쓰는 데 보다 효율적일 수 있다.

집필 목적을 우선 고려하여 작문 전략을 세우면 글을 쓰는 데 효율적이다.

글은 집필 목적에 따라, 정보 전달을 위한 글, 설득을 위한 글, 사회적 상호작용을 위한 글, 자기 성찰을 위한 글, 학습을 위한 글로 구분할 수 있다. 정보 전달을 위한 글은 객관적 사실이나 현상을 독자에게 알리는 글이다. 설명문, 기사문, 실험보고서 등이 있다. 설득을 위한 글은 글쓴이의 견해나 주장을 독자에게 이해시키고 그를 통해 독자의 생각을 글쓴이의 견해나 주장에 동조하게끔 하는 글이다. 논설문, 칼럼, 건의문 등이 있다. 사회적 상호작용을 위한 글은 독자와 관계를 새롭게 맺거나 유지하고, 이를 확장하고 발전시키기 위한 글이다. 축하문, 식사문(式辭文), 외교문서, 성명서 등이 있다. 자기 성찰을 위한 글은 자기를 이해하고 심리적, 정서적으로 성숙하게 하기 위한 글이다. 수필, 회고문 등이 있다. 학습을 위한 글은 필자가 이미 알고 있는 지식이나 정보를 심화, 확장하고 정교화, 내면화 할 목적으로 집필되는 글이다. 보고서, 요약문, 논문 등이 있다.

정보 전달을 위한 글	설명문, 기사문, 실험보고서
설득을 위한 글	논설문, 칼럼, 건의문
사회적 상호작용을 위한 글	축하문, 식사문(式辭文), 외교문서, 성명서
자기 성찰을 위한 글	수필, 회고문
학습을 위한 글	보고서, 요약문, 논문

이제 글의 유형에 따라 고려해야 할 세부 사항을 자세하게 살펴보기로 한다. 그런데 본격적 서술에 앞서 한 가지 전제해 두어야 할 점이 있다. 위에서 글의 유형을 다섯 가지로 나누었지만 실제로 글을 쓸 때는 다른 유형의 성격이 부분적으로 개입하기도 한다는 점이다. 궁극적 목적이 설득이라 하더라도 그 설득을 위해 객관적 정보가 필요할 수 있다. 또 안내문의 경우, 궁극적으로는 사회적 상호작용을 위한 글이라 할 수 있지만 그 속에는 안내하는 구체적 사실 정보가 담겨 있어야 한다. 이렇듯 궁극적 목적 이외에 다른 유형의 성격이 부분적으로 개입한다는 점을 전제해 둔다.

1. 정보 전달을 위한 글

정보 전달을 위한 글은 사실, 현상, 개념, 관찰이나 측정 결과 등을 독자에게 알리기 위하여 쓴다.

정보 전달을 위한 글은 사실, 현상, 개념, 관찰이나 측정 결과 등을 독자에게 알리기 위하여 쓴다. 유적지를 발굴하여 몰랐던 역사적 사실을 새롭게 알게 되었다든가, 별을 관찰하여 우주 팽창에 대한 새로운 자료를 얻게 되었을 때는 동료 학자나 대중들에게 이를 알릴 필요가 있을 것이다. 이러한 경우, 정보 전달을 위한 글을 쓰게 된다. 정보 전달의 글은 이 밖에도 다양한 경우에 작성된다. 과학자가 일반인이 잘 모르는 과학적 상식을 쉽게 풀어 쓰는 경우, 의사가 효과적인 다이어트 방법을 설명하는 경우, 기자가 사건 사고의 발생을 기사문으로 작성하는 경우, 학생이 실험보고서를 써서 과제로 제출하는 경우 등 정보 전달의 글은 다양한 경우에 쓰인다.

전달되는 정보가 객관적이며 신뢰할 만한 것이어야 한다

정보 전달을 위한 글에서는 전달되는 정보가 객관적이며 신뢰할 만한 것인가가 매우 중요하다. 일반인은 과학자가 집필한 과학 정보를 객관적이라고 믿고 따르며, 다이어트를 하는 사람들은 의사가 제공하는 다이어트 정보에 따라 행동하고, 신문 독자들은 기자가 쓴 사건 정보를 사실로 생각하기 때문이다. 그뿐만 아니라 우주 팽창에 대한 한 과학자의 자료를 기초로 삼아 다른 연구자의 후속 연구가 계속될 수도 있기 때문에, 정보 전달 목적의 글에서 제공되는 정보는 특히 객관적이며 신뢰할 수 있어야 한다.

정보 전달을 위한 글에서는 객관적이며 신뢰할 만한 정보를 제공하기 위해 충분한 자료 검토와 분석이 필요하다.

객관적 정보를 제공하기 위해서는 충분한 자료 검토와 분석이 필요하다

객관적이며 신뢰할 수 있는 정보를 제공하기 위해서는 충분한 자료를 살펴야 한다. 한두 가지의 소략한 소스에서 도출된 정보로는 객관성을 확보하기 힘든 경우가 많다. 다양하면서도 충분한 자료 검토와 분석을 통해야만 신뢰할 수 있는 정보를 확보하게 된다. 특히 요즘에는 인터넷 검색을 통해 손쉽게 정보를 얻을 수 있는데, 아직 가치 있는 정보를 판별할 줄 아는 감식안이 마련되지 않은 학생들이 오류투성이의 정보를 글감으로 삼는 경우가 종종 있다. 인터넷의 오류투성이 정보는 대개 책이나 논문, 신문과 같은 다양한 정보원을 활용했다면 충분히 걸러낼 수 있는 것들이다. 좀 더 다양한 자료를 찾아보아 객관적이고 신뢰할 만한 정보를 선별해야 한다.

> 우리가 내는 소리 가운데에서 목 안 또는 입 안의 어떤 자리가 완전히 막히거나, 공기가 간신히 지나갈 만큼 좁혀지거나 하는 장애를 받고 나는 소리를 자음(子音)이라 하고, 이러한 장애가 없이 나는 소리를 모음(母音)이라 한다. …(중략)… 국어의 모음 가운데 'ㅏ, ㅐ, ㅓ, ㅔ, ㅗ, ㅚ, ㅜ, ㅟ, ㅡ, ㅣ'의 열 소리는 그들을 아무리 길게 내더라도 그 소리를 발음하는 도중에 입술이나 혀가 고정되어 움직이지 않는다. 이러한 모음을 단모음(單母音)이라 한다.
>
> 고등학교 『문법』

확인 · 심화

1. 정보 전달을 위한 글을 쓸 때 유의해야 할 점이 무엇인지 정리해 보자.

2. 다음 글은 'GMO'를 한 인터넷 포털 사이트에서 소개한 내용이다. 초등학교에 다니는 동생이 이를 읽고는 어렵다고 설명해 달라고 하였다. 독자가 초등학교 학생이라고 가정하여 그에 알맞은 집필 전략을 구상한 후 아래의 글을 다시 써 보자.

> 유전자변형농산물. 생물체의 유전자 중 필요한 유전자를 인위적으로 분리 · 결합하여 개발자가 목적한 특성을 갖도록 한 농산물로서 제초제 저항성, 병 · 해충 저항성, 저장성 향상, 고영양분 성분 함유 등의 특성을 지닌 농산물. 유통량이 늘고 있는 유전자변형농산물은 수량증대, 품질향상 등 좋은 점이 있는 반면에, 소비자 · 환경단체 등을 중심으로 인체 및 환경에 대한 잠재적 위해성에 대한 논란도 계속되고 있다. 이에 따라 우리나라에서는 GMO 안전성관리체계를 구축하기 위해 관련법을 제정 중에 있으나, 우선 소비자에게 올바른 구매정보를 제공하기 위해 농수산물품질관리법에 근거하여 2001년 3월 1일부터 콩, 옥수수, 콩나물에 대한 GMO 표시를 시행하고 있고 감자는 2002년 3월부터 적용되었다. 이에 따라 유전자변형농산물을 판매하는 자는 '유전자변형(농산물명)', '유전자변형(농산물)포함', '유전자변형(농산물)포함 가능성 있음'으로 표시한 상태에서 판매해야 한다.(Naver 용어사전)

2. 설득을 위한 글

설득을 위한 글은 글쓴이의 의견이나 주장을 독자가 수용하여 독자 또한 글쓴이가 원하는 대로 생각하거나 행동하게 하기 위한 글이다. 신문 칼럼에서 사회 문제에 대한 필자의 주장을 제시하는 경우나, 소비자의 관심을 끌어 상품을 판매하려고 광고하는 글, 공공기관에 불편사항을 개선해 달라고 건의하는 글 등이 이 유형에 해당한다. 사회・문화・자연 현상에 대한 새로운 주장을 제시하는 학술 논문을 집필하는 경우도 설득을 목적으로 하는 글이다. 어떤 사회・문화・자연 현상이 발생하는 이유에 대해 타당한 근거를 제시하고 동료 학자들을 자기의 생각에 동조하게끔 하기 위해 작성되기 때문이다. 대학생들이 과외 홍보물을 작성하는 것도 궁극적 목적은 학부모를 설득하여 글쓴이가 원하는 바를 이루려는 행동이라고 할 수 있다. 이렇듯 설득을 목적으로 하는 글은 우리 주변에서 흔히 작성된다.

주장이 분명해야 한다

설득을 목적으로 하는 글을 쓸 때 유의할 점은 주장이 명료하고 근거가 타당해야 한다는 것이다. 독자가 글을 읽은 후 글쓴이의 의견이 무엇인지, 어떤 점을 주장하는지 분명히 파악할 수 있도록 선명하게 의견이나 주장을 제시해야 한다. 학생들의 보고서의 경우 말하고자 하는 주장이 무엇인지 정확하게 파악할 수 없는 경우가 흔한데, 집필 전에 "이 보고서는 ~에 대해 ~의 의견을 보여준다."라든지, "이 논문은 ~에 대해 ~한 주장을 펼치는 글이다."와 같은 문장을 작성하면 글쓴이의 의견이나 주장이 선명해질 수 있다.

설득을 위한 글을 쓸 때는 주장을 분명하게 하고 타당한 근거를 제시해야 한다.

타당한 근거를 제시해야 한다

의견이나 주장이 선명하다고 모든 것이 해결된 것은 아니다. 의견이나 주장을 뒷받침할 수 있는 근거가 타당해야 한다. 주장이 뚜렷하더라도 근거가 타당하지 않으면 독자를 설득할 수 없다. 타당하면서도 충분한 근거를 제시해야 독자를 설득할 수 있기 때문에 설득 목적의 글에서 근거가 차지하는 위상은 매우 중요하다. 글쓴이가 제시한 근거가 타당한지 점검하기 위해 "A 때문에 이렇게 주장한다.", "B 때문에 이러한 의견을 갖는다." 같은 문장을 작성해 보는 방법이 있다. 본격적 집필 전에 주장과 근거를 생각해 보고 위 문장에 대입한 후 인과관계가 선명하다고 생각되면 나름대로 타당한 근거라고 할 수 있다.

동료나 선·후배, 교수님께 근거의 타당성을 점검 받을 수도 있다. 아무래도 글쓴이 혼자서 타당하다고 생각한 근거는 주관적일 수 있기 때문에 다른 사람들에게 타당성을 검토해 달라고 부탁하여 신뢰성을 높이는 방안도 좋을 것이다.

확인 · 심화

1. 아래 글을 읽고 필자의 주장과 근거를 찾아보자. 그리고 필자의 견해에 동의하면 왜 동의하는지, 동의하지 않으면 왜 동의하지 않는지 이유를 발표해 보자.

국방부가 4대강 사업을 위해 창설한 '청강부대'는 말 그대로 '강을 맑게 하는 부대'다. 국토해양부의 요청에 따라 지난 6월 창설된 이 부대는 낙동강 제35공구에 투입돼 모래 준설 작업 등을 하고 있다. 투입된 장비만 해도 50t 덤프트럭과 굴착기 등 72대에 이른다고 한다.

청강부대 창설은 군을 대하는 정부의 태도나 인식이 어떤 수준인지를 극명히 보여준다. 신성한 국방 의무를 다하기 위해 입대한 젊은이들을 멀쩡한 강바닥 모래나 파헤치는 따위의 강제노역에 동원하면서도 아무런 문제의식을 느끼지 못한다. 군을 '정권의 사병'쯤으로 여기는 시대착오적 발상이 아니고는 나올 수 없는 행동이다.

4대강 사업 군 병력 투입은 그 자체로도 위헌적 요소를 안고 있다. '국가의 안전보장과 국토방위'라는 군 본연의 임무에 부합하지 않을 뿐더러, 4대강 사업을 둘러싼 정치·사회적 갈등을 고려할 때 '군의 정치적 중립' 의무에도 위배된다. 청강부대가 하는 일은 재해복구 작업이나 농번기 일손 돕기 활동 따위와는 전혀 차원을 달리하는데도 정부는 막무가내다.

정부가 청강부대 창설 목적을 4대강 사업 '비용 절감'이라고 명시해 놓은 대목에 이르면 더욱 말문이 막힌다. 군인들의 노동력은 '공짜'임을 아예 대놓고 선언한 것이다. 병사들은 주머니 속 공깃돌처럼 아무 때나 끄집어내 공짜로 마구 부려먹어도 된다고 믿고 있는 것이다. 아무리 병역면제자들로 이뤄진 정부라고는 하지만 분노를 넘어 서글픔을 느끼지 않을 수 없다.

김태영 국방부 장관은 엊그제 국회 국정감사에서 실로 기막힌 발언을 했다. 청강부대를 해체할 용의가 없느냐는 야당 의원들의 질의에 "오히려 주특기 향상 차원에서 훈련 목적을 달성할 수 있다"고 답변했다. 그런 논리대로라면 아예 공병대는 교량·지하철 등 각종 공사 현장에, 헌병대와 기무부대는 경찰 업무에, 통신부대는 민간 통신사업 보조업무에 투입하는 것이 주특기 훈련에 도움이 될 것이다. 휘하 병사들이 공사판 일꾼으로 전락한 마당에 명색이 군의 수장이라는 사람이 이런 어처구니없는 궤변을 늘어놓고 있으니 어이없는 노릇이다.

정부는 청강부대를 즉시 해체하고 부대원들을 본연의 임무에 복귀시켜야 한다. 만약 청강부대를 계속 운용하고 싶다면 '4대강 사업 군 병력 투입에 관한 특별법'이라도 만들어 국회의 동의를 받는 게 마땅하다.

<4대강 사업 군부대 투입이 '주특기 훈련'이라니>, 『한겨레』

2. '다른 사람이 나를 사랑하게 하기'라는 제재로 설득을 목적으로 하는 글을 작성해 보자.(A4 한 장 분량)

3. 사회적 상호작용을 위한 글

사회적 상호작용을 위한 글은 독자와 관계를 새롭게 맺거나 유지하고, 이를 확장하고 발전시키기 위한 글이다. 개인이 개인에게 쓰는 경우 이외에, 개인이 집단에게, 혹은 집단이 집단에게 쓰는 경우도 있다. 바라던 직장에 입사한 선배에게 후배가 축하의 글을 쓰는 것이나, 대학 총장이 졸업하는 학생들을 격려하기 위해 졸업 식사를 쓰는 것, 기업에서 원활한 일 처리를 위해 다른 기업으로 업무 편지를 쓰는 것 등이 이 유형에 포함된다. 외교문서 작성도 국가 간의 상호작용을 위한 글이기 때문에 이 유형에 포함된다.

독자를 자세하게 분석해야 한다

사회적 상호작용을 위한 글에서는 독자 분석과 필자의 진정성 담기가 중요하다.

사회적 상호작용을 위한 글에서는 우선 독자에 대한 고려가 중요하다. 상호작용은 필자와 독자 사이에서 일어나는 것이기 때문에 다른 유형의 글보다 독자에 대한 고려가 중요한 것이다. 따라서 집필하기 전에 충분한 독자 분석이 필요하다. 독자가 개인인지 집단인지에 따라 집필 전략이 달라져야 할 것이며, 만약 개인이라면 필자와 친한 사이인지 혹은 처음 관계를 맺으려는 사이인지에 따라서도 집필 전략이 달라질 것이다. 비교적 친한 사이의 축하 글이라면 비격식체를 사용해도 좋겠지만, 공적 업무 때문에 글을 주고받는 경우라면 격식체를 사용해야 할 것이다. 이렇듯 사회적 상호작용을 위한 글에서는 독자에 대해 충분한 분석이 필요하다.

필자의 진정성을 담아야 한다

사회적 상호작용을 위한 글에서는 필자의 진정성 담기가 중요하다. 독자가 필자의 글에서 진정성을 느껴야 상호작용이라는 집필 목적을 달성할 수 있다. 입사를 축하하는 진정 어린 마음이 글에 담겨 있어야 독자는 그 글에 감동하여 이후에도 돈독한 상호 관계를 유지해 나갈 수 있는 것이다. 또 진정성에 바탕을 둔 졸업 식사라야 독자는 그 글에 격려의 힘을 얻어 힘차게 사회로 진출할 수 있게 된다. 이처럼 이 유형의 글에는 진정성이 담겨 있느냐의 여부가 중요시된다.

확인 · 심화

1. 아래 글은 한 대학 총장의 졸업식사이다. 이 글이 어떤 점에서 사회적 상호작용을 위한 글이 되는지 발표해 보자.

> 친애하는 졸업생 여러분!
>
> 여러분의 졸업은 값진 것이며 이 자리의 모든 하객의 축하를 거듭해 받아도 지나침이 없는 경사이지만 모든 과정의 끝은 또 다른 과정의 시작입니다.
>
> 사회주의 체제의 붕괴로 국제질서가 새롭게 재편돼 우리는 이제 날로 팽배해 가는 국가 이기주의의 물결 속에서 우리의 살길을 모색해야 하는 대 변혁기에 들어섰습니다. 또 국내에서는 아직 권위주의적 사고가 청산되지 않은 실정이고 민주화의 참뜻을 왜곡하는 현상들도 많이 나타나고 있습니다.
>
> 이처럼 국내외로 어려운 문제가 산적해 있는 중차대한 시국에 여러분이 사회로 진출하는 것이기 때문에 여러분에게 주어지는 사명과 임무는 그만큼 더 큰 것입니다. 여러분은 이 모두를 이룰 수 있는 자질과 능력을 갖추고 있으나 바깥세상으로 첫발을 내딛는 초년병이므로 노파심에서 몇 가지 당부를 하고자 합니다.
>
> 우선 앞으로 사회생활을 하면서 타인을 여러분의 가치 척도로 삼지 않기를 바랍니다. 남과 비교하지 말고 스스로의 방식대로 살아야 합니다. 다음으로 여러분들이 어디에서 무슨 일을 하든지 그곳에서 도덕적 수범(垂範)이 되기를 바랍니다. 우리 사회의 안정과 공동체적인 결속을 가장 확실하게 보장하는 길은 도덕성의 회복입니다. 끝으로 나라와 겨레로부터 여러 가지 혜택을 받아온 여러분들이 우리 사회로부터 아무런 혜택도 받지 못한 힘없고 가난한 사람을 돕는 책무를 게을리 하지 않기를 바랍니다.
>
> 김종운/서울대 총장 졸업식사, <어디서나 도덕적 수범을>

2. 다음과 같은 집필 상황을 가정하여 사회적 상호작용을 위한 글을 작성해 보자.

> 필자는 규모가 작은 A라는 중소기업에 올해 입사하였다. A는 대기업으로부터 하청을 받아 운영되는 회사이다. A의 사장님께서 필자에게 업무 지시를 내렸는데, "연말연시가 되어 대기업 담당 부장에게 감사의 이메일을 보내야 하니 점잖으면서도 멋진 문구를 작성해 보세요."라고 하였다.

4. 자기 성찰을 위한 글

자기 성찰을 위한 글은 글쓰기를 함으로써 자기를 성찰하고 이해하게 되며 이를 계기로 현재보다 심리적, 정서적으로 성숙한 자아를 형성하게 하는 글이다. 삶의 깨달음과 교훈을 담기에 용이한 수필이나 과거의 삶을 되돌아보는 회고문 등이 이 유형에 속한다. 그뿐만 아니라 영화, 연극, 뮤지컬과 같은 예술 작품을 관람하고 이를 자기 삶과 비교하여 자기 성찰의 계기로 삼는다면 이들에 대한 감상문도 자기 성찰의 글이 된다. 각종 체험도 성찰의 계기를 제공할 수 있다. 템플 스테이 체험이 현재의 자기를 반성하고 정서적으로 성숙한 자아를 형성하게 했다면, 이에 대한 체험기도 자기 성찰의 글이다. 이처럼 다양한 형태의 자기 성찰의 글이 가능하다.

자기 성찰의 계기 등 제반 맥락을 정리한다

자기 성찰의 글을 쓸 때는 자기 성찰의 계기, 자기를 성찰하게 한 소재나 대상 등 관련된 제반 맥락을 먼저 정리해 보는 것이 좋다. 자기 성찰의 글쓰기에서 제반 맥락의 정리는, 글을 짜임새 있게 조직하기 위해서도 필요하지만 집필 전에 실질적인 자기 성찰의 시간을 갖게 되는 것이기 때문에 집필 목적을 배가하여 이루게 한다.

경험 속의 의미를 자기 성찰과 연계하여 메모해 둔다

자기를 성찰하게 하는 소재나 경험 등은 특별한 경험일 수도 있지만 생활의 일상적 경험일 수도 있다. 특별한 경험은 일상의 자아에게는 없는, 그러나 궁극적으로는 자신이 바라던 자아의 모습이 그 안에 담겨 있기 때문에 자기 성찰 글의 주요한 글감이 될 수 있다. 일상의 경험은 경험대로, 그 안에 결국 자신의 진정한 모습이 내재해 있는 것이기 때문에 역시 주요한 글감이 될 수 있다. 특별한 경험을 할 때나 일상적 경험을 할 때나, 경험 속의 의미들을 자기 성찰과 연계하며 메모해 두는 습관을 기른다면 훌륭한 글감을 마련할 수 있다.

경험에서 얻는 의미와 깨달음을 자기 성찰과 연계하여 메모해 두면 자기 성찰 글의 좋은 글감이 된다.

성찰 내용을 구체적이고 진솔하게 쓴다

자기 성찰을 위한 글쓰기를 할 때는 성찰 내용을 구체성 있게 그리고 진솔하게 서술해야 한다. 성찰의 내용은 추상적인 깨달음인 경우가 많다. 따라서 특별한 경험이든, 일상적 경험이든 실제 경험과 연계되어야 깨달음이 구체성을 확보, 명확해진다.

자기 성찰을 위한 글은 다른 유형의 글보다 독자의 비중이 적다. 따라서 외적 형식과 같은 독자 요소에 신경을 덜 기울여도 된다. 그 대신 자기 자신에 대한 내면적 진술함에 더 비중을 두어야 한다.

확인 · 심화

1. 다음 글을 읽고 필자의 자기 성찰의 계기를 찾아 정리해 보자.

내가 술을 즐기는 이유가 넷이 있으니, 불평이 하나요, 흥취가 둘이요, 빈객을 대접하는 것이 셋이며, 그리고 남의 권하는 것을 거절하기 어려운 것이 또 하나이다.

불평이 있을 적엔 운명으로 돌리는 것이 옳고, 흥취가 날 때는 휘파람이나 읊조리는 것이 옳고, 빈객을 대우할 적엔 성심껏 하는 것이 옳으며, 비록 남이 심하게 권한다 할지라도 내 뜻만 이미 확고하면 남의 말로 해서 흔들리지 않음이 옳을 것이다. 그러면 이 네 가지 옳은 것은 버리고 저 한 가지도 옳지 못한 것 가운데에만 종시 미혹되어 이로써 일생을 그르침은 무슨 까닭이냐?

내가 벼슬을 쉬고 물러나 있으면서 다섯 번이나 은지(恩旨)를 받았으므로, 금년 봄에는 부득이 병든 몸을 끌고 부르심에 나아가 상소하여 물러갈 것을 애걸하였다. 뜻이 구학(丘壑)에 있으면 마땅히 문을 닫고 출입을 끊으며, 말과 행동을 삼가야 할 것이거늘, 동정(動靜)이 일정하지 않고 언어에 실수가 있으며 천 가지 만 가지의 망령된 일이 다 술로 인해 나오게 된다. 바야흐로 취하였을 때에는 기탄이 없이 맘대로 행하다가 깨고 나면 현혹되어 깨닫지 못하게 되고 남이 혹 말을 하면 처음에는 믿지 않다가 그것이 사실임을 알게 되면 부끄러워서 죽고 싶다. 오늘도 이와 같고 내일도 또 이와 같아 잘못과 뉘우침이 산과 같이 쌓이되 깨달아 고칠 때가 없으니, 친한 이는 애처롭게 생각하고, 범연한 이는 침을 뱉게 되어 천명(天命)을 더럽히고 인도를 문란하게 하여 명교(名教)에 버림을 받게 된 것이 적지 않다.

이 달 초하룻날 가묘(家廟)에 하직하고 국문(國門)을 나서 강을 건너려 할 때 나를 전별하러 나온 이가 배에 가득하였다. 머리를 서울로 돌리고 지난 일을 한 번 회고하여 본즉 흡사히 남의 집을 엿보는 도적이 백주에 칼을 뽑아 들다가 사람을 만나자 황황궁박하여 어찌할 줄을 모르는 것 같아 종일토록 불안하여 큰 죄를 지은 것 같았다.

갔다가 다시 강상으로 돌아올 때 마침 선기(先忌)를 당하였다. 흐느끼는 소리가 목이 메어 애통하는 중에 착한 생각이 맹노(萌露)되어서 드디어 개연(慨然)히 스스로 꾸짖기를 사냥을 좋아하는 습성이 어찌 명도(明道) 같은 이로도 십 년 뒤에 다시 마음이 움터 움직이게 되었고, 여색을 좋아하는 생각이 어찌 담암(澹菴) 같은 이로도 참으려 결심한

선기 : 선친의 기일.
명도 : 정명도(鄭明道 1032~1085), 송나라의 유학자로 이름은 호(顥)임.
담암 : 송나라의 유학자로 이름은 호전(胡銓)임.

주인옹 : 사람의 마음.

뒤에 다시 연연하였을까? 실로 붙잡기 어려운 것은 마음이요 잃어버리기 쉬운 것은 뜻이다. 마음이여! 뜻이여! 이를 누가 주장하는 것인가? 주인옹(主人翁)은 항상 성성(惺惺)하도다. 진실로 이 말과 같지 않으면 내 어찌 다시 이 강물을 보리오.

만력 5년(1577) 정축 4월 7일 서호정사(西湖亭舍)에서 쓰다.

정철, <계주문(戒酒文)>

2. 지금까지의 자기 삶을 정리하는 계기가 되는 가상 유서와 새로운 전환의 계기가 되는 미래 계획서를 작성하여 보자.

(1) 다음 표를 참고하여 집필 계획을 세운 후 가상 유서를 작성해 보자.

예상 독자	예상 독자를 정한다. 가족, 친구, 후손 등 예상 독자에 따라 글감 및 구성이 달라질 것이다. 그리고 이에 따라 자기 성찰의 내용 또한 달라질 것이다.
글감	지금까지 자기 삶에서 후회, 반성, 기쁨, 슬픔, 소망, 만족 등과 관련하여 겪은 일을 기억나는 대로 적고 이 중 글감으로 활용할 만한 것을 택한다.
구성 계획	예상 독자, 글감의 유형 등에 따라 구성 계획을 세운다.

(2) 가상 유서를 작성하여 자기 삶을 성찰해 보았다. 이 성찰을 반성의 계기로 삼아 이번에는 지금부터 10년 안에 하고 싶은 일이나 꼭 해야 할 미래 계획서를 작성해 보자.

5. 학습을 위한 글

학습을 위한 글은 집필 목적이 지식이나 정보의 획득, 심화, 확장, 정교화에 있는 글이다. 글쓰기의 준비, 집필, 퇴고 등 전(全) 과정은 지식이나 정보를 획득, 심화, 확장, 정교화 하는데 중요한 역할을 한다. 주제를 정할 때 기존 지식은 더욱 세밀해지고 정교해진다. 글감을 준비할 때는 정보를 새롭게 획득하거나 심화, 확장하게 된다. 글의 개략적 틀을 조직할 때는 지식이나 정보를 정교하게 다듬어야 한다. 이렇듯 이 유형의 글쓰기는 학습을 위해 글쓰기를 도구적으로 이용하는 것이다. 예로는 보고서, 요약문, 논문 등이 있다.

주제에 대한 필자의 관점을 명확하게 정립해야 한다

학습을 위한 글에서는 주제에 대한 필자의 관점을 명확하게 정립하는 것이 우선 필요하다. 주제에 대한 필자의 관점이 명확하게 정립되어야 글감을 마련하거나 글의 전체 틀을 조직할 때도 분명한 비전 아래 진행할 수 있다. 대개 글감을 마련할 때는 주제와 관련한 기초 자료나 참고 서적을 이용하게 되는데, 명확한 관점이 정립되어 있지 않으면 비판적 수용이 힘들게 되고 이용한 자료들의 관점을 맹목적으로 추수하는 결과를 빚게 된다. 따라서 학습을 위한 글을 쓸 때는 먼저 주제에 대한 필자의 관점을 명확하게 세우고 이 관점에 따라 자료들을 비판적 시각으로 읽는다. 그랬을 때 능동적이고 적극적인 태도 때문에 학습 효과가 높아지게 된다.

학습을 위한 글에서는 주제에 대한 필자의 관점 정립이 중요하다.

확인 · 심화

1. 아래 글을 읽고 이 글의 필자가 글쓰기를 통해 얻게 된 효과가 무엇인지 발표해 보자.

> 이제 본격적으로 정철 문학의 특성을 살펴보자.
>
> 정철 문학의 가장 커다란 특징은 형식이든 주제든 이중성을 지니고 있다는 데에 있다. 이것은 정철이 그만큼 사물을 바라보는 폭이 넓었고, 다양한 시각을 가졌다는 증거이기도 하다. 그러므로 정철에 있어서는 자연 역시 두 가지 의미를 지니는 이중성을 가진다. 정철은 사대부 일반이 가지는 자연에 대한 인식 이외에도, 현실의 초탈이라는 의미의 자연관을 가지고 있었던 것이다. 정철 문학에 있어서는 사대부 일반의 자연관과 더불어 현실 탈출의 피안처로서의 자연관이 존재하고 있다. 이러한 자연은 그 내면을 분석하여 보면 현실 일탈로서의 의미가 강한 자연관임이 분명해진다. …(중략)…
>
> 지금까지 정철 문학의 특성과 정철의 작품 중 네 작품을 간단하게나마 살펴보았다.
>
> 정철 하면 고등학교 때 수능공부를 하기 위해 열심히 외웠던 기억밖에는 나지 않는다. 정철의 주요 작품들의 내용과 구성을 달달 외우기만 했었지 이렇게 깊은 부분까지 알 수가 없었는데 이번 계기를 통하여 정철이라는 인물과 정철의 문학 작품들의 특성까지 새롭게 안 부분들이 많아서 참 좋은 기회였던 것 같다. (학생의 글)

2. 다음 순서를 참고하여 요약문을 작성해 보자.

인문, 사회, 자연, 예술 등 학문 분야와 관련 없이 어떤 개념이나 원리가 포함된 저서나 논문을 찾아 꼼꼼하게 읽는다.

↓

내용 중 핵심 개념이나 원리를 하나만 찾는다.

↓

찾은 개념이나 원리 위주로 내용을 요약한다.

↓

개념이나 원리를 다른 대상에 적용해 본다.

↓

이상의 내용을 정리하여 요약문을 작성한다.

제2 부

글쓰기의 과정

1장 맥락의 파악과 계획

이 단원에서는 글쓰기 과정의 첫 단계이자 글쓰기의 준비 단계라 할 수 있는 글쓰기 맥락의 파악과 글쓰기 계획에 대해 학습한다.

1. 맥락의 파악

실제로 글쓰기를 시작하기 전에 자신이 쓰는 글의 목적, 글의 주제, 예상 독자 등 글쓰기를 둘러싼 상황을 파악하는 것이 필요하다. 또한 글쓰기 과정에 활용할 수 있는 주요 정보들에는 무엇이 있는지 파악하고, 글쓰기 과정에서 지켜야 할 글쓰기 관습을 파악하는 것도 필요하다. 나아가 공동체의 규범과 가치에 비추어 자기가 쓰는 글이 미칠 영향을 인식하는 것도 중요하다. 이와 같은 글쓰기 맥락의 파악이 충분히 이루어질 때 더 좋은 글을 쓸 수 있기 때문이다.

글쓰기의 지배적 목적을 파악한다

글쓰기의 목적
① 정보 전달
② 설득
③ 사회적 상호 작용
④ 정서 표현

글쓰기의 목적이 달라지면 글의 유형이 달라진다. 따라서 지금 현재 자신이 쓰고자 하는 글의 목적을 분명히 이해하여야만 어떤 유형의 글을 쓸 것인지 명확해진다. 글쓰기의 목적은 크게 정보 전달, 설득, 사회적 상호 작용, 정서 표현 등으로 나누어 볼 수 있다. 정보 전달의 글은 독자에게 어떤 개념, 대상, 현상, 사건 등에 대한 정보를 제공하기 위하여 쓰는 글이다. 설득의 글은 다른 사람의 마음을 움직여서 공감과 동의를 이끌어 내기 위하여 쓰는 글이다. 사회적 상호 작용의 글은 다른 사람 혹은 집단과 관계를 맺고, 이를 유지하고 발전・확장하기 위하여 쓰는 글이다. 정서 표현의 글은 필자의 감정이나 감응 등을 드러내기 위하여 쓰는 글이다.

이와 같은 글쓰기의 목적은 실제 글쓰기의 과정에서 서로 중복되어 나타나는 것이 보통이지만, 필자 스스로 지배적인 목적을 명확히 인식하는 것이 중요하다. 지배적인 목적이 명확해지면 나머지 목적들은 그 목적에 기여할 수 있도록 전략적으로 활용되어야 하는 것이다.

글의 주제를 분석하고 이해하여 분명하게 한정한다

글의 주제는 가능한 좁게 한정하는 것이 좋다.

글쓰기의 주제는 무엇을 쓰느냐 하는 문제이므로, 글쓰기의 과제와 직접 관련되는 문제라고 할 수 있다. 상황에 따라 글쓰기의 주제는 필자 스스로 선택하는 경우도 있고, 외부로부터 주어지는 경우도 있다. 일기, 편지, 수필, 감상문 등 비교적 사적인 글은 필자 스스로 주제를 선택해서 쓰는 경우가 많지만, 대학에서의 보고서 쓰기와 같이 다소 공적인 성격을 띠는 글의 경우에는 주제가 주어지는 경우가 많다. 스스로 주제를 선택하는 사적인 글은 크게 문제될 것이 없지만, 주제가 주어지는 경우에는 주제를 분석하고 한정하는 과정이 필수적으로 요구된다. 일반적인 경우, 주어지는 주제는 상당히 포괄적인 경우가 많기 때문이다. 주제가 주어지는 큰 맥락 속에서 주제의 가치를 분석하고, 그러한 분석 결과 아래에서 주어진 주제를 구체화하고 좁은 범위로 주제를 한정하는 것이 필요하다.

글의 예상 독자를 적절하게 설정한다

글의 예상 독자를 설정하는 것도 글쓰기를 시작하기 전에 반드시 수행해야 할 과정이다. 동일한 목적과 주제로 글을 쓰는 경우에도 독자가 달라지면 전혀 다른 전략으로 글을 써야 하기 때문이다. 예상 독자의 설정은 예상 독자가 처해 있는 환경에 대한 이해, 글의 주제와 예상 독자의 관계 설정, 예상 독자와 필자의 관계 파악, 필자가 작성한 글과 예상 독자의 관계 규정 등에 기초해서 이루어진다. 예상 독자가 처해 있는 환경이란 독자의 연령, 사회·경제·문화적 배경, 가치관과 신념, 취미와 관심 등을 두루 가리킨다. 주제와 독자의 관계는, 글의 주제에 대한 예상 독자의 지식의 양과 질, 주제에 대한 태도 등이 포함된다. 예상 독자와 필자의 관계는, 필자에 대해 예상 독자가 가지고 있는 인식과 태도, 예상 독자가 글에 대해 가지는 기대 수준 등에 대한 분석을 바탕으로 규정된다. 끝으로 필자가 작성한 글과 예상 독자의 관계를 규정하는 것은, 글의 종류, 내용의 조직 방법, 내용의 표현 방식 등이 예상 독자의 요구 및 수준에 적합한지를 검토하는 데에 매우 중요한 요소가 된다. 종합적으로 보자면, 필자는 단순히 자기가 알고 있는 지식이나 주장하고자 하는 입장을 자신의 관점에서 표현하는 데 그치지 않고, 자신의 지식이나 입장을 독자의 상황과 수준, 요구에 따라 적절히 조정하고 변형하여 제시하여야 한다는 것이다.

글쓰기 과정에서 활용할 수 있는 주요 정보를 파악한다

이 과정은 글쓰기 과정에 활용할 정보를 모으는 활동과 관련된다. 실제로 글 속에 담을 내용이 풍부하고 다양할수록 좋은 글을 쓸 가능성이 높다. 다만 그러한 정보들을 무조건 많이 수집해서 늘어놓는다고 반드시 좋은 글이 되는 것은 아니므로, 내용의 생성과 조직 단계에서 이러한 정보들을 적절히 활용하거나 변형하거나 혹은 과감히 버리는 과정이 필요하다.

정보를 파악하는 방법은 크게 두 가지이다. 하나는 이미 자신이 알고 있는 정보를 머릿속에서 끄집어내어 활용하는 것이고, 다른 하나는 자기 외부로부터 정보를 수집하는 것이다. 후자의 경우에는 주위 사람들과의 대화, 면담, 설문 등의 방법으로 정보를 수집하는 방법과, 책이나 논문 같은 인쇄 매체를 포함하여 인터넷 등의 다양한 매체로부터 정보를 수집하는 방법이 활용될 수 있다.

글쓰기 과정에서 지켜야 할 글쓰기 관습을 파악한다

글쓰기는 기본적으로 필자와 독자 사이의 의사소통 행위이기 때문에 어떠한 방식으로든 필자와 독자 사이에 지켜야 할 관습이 있다. 물론 글쓰기 관습이 모든 유형의 글쓰기에서 동일한 정도로 엄격하게 적용되지는 않는다. 예를 들어 일기나 수필 같은 유형의 글에서는 그러한 관습이 덜 중요하지만, 대학에서의 보고서나 학술 논문에서는 그러한 관습이 훨씬 엄격하게 요구된다.

글의 종류에 따라 글쓰기의 관습이 다르다. '3부. 글쓰기의 실제' 부분에서 이에 대해 학습할 수 있다.

글쓰기의 관습은 오랫동안 글쓰기와 읽기가 의사소통 행위로 수행되는 과정에서 형성된 것이다. 특히 공적인 성격을 띠는 글일수록 필자와 독자 사이에 형성된 관습은 규범적이고 엄격하다. 또한 내용과 형식의 모든 면에서 요구되는 관습의 범위도 매우 넓다. 명확한 목적과 한정된 주제를 엄격히 지켜야 하며, 필요하고도 충분한 만큼의 정보가 포함되어야 한다. 자신의 창의적 아이디어인지 남의 아이디어를 인용한 것인지를 분명하게 구분해서 밝히는 정직성도 요구된다. 필자는 이러한 글쓰기 관습을 잘 파악해서 자신의 글 속에 적절하고 충분하도록 이를 녹여내는 것이 필요하다.

공동체의 규범과 가치에 비추어 자기가 쓸 글이 미칠 영향을 인식한다

글쓰기가 사회·문화적 실천 행위로서의 성격을 가지기 때문에, 필자는 자기가 쓸 글이 자신이 속한 사회·문화적 공동체에 미칠 영향에 대해 책임을 져야 한다. 글이 미치는 영향의 범위는 다양하고 광범위하다. 독자와 관련해서는 한 개인으로부터 사회, 국가, 인류에 걸쳐 영향을 미칠 수 있으며, 영향의 성격과 관련해서는 사회적, 경제적, 문화적, 정서적, 윤리적 측면에서 공동체의 가치와 신념에 영향을 미칠 수 있다. 따라서 필자는 글쓰기 준비 단계에서 자신이 속한 공동체의 규범과 가치에 대해 분석하고 이해하여야 하며, 자기의 글이 어떠한 방식으로든 공동체의 규범과 가치를 전승하고 유지·발전시키는 데 이바지하여야 한다는 점을 충분히 고려하여야 한다.

필자가 하나의 공동체에만 속해 있는 것은 아니고, 또한 하나의 공동체라고 해서 구성원이 모두 하나의 가치와 신념을 지향하는 것은 아니다. 공동체의 다양한 요구에 부합하면서 자신의 정보와 견해를 글 속에 반영하는 것이 쉽지 않은 이유이다. 하지만 그렇기 때문에 필자가 공동체의 규범과 가치에 대해 충분히 분석하고 파악하는 것이 더욱 필요하고 중요하다. 필자의 글을 통해, 독자 스스로 자신의 정보와 견해를 점검하고 재정립하는 계기가 마련된다는 점을 항상 고려하여야 하는 것이다.

확인 · 심화

1. 글쓰기 맥락의 파악과 관련하여 다음 표의 빈 칸에 간단한 설명을 써 보자.

· 글쓰기의 지배적 목적을 파악한다.
· 글의 주제를 분석하고 이해하여 분명하게 한정한다.
· 글의 예상 독자를 적절하게 설정한다.
· 글쓰기 과정에서 활용할 수 있는 주요 정보를 파악한다.
· 글쓰기 과정에서 지켜야 할 글쓰기 관습을 파악한다.
· 공동체의 규범과 가치에 비추어 자기가 쓸 글이 미칠 영향을 인식한다.

2. 휴대전화 등의 사용 설명서를 대상으로 다음 활동을 해 보자.
   (1) 예상 독자가 누구여야 하는지 생각해 보자.
   (2) 위의 결과를 바탕으로, 사용 설명서가 적절하게 쓰였는지 평가해 보자.
   (3) 위의 평가 결과를 바탕으로, 필요하다면, 예상 독자에 맞춰서 사용 설명서를 고쳐 써 보자.

2. 글쓰기 계획

다른 모든 일들과 마찬가지로, 글쓰기에 있어서도 계획 과정은 매우 중요하다. 아무런 계획도 없이 무작정 글쓰기를 시작해서는 결코 좋은 글을 쓸 수 없다. 구체적이고 실제적인 글쓰기 과정의 수행에 앞서, 포괄적인 개략적인 계획을 세우고 점검하는 것은 좋은 글쓰기의 출발점이라 할 수 있다.

글쓰기 과정에서 해결해야 할 문제를 찾고 분석한다

글쓰기 과정은 문제 해결 과정으로서의 성격을 가지고 있다. 모든 문제의 해결을 우선 당면한 문제를 분명히 인지하는 데에서부터 출발한다. 따라서 글쓰기 과정에서도, 우선 문제가 무엇인지 구체적으로 파악하는 것이 필요하다. 문제 파악이 선행된 이후에 주제가 분명해지고, 그러한 주제를 글 속에 담아내기 위해서 글의 구조와 유형을 결정하고, 적절한 내용을 생성하여 전략적으로 전개해 나갈 수 있게 된다.

가주제 : 포괄적이고 막연한 주제.
진주제 : 구체적이고 명확한 주제.

대학에서의 보고서 쓰기와 같이 주제가 주어지는 경우에도, 해결해야 할 문제를 찾고 분석하는 과정은 매우 중요하다. 주제가 주어진다고 해서 모든 학생들이 동일한 주제와 제목을 가지고 동일한 내용과 구성으로 글을 쓰게 되지 않는다는 점을 유념해야 한다. 결국 주어진 주제 내에서 필자 스스로 다시 맥락을 파악하고, 해결해야 할 문제를 분석해서 한정된 진주제를 설정해야 하는 것이다. 주제가 주어지거나 주어지지 않거나 상관없이, 필자는 글쓰기 과정에서 해결해야 할 문제를 구체적으로 분석해야 하는 것이다.

글쓰기 과정에 대해 전체적인 계획을 세우고 결과를 예측한다

필자는 글쓰기 과정 전반에 대해 개략적인 계획을 세우고, 글쓰기 과정을 통해 얻게 될 결과물에 대해 예상을 하여야 한다. 내용 생성과 조직 단계에서 구체적인 계획을 수립하게 되겠지만, 글쓰기 준비 단계에서도 어느 정도 전체적인 계획과 예측이 필요함을 유념할 필요가 있다. 여기서의 계획과 예측은 글쓰기 전 과정에 대한 것으로, 글쓰기의 목적, 내용 생성, 내용 조직, 내용 표현, 그리고 고쳐 쓰기 등 앞으로 진행된 글쓰기 과정을 상호 연관성 속에서 미리 점검해 보는 것을 의미한다. 각각의 글쓰기 단계들은 한편 독립적으로 진행되지만, 전체적으로 통일적이고 일관적으로 각 단계들이 유기적 관련을 맺기 위해서는 좀 더 높은 차원에서의 전체적인 조망이 필요하다.

글쓰기에 필요한 배경 지식을 준비하고 내용 생성을 계획한다

본격적인 내용 생성에 들어가기 전에, 내용 생성에 대한 계획을 수립하는 것이 필요하다. 특히 아직 전문 연구자로서의 지적 수준을 갖추지 못한 학생들의 경우, 글 속에 담을 내용을 수집하는 과정이 매우 중요하다. 실제적인 내용 생성의 원천은 크게 두 가지이다. 하나는 이미 필자가 가지고 있는 정보와 지식이고, 다른 하나는 외부로부터 정보와 지식을 수집하는 것이다. 이미 필자의 정보와 지식 체계 속에 저장되어 있는 것은 그대로 끄집어내서 활용하면 되지만, 필자 외부에 존재하는 정보와 지식은 다양한 경로를 통하여 수집하여야 한다. 글쓰기를 준비하는 단계에서는 이러한 정보와 지식의 다양한 수집 경로에 대해 계획할 필요가 있는 것이다. 주위의 전문가로부터 조언을 구하거나, 정보원으로부터 설문과 같은 방식으로 자료를 수집하거나, 인터넷과 같은 매체를 활용하거나, 논문과 저서를 읽고 정리해야만 하는 것이다. 글쓰기 과정, 특히 내용 생성의 단계에서 낭패를 보지 않기 위해서, 필자는 글쓰기에 앞서 이와 같은 다양한 정보와 지식의 수집 경로를 고려하여 내용 생성을 계획하여야 한다.

글쓰기에 필요한 지식과 정보를 어떻게 수집할 것인지 계획한다.

글의 제목이나 대략적인 내용을 떠올리고 내용 구조 및 전개를 계획한다

확정적이지 않다고 하더라도 우선 글의 제목을 정하고 그에 따라 대략적인 내용을 고려하여 글 전체의 내용 구조 및 전개를 계획하여야 한다. 내용 조직 단계에서 이루어질 구체적인 내용 구조 이전에, 글 전체의 내용을 어떻게 조직하고 전개할 것인지 개략적인 도식을 작성해 보는 것이 도움이 될 수 있다. 예를 들어, 내용들을 대등하게 나열할 것인지, 어떤 내용과 어떤 내용을 대등하게 비교하거나 대조할 것인지, 주요 개념들은 어떠한 방식으로 설명하며 글의 어디에 위치시킬 것인지 고려하여야 한다. 기존 논의들에 대한 검토가 있다면, 그것들은 필요한 때마다 관련 부분에서 인용의 방식으로 활용할 것이지 별도로 기존 논의를 리뷰하는 내용을 설정할 것인지 결정해야 한다.

확인 · 심화

1. 글쓰기 계획과 관련하여 다음 표의 빈 칸에 간단한 설명을 써 보자.

· 글쓰기 과정에서 해결해야 할 문제를 찾고 분석한다.
· 글쓰기 과정에 대해 전체적인 계획을 세우고 결과를 예측한다.
· 글쓰기에 필요한 배경 지식을 준비하고 내용 생성을 계획한다.
· 글의 제목이나 대략적인 내용을 떠올리고 내용 구조 및 전개를 계획한다.

2. 신문에서 사설이나 칼럼을 한 편 골라 다음 활동을 해 보자.
   (1) 필자가 글을 통해 해결하고자 하는 문제가 무엇인지 생각해 보자.
   (2) 필자가 글을 통해 기대하는 효과가 무엇인지 생각해 보자.
   (3) 글의 내용이 필자의 기대 효과를 달성하기에 필요충분한지 생각해 보자.

2장 내용 생성과 조직

이 단원에서는 글 안에 담길 내용을 구체적으로 생성하고 논리적으로 조직하는 과정에 대해 학습한다.

1. 내용의 생성

글의 제목과 중심 내용을 바탕으로 체계적이며 창의적인 사고 활동을 전개한다

내용 생성의
일차적 방법
① 브레인스토밍
② 자유 연상
③ 자유롭게 쓰기

내용을 생성하는 일차적인 방법은 창의적인 사고 활동이다. 이미 자신의 머릿속에 저장된 정보와 지식을 적극 활용하여 글의 제목과 중심 내용에 적합한 내용을 끄집어내는 것이다. 앞에서의 글쓰기 계획 단계와 비교하여 이 단계에서는 훨씬 더 구체적인 양상으로 내용 생성이 이루어진다는 점을 유념하여야 한다.

창의적인 내용 생성을 위한 활동으로는 브레인스토밍, 자유 연상, 자유롭게 쓰기 등이 있다. 브레인스토밍은 비판 없이 가능한 한 많은 내용을 떠올리는 방법이고, 자유 연상은 연쇄적으로 생각의 흐름을 따라가면서 내용을 떠올리는 방법이다. 자유롭게 쓰기는 브레인스토밍이나 자유 연상에 의해 떠오른 내용들을 비교적 자유롭게 가감 없이 종이에 기록해 보는 방법이다. 이러한 활동을 조금 더 체계적으로 하는 방법으로는, 불완전한 형태로라도 개요를 작성해 보거나 그림이나 도표를 활용하여 주요 내용의 위계, 순서, 전개 방향 등을 고려해 보는 방법이 활용될 수 있다.

이상과 같은 체계적이고 창의적인 사고 활동의 목표는 글감을 풍부하게 마련하는 데 있음을 항상 유념하여야 한다. 따라서 사고 과정에서 늘 글의 제목과 중심 내용을 염두에 두어야 한다. 떠오른 내용들이 글 속에서 활용될 수 있는 것인지 아닌지에 대한 판단 기준은 글의 제목과 중심 내용에 부합되는지 여부이기 때문이다. 이러한 점을 유념하지 않는다면 자칫 통일성과 일관성을 해칠 수 있는 내용이 포함될 수 있으므로 유의해야 한다.

필요한 자료들을 충분하게 수집하고 정리한다

내용 생성의 핵심적 방법
① 자료 수집
② 자료 읽기
③ 자료 정리

내용을 생성하는 일차적인 방법이 창의적 사고 활동이지만, 그것만으로 좋은 글을 쓰기 어려운 경우가 대부분이다. 특히 사적인 글이 아니라 대학에서의 보고서 쓰기 등과 같이 공적인 성격을 띠는 글이라면 더욱 그렇다. 이미 머릿속에 들어 있는 정보와 지식만으로 설명의 글이나 설득의 글을 쓰는 것은 거의 불가능하다고 할 수 있다.

내용 생성의 가장 핵심적인 방법은 역시 기존의 글로부터 내용을 가져오는 것이다. 기존 자료의 수집과 정리는 필자 자신의 생각을 다듬고 키우는 방법이 되기도 하는 동시에, 중요한 글감의 원천이 된다는 점을 유념해야 한다. 즉 이미 다른 사람이 설명해 두었거나 주장한 바를 단순 반복하지 않게 하는 동시에, 자신의 설명이나 주장을 뒷받침하는 훌륭한 내용들을 얻을 수 있다는 것이다.

기존의 자료는 다양한 형태로 존재하지만, 대학에서의 글쓰기를 고려할 때 가장 중요한 자료는 학술 논문이나 저서가 된다. 따라서 필자로서의 학생은 실제로 도서관을 방문하거나 전자 정보 검색을 활용하여 학술 논문과 저서를 최대한 찾아서 읽고 정리하는 과정을 반드시 거쳐야 한다. 물론 이러한 수집과 정리 과정도 자신의 글 제목과 중심 내용에 부합되는 것이라야 한다는 점은 변함없다.

중심 내용을 뒷받침할 세부 내용을 생성하고 구체화한다

글쓰기 과정에서 내용을 생성한다는 것은 중심 내용을 생성하는 것은 물론, 그 중심 내용을 뒷받침할 세부 내용을 생성하는 것을 포괄한다. 중심 내용과 뒷받침 내용이 구별되는 것은 글쓰기의 목적이나 주제와 밀접히 관련되어 있다. 동일한 내용이라도 어떤 필자에게는 중심 내용이 될 수 있고, 다른 필자에게는 뒷받침 내용이 될 수 있다. 따라서 중심 내용과 뒷받침 내용의 생성은 그 자체로 별도 과정을 통해 이루어진다기보다, 생성된 내용을 중심 내용과 뒷받침 내용으로 구별하는 과정이라고 보는 것이 더 적절할 수 있다.

글쓰기의 제 단계들이 완전히 독립적으로 이루어지지 않고 상호의존적인 동시에 회귀적이라는 점이 여기서도 드러난다. 내용을 생성하고 구체화하는 단계에서도, 어느 정도는 내용을 위계적으로 재구조화하고 조직하는 단계에 대한 고려가 필요한 것이다. 물론 내용 조직 단계에서도 불필요한 내용을 버리거나, 추가적으로 필요한 내용을 새로이 생성해서 보탤 수 있는 것과 마찬가지다.

확인 · 심화

1. '유전자 조작' 문제에 대해 글을 쓰고자 한다. 다음 과정을 따라 내용 생성 활동을 해 보자.

(1) '유전자 조작'에 대해 브레인스토밍을 해 보자.
이 과정에서는 '유전자 조작'과 관련하여 떠오르는 모든 생각을 가감없이 빠뜨리지 않고 전부 적어 보는 것이 중요하다.

(2) 위 활동의 결과에 대해 수정 · 보완하는 활동을 해 보자.
① 중복되는 항목을 지운다.
② 항목과 관련하여 떠오르는 생각들을 덧붙인다.
③ 관련이 있는 항목들을 모아 본다.

2. 내용의 조직

글의 조직은 서론, 본론, 결론의 삼단 구성을 기본으로 한다

누구나 짐작할 수 있는 바와 같이, 생성된 내용을 아무렇게나 나열한다고 해서 좋은 글이 되지 않는다. 생성된 내용이 하나의 좋은 글이 되기 위해서는 반드시 내용의 조직 단계를 거쳐야 한다. 일반적으로 내용을 조직하는 방법은 서론, 본론, 결론의 구조를 가지도록 하는 방법이다. 이러한 구조는 흔히 설득을 목적으로 하는 글의 구조로 인식되지만, 실제로는 거의 모든 글이 이와 같은 구조를 가진다. 대학에서 흔히 쓰게 되는 보고서의 경우, 그것이 설명의 글이든 설득의 글이든 상관없이 서론, 본론, 결론의 구조를 갖는 것이 무난하고 자연스럽다.

서론은 글의 도입부로서, 글을 쓰는 이유나 목적과 중심 문제를 제기하고, 향후 글의 전개 과정에 대해 간단히 서술하는 부분이다. 본론은 글의 중심 내용과 뒷받침 내용으로 구성된다. 결론은 본론에서 서술한 주요 내용을 요약함으로써 주제를 부각하는 부분이다.

서론, 본론, 결론의 삼단 구성은 내용 구조 측면에 대한 것이지 형식 구조 측면에 대한 것이 아니다.

서론, 본론, 결론으로 내용을 조직한다는 것이 구조적으로 반드시 삼단 구성이 되어야 한다는 의미는 아니다. 크게 보아서 삼단 구성이 된다고 하더라도, 실제 글쓰기 과정에서는 본론 부분의 구성이 확대되어야 한다. 글의 핵심적인 부분이기 때문에 중심 내용들이 강화되고 확대되어 제시되어야 하는 것이다. 예를 들어 모든 저서의 첫 부분과 마지막 부분을 서론과 결론이라고 할 때, 그것을 제외한 나머지 모든 부분이 본론이 되는 것과 같다.

비교적 짧은 보고서를 쓰는 경우에도 이와 같은 구조를 염두에 두어야 한다. 보고서의 구성은 다섯 부분으로 한다고 확정하고 선입관을 가질 필요는 없지만, 경험적으로 보아 학생들이 작성하는 보고서는 그런 정도로 구성되는 것이 무난한 듯하다. 이 경우, 서론과 결론이 한 장[chapter]씩을 차지하므로, 본론은 세 개의 장으로 구성된다. 물론 글의 내용에 따라 본론이 두 개의 장으로 구성되거나 네 개의 장으로 구성되는 것도 문제는 없다. 다만 대학생의 보고서인 경우, 한편으로 그런 정도의 내용과 구성이 필요하기도 하고, 다른 한편으로 그런 정도의 내용과 구성이면 충분하기도 하다는 정도로 이해해 두면 될 듯하다.

글의 구조는 반드시 개요를 통해 가시적으로 형상화되어야 한다

생성된 내용을 일정한 구조를 갖추도록 조직하는 경우, 그러한 구조가 가시적으로 드러나도록 개요를 작성하는 것은 필수적인 과정이다. 머릿속으로 아무리 훌륭한 내용 조직이 마련되었다고 해도 그것이 그저 머릿속에 있을 때에는 글쓰기 과정에서 적절하게 반영되기 어려운 문제가 있기 때문이다.

내용들을 중심 내용과 뒷받침 내용으로 구분하여 일정한 위계에 따라 배치하였다면, 그것을 가시적 개요로 작성하여야 한다. 물론 이때의 개요는 반드시 내용상의 위계가 명확히 드러나도록 작성되어야 한다. 개요는 일종의 설계도와 같은 것이어서, 개요만 보고서도 글의 내용이 어떻게 조직되고 전개될 것인지 한 눈에 알 수 있어야 한다. 글쓰기 과정 동안 이 설계도는 계속 수정·보완되면서 글의 전개를 필자가 계획했던 방향대로 제한하는 구실을 할 것이다.

잘 작성된 개요의 기능은 대략 다음과 같다.

① 주제에 대한 막연한 생각을 구체화, 체계화 할 수 있다.

② 자료에 대한 체계적 접근과 정리가 가능하다.

③ 글의 기본 구성이 얼마나 타당한지 점검할 수 있다.

④ 실제 글쓰기 과정에서 생길 수 있는 오류를 최소화 할 수 있다.

⑤ 적절한 시간 계획을 수립할 수 있다.

개요는 구조가 잘 드러나도록 일정한 형식을 갖추어야 한다

개요가 제 기능을 하기 위해서는 일정한 형식을 갖출 필요가 있다. 무엇보다 내용들 사이의 위계가 잘 드러나도록 하는 것이 중요하다. 구조화된 내용들의 위계를 표시하는 방식에 따라 개요를 분류하면, 장절(章節) 개요, 수문(數文) 개요, 수(數) 개요 등으로 분류할 수 있다. 대략적인 틀을 보이면 다음과 같다.

<개요의 종류>

장절 개요	수문 개요	수 개요
제1장 서론	1. 서론	1. 서론
제2장	2.	2.
제1절	가.	2.1.
제2절	나.	2.2.
제1항	(1)	2.2.1.
제2항	(2)	2.2.2.
제3장	3.	3.
제1절	가.	3.1.
제2절	나.	3.2.
제4장	4.	4.
제1절	가.	4.1.
제1항	(1)	4.1.1.
제2항	(2)	4.1.2.
제2절	나.	4.2.
제1항	(1)	4.2.1.
제2항	(2)	4.2.2.
제5장 결론	5. 결론	5. 결론

어떤 형식을 선택해서 사용하든 문제는 없다. 한 가지 형식으로 통일해서 사용하기만 하면 된다. 중요한 것은 장, 절, 항 사이의 위계가 잘 드러나도록 작성하는 것이다. 위의 보기에서 보듯이 적절한 들여쓰기를 통해 위계가 드러나게 하고, 필요하다면 글자 크기나 진하기를 조절해서 위계를 더 잘 드러나게 할 수도 있을 것이다.

어쨌든 필자 스스로 개요를 통해 글의 구조를 잘 이해할 수 있도록 형상화하는 것이 관건이다.

확인 · 심화

1. 전공 분야의 논문 한 편을 골라 개요를 다양한 형식으로 작성해 보고, 그 결과를 비교해서 장단점을 파악해 보자.

2. 신문의 사설이나 칼럼을 한 편 골라서 개요를 작성한 다음, 아래의 활동을 해 보자.
   (1) 개요를 대상으로 글의 흐름이 자연스러운지 생각해 보자.
   (2) 불필요한 내용이 들어있거나 필요한 내용이 빠져 있는지 생각해 보자.
   (3) 더 좋은 글이 되기 위해 수정 · 보완되었으면 하면 점이 있는지 생각하여 개요를 수정해 보자.

3장 초고 쓰기와 고쳐쓰기

초고 쓰기와 고쳐쓰기의 단계와 방법을 소개하였다. 초고 쓰기와 고쳐쓰기 과정은 글이 완성되기까지 여러 번의 수정 단계가 필요함을 전제한다.

1. 초고 쓰기

1) 초고 쓰기의 정의와 의의

초고 쓰기는 글쓰기 계획 단계에서 실제 글쓰기 단계로 옮아가는 단계다. 굳이 '초고'라고 명명하는 것은 글은 단 한 번 쓴 것으로 완성될 수 없기 때문이다. 초고를 한 번 썼다고 해서 그것이 한 편의 글을 완성하는 것은 아니다. 즉 초고 쓰기는 한 편의 글을 쓸 때 단 한 번의 쓰기 단계로 끝나지 않으며, 여러 번의 수정 단계를 거친다는 것을 전제한 용어이다. 특히 글쓰기를 배우는 과정에 있는 필자라면 초고를 쓴 후 고쳐쓰기의 과정을 여러 번 수행하는 것이 좋다. 이를 통해 더 완결성 있는 글을 쓸 수 있을 뿐만 아니라, 글쓰기 자체를 배울 수 있기 때문이다. 초고 쓰기는 글쓰기를 본격적으로 실현시키는 단계이며, 이를 통해 가시화된 초고는 기존에 계획했던 바를 변경하거나 조절하게 하는 동기가 되기도 하며, 고쳐 쓰기 단계를 위한 기준점 역할을 하기도 한다. 마치 화가가 밑그림을 통해 작품을 완성해 나가듯이 초고는 완성될 글의 밑바탕이다. 이제 용기를 갖고 초고 쓰기 단계로 들어가자.

2) 초고 쓰기의 방법

개요에 따라 초고를 시작한다

이미 작성한 개요를 토대로 글쓰기를 한다. 초고 쓰기는 계획한 대로 실제 글쓰기에 적용하는 단계다. 이러한 과정에 익숙하지 않은 학생들은 계획은 계획에서 그치고 실제 글쓰기에서는 계획을 무시하고 생각나는 대로 쓰는 경우가 있다. 이는 좋은 글쓰기 태도라고 할 수 없다. 만약 생각나는 대로 썼다면 그것은 초고라기보다는 글쓰기 계획 단계에서의 아이디어를 모으는 과정의 하나로 볼 수 있다. 초고는 이미 계획한 개요에 따라 글을 실현시키는 단계다. 실제 글쓰기 과정에서 미리 작성해 놓은 개요가 실제 글쓰기에 적절하지 않다면 개요를 수정하면서 초고를 써 나갈 수도 있다. 계획하기와 글쓰기가 그 어느 단계보다도 긴밀하게 연관을 맺으며 글을 완성해 나가는 단계가 바로 초고 쓰기이다.

단락을 단위로 글을 전개한다

단락 = 소주제문 + 뒷받침 문장

글의 기본단위는 단락이다. 글의 기본단위를 단락이라고 하는 이유는 단락을 단위로 글이 전개되기 때문이다. 단락은 사고의 단위, 생각의 단위다. 즉 하나의 단락에는 한 가지 중심 생각이 있다. 이런 중심 생각을 소주제문이라고 한다. 글은 소주제문들이 유기적으로 연결되면서 완성된다. 따라서 초고를 쓸 때에는 계획한 개요를 바탕으로 단락을 단위로 글을 완성해 나가야 한다. 이미 작성한 개요를 단락별 개요로 보완하면서 글을 쓰는 것도 글의 일관성과 통일성을 유지하는 데 도움이 될 수 있다.

매력적인 서두가 독자를 확보한다

글을 시작하는 부분인 서두 쓰기는 필자들이 심혈을 기울이는 부분이자, 가장 어려워하는 부분이다. 일단 시작하기만 하면 쓸 수 있을 것 같은데 시작하기가 힘들다는 서두 쓰기의 고충을 고백하는 경우가 많다. 서두 쓰기는 글쓰기 자체의 어려움을 대표할 뿐 아니라 글 전체에서 서두가 갖는 중요성 때문에도 가장 쓰기가 어렵다. 첫인상이 중요한 것처럼 글의 첫머리, 즉 서두도 중요하다.

서두는 글 전체를 압축적으로 보여주면서 이끌어주는 역할을 한다. 빠른 시간 안에 자신이 원하는 결과를 얻으려 하는 현대의 독자들은 제목과 서두를 보고 계속 글을 읽을 것인지 아닌지를 결정한다고 해도 과언이 아니다. 때문에 서두는 독자에게 자기 글의 입지점을 확보할 수 있는 부분이기도 하다. 서두 쓰기에 좀 더 많은 노력을 기울이자. 그 만큼 독자의 수도, 공감대도 확대될 것이다. 서두 쓰기가 너무 힘들다면 본문을 쓴 후에 서두를 써 보자.

효과적인 서두 쓰기 전략을 선택하라

글의 종류에 따라, 또는 글의 내용에 따라 글의 서두도 형식이나 방법이 다를 수 있다. 보통 본문에서 다룰 내용을 고려하여 쓰되 글의 내용, 주제와 관련된 일화, 시사적인 내용, 경구, 수사적 표현, 질문, 문제 제기 등의 방법으로 서두를 쓸 수 있다. 서두 쓰기의 핵심은 독자의 흥미 고려, 본문과의 연계성, 간결한 전개와 분량이다. 서두가 중요하다고 해서 너무 장황하거나 길게 쓰는 것은 효과적이지 않다.

글의 중심부, 주장을 담은 본문

본문 혹은 본론은 주제를 드러내고 증명하는 부분으로 글의 중심이다. 본문은 좋은 글쓰기의 일반적인 법칙을 준수하면서 기술하면 된다. 특히 글의 본문은 개요에 따라 쓰되 필자는 본문에서 주장하고자 하는 바를 충분히 기술하고 입증해야 한다.

대학생들의 글에서 본문에서 빈번하게 발견되는 오류는 다른 사람의 글을 인용하여 정리하다가 실제 자신의 주장은 충분히 다루지 않는 경우이다. 흔히들 자신의 주장은 결론에서 한두 줄로 밝혀주면 된다고 여긴다. 그렇지 않다. 글의 본문은 필자가 주장하는 바, 즉 글의 주제를 충분히 기술하고 논거를 통해 증명하며, 독자를 설득시켜야 하는 중심부이다. 본문을 읽은 후에 독자가 필자가 다루는 글의 대상, 그 대상에 대한 필자의 입장, 글의 주제 등에 대해서 결론을 읽지 않더라도 분명하게 요약할 수 있어야 한다는 사실을 잊지 말자.

본문은 인용, 요약, 예시, 설명, 서사 등 다양한 서술의 방법을 이용하여 기술한다. 타인의 글을 이용할 때는 반드시 출처를 밝혀줌으로써 글쓰기의 윤리를 준수한다.

있으나마나 한 결말을 쓰지 말자

글의 결말은 글을 마무리 짓는 부분이다. 앞서 다룬 내용을 간단하게 요약·정리하고 자신이 제기한 문제에 대한 해결책이나 또 다른 대안을 제시할 수도 있다. 결말 부분은 글의 성격, 글의 분량 등에 따라 분량이나 내용을 고려해서 전략적으로 써야 한다. 학위 논문처럼 글의 양이 많은 경우 결말은 본문의 내용을 충분히 요약 하는 것이 좋다. 긴 글의 경우 독자들은 결말, 결론 부분만을 읽는 경우도 많기 때문이다. 그러나 글 전체의 분량이 많지 않은 글에서는 결말 부분에서 요약은 생략하거나 간략하게 하는 것이 좋다.

또한 결말 부분에서는 가능한 다른 사람의 글을 인용하는 것은 피하도록 한다. 이미 많은 사람들이 알고 있는 명언이나 경구로 마무리 지을 수는 있지만 자신의 주장을 위한 근거로서의 인용은 본문 내용에서 다뤄야 한다. 자신이 제기한 문제에 대한 해결책을 제시할 수 없는 경우에는 문제의 심각성을 환기시키는 내용이나 남은 과제 등으로 마무리 지을 수 있다. 무엇보다도 결말 부분은 글의 주제를 독자로 하여금 상기하게 하는 부분일 수는 있어도 독자에게 주제를 처음으로 소개하거나 주제에 대해 상술 또는 논증하는 부분이 아니라는 것을 잊지 말자.

제목은 글의 이정표이다

독자들에게 제목은 글을 읽어나가는 지도요 이정표다. 글 전체의 제목 뿐 아니라 장 제목을 정하는 것도 쉽지 않다. 개요 작성하기 난계에서 제목을 계획하였겠지만 초고를 쓸 때 글의 제목, 장의 제목들을 확정지어야 한다. 물론 고쳐쓰기 단계에서도 다시 수정할 수 있다.

제목은 글의 종류와 내용을 고려하여 정하되, 글 전체의 제목과 소제목들 간의 조화를 고려하는 것이 바람직하다. 너무 많은 소제목은 오히려 글의 가독성을 방해할 수 있으니 분량을 고려해서 제목의 개수를 정하자. '서론, 본론, 결론' 혹은 '서두, 본문, 결말'이라는 형식적인 제목보다는 키워드나 문제 제기 식의 표현을 활용해 보자.

통일성을 지키자

하나의 글은 내용의 통일성과 형식의 통일성을 모두 갖추는 것이 필요하다. 일단 내용의 통일성은 글이 주제를 중심으로 일관되게 유지되고 있는가 하는 점이다. 이를 잘 실현시키기 위해서는 개요 작성 단계에서 주제와의 연관성을 고려하여 개요를 정하고 이를 글로 실현시키는 것이 중요하다. 글 전체의 일관성을 유지하는 것 뿐 아니라 매 단락은 소주제문을 중심으로 응축될 수 있어야 하고 단락과 단락의 연결이 자연스러워야 한다. 단락과 단락 간, 문장과 문장 간에 연결도 논리적인 연결이 자연스러워야 글 전체의 통일성이 유지될 수 있다. 이를 위해서 다음과 같은 질문을 스스로 하고 그 답을 정리하는 것이 도움이 된다. '나는 글을 쓸 때 보고자나 정보 제공자의 입장으로 쓸 것인가, 보통 사람의 입장으로 쓸 것인가?', '비개인적인 문체로 쓸 것인가, 사적인 문체로 쓸 것인가?', '글의 화제나 주제에 대해서 어떤 입장에서 쓸 것인가?' 이에 대해 스스로 답변을 정리하고 통일해서 일관되게 써야 한다.

형식의 통일성은 제목, 문장의 종결어미, 각주의 형식 등을 동일하게 유지하는 것을 이른다. 물론 형식의 통일성과 내용의 통일성은 관련이 깊다. 편의상 둘로 나누어 볼 때, 형식의 통일성은 글의 형식미를 결정하여 보기 좋게 하며, 글의 내용을 효과적으로 전달할 수 있게 한다. 이에 대해 고려하면서 초고를 완성해 나가자.

미루지 말고 쓰고, 쓰면서 보완한다

초고를 써라. 그리고 고치고 고치고 또 고쳐라. 글쓰기를 배우는 입장에 있는 필자라면 더욱 글을 고치면서 스스로 더 좋은 글을 쓸 수 있는 노하우를 터득할 것이다.

글을 쓸 때 흔히 하는 오해는 계획하기 단계와 자료 조사하기 단계를 마친 후에 초고를 쓴다는 생각이다. 물론 그것이 이론적으로는 맞을 수 있지만 실제로 글을 쓰다 보면 글쓰기는 단계별로 완성하면서 진행되는 것이 아니라 중첩되는 경우가 대부분이다. 즉 개요 작성과 같은 계획 단계도 초고를 쓰면서 수정 보완하게 되고, 계획한 것과 실제 글쓰기가 상호 교류하면서 초고를 쓰게 된다. 또한 자료 조사 정리를 마친 후에 해당 과제에 대한 공부를 다 하고 나서 써야지 하는 생각도 오히려 글쓰기를 방해할 수 있다. 어느 정도 자료 조사와 정리가 끝나고 자신이 정한 주제에 대한 입장과 내용 정리가 끝났다면 조금 미비한 점이 있더라도 글쓰기를 시작하는 것이 효과적이다. 글을 쓰다 보면 생각이 정리되기도 하고, 글을 쓰면서 부족한 부분도 더 확연하게 드러난다. 때문에 초고를 쓰면서 자료 조사도 보충할 수 있고, 주제에 대한 이해도 심화할 수 있다. 일단 어느 정도 정리가 되었다면 미루지 말고 초고를 쓰자. 초고 전체를 한번 써 보는 것이 중요하다. 그래야 부족한 부분도 보완할 수 있고 자신의 생각도 더 분명해진다. 초고는 시작일 뿐, 끝이 아니다. 그러나 시작이 반이라는 속담처럼 초고는 글쓰기 과정에서 반은 될 수 있다!

확인 · 심화

1. 다음 글의 서두에서 드러나는 정보를 정리하고, 서두의 효과를 발표해 보자.

바틀비 프로젝트

만일 끝까지 이 글을 읽는다면 여러분은 내가 진짜 음모, 수많은 사람들의 실제 삶에 실질적인 결과를 가져 올 공개 음모에 가담하라고 초대하고 있다는 사실을 알게 될 것이다. 과대망상증 환가가 아닌가 의심스러우시겠지만 잠시 참아주시기 바란다. 만일 우리가 이 일을 관철시킨다면, 한줌도 안 되는 학교 산업 종사자들은 우리를 욕할 테지만, 절대다수는 우리를 지지할 것이다. 말하자면 이 프로젝트는 표준화된 시험산업을 깨부수자는 것이다. 이 일에서 여러분은 각자 독립 사령관이 될 것이다. 이 모험을 앞으로 '바틀비 프로젝트'라 부르겠다. 왜 그런지 이유는 잠시 후 가르쳐드리겠다. 한 가지 사실을 명심하시기 바란다. 우리는 시험을 개혁하자는 것이 아니다. 파괴하자는 것이다.

존 테일러 게토, 「바틀비 프로젝트」

2. 다음 예문을 읽고 서두와 본문과 결말로 구분하여 각각의 내용을 정리하고 그 역할과 효과에 대해 분석해 보자.

주미에게!

진작 네 아버지로부터 대학 진학 소식을 들었는데도, 밥 한 끼 먹이지 못한 것이 마음에 걸린다. 낯선 객지에서 강의 들으랴, 끼니 챙기랴 고생이 심하겠구나. 꼭 30년 전 이맘때 네 아버지와 나도 설레며 대학생활을 시작했지. 이 글은 대학에 남은 78학번 선배가 08학번 신입생에게 전하는 짤막한 당부쯤으로 들어주면 좋겠구나.

조선소에서 몸통을 드러낸 배를 본 적이 있는지 모르겠다. 먼 바다를 항해할 큰 배들은 나룻배와 달리 밑바닥 앞부분이 주둥이처럼 툭 튀어나와 있지. 이걸 '용골'이라 한다. 용골은 한바다의 풍랑에도 제자리로 돌아오게 하는 쇠뭉치란다. 그렇다면 배는 역설적인 몸뚱이다. 빨리 목적지까지 가려면 제 몸을 가볍게 해야 마땅한데, 또 '제대로'

항해하려 무거운 쇠뭉치를 매달아야 하는 역설 말이다. 네가 대학에서 이런 역설의 이치를 깨달았으면 한다.

대학은 말과 글로 이뤄진 곳이다. 말과 글에는 겉과 속이 있단다. 현란한 주장, 두툼한 책에 쓰인 글의 속살을 꿰뚫는 눈을 길러야 한다. 내용 없는 헛말, 증명할 수 없는 주장에는 속지 않는 안목을 길러야 한다. 해부학 시간에는 드러난 거죽 아래에 결이 다른 속살이 있음을, 문학 시간에는 말글의 등 뒤에 또 다른 뜻이 숨어 있음을 배우기 바란다. 세상사 이치가 겹으로 이뤄져 있다는 사실만 제대로 알아도 경망과 경박함으로 범하는 많은 잘못을 면할 수 있을 것이다. 그러니 늘 의심을 놓지 말아야 한다.

그리고 잘된 답변보다 어설픈 질문이 낫다는 걸 알았으면 좋겠다. 교수님들은 잘 쓴 답안지보다 날카로운 질문을 더 기꺼워하실 게다. 허나 질문이란 그냥 만들어지지 않는 법. 책을 내 식대로 읽고, 낯익은 세상과 삶을 '낯설게' 대하는 눈에서만 태어난다. 도서관은 시험공부 하는 장소가 아니라, 질문을 만들기 위한 자료 창고라는 점을 잊지 말아라.

눈(안목)을 기르는 데는 고전만 한 것이 없더구나. 고전은 상상력과 창의력이 길러져 나오는 샘 구실을 한다는 점도 강조하고 싶다. 허나 상상력이란 환상이나 백일몽을 두고 하는 말이 아니다. 고전을 창의력의 샘으로 지목하는 까닭은 그것이 인간과 세계의 근원성과 고유성에 대한 통찰을 담고 있기 때문이다. 곧 상상력과 창의력이란 하늘에서 떨어지는 재능이 아니라, 고전에 담긴 근원성과 고유성을 해석해 내는 힘을 말한다. 그러므로 인간의 상상력이란 멋대로 꾸는 망상이 아니라 그 속에 기본 문법이 깔려 있는 것이지. 고전에서 추출한 삶의 문법이 앞으로 60년 세월의 난바다를 헤쳐 나갈 배의 용골이라고 나는 믿는다.

세태가 흉흉해서 대학도 쓰임새 있는 인간을 만드는 공장처럼 변한 지 꽤 되었다. 기업이 요구하는 네모꼴·세모꼴 인간을 만들지 않는다고 대학에 눈 흘긴 지도 꽤 된다. 졸업하자마자 대기업에 입사하는 것이 무슨 큰 자랑인 세태가 됐다. 그러나 잊지 말아라. 네가 기업이 요구하는 네모나 세모가 되어 그들의 쓰임새에 맞추고 난 다음에 또 너보다 더 정교한 네모나 세모가 나타나면 자연히 폐기처분되고 말 것이라는 점을. 이것이 '삼팔선'이니 '오륙도'니 하는 시쳇말의 근원이다. 쓰임새 있는 인간, 실용주의 뒤에 숨어 있는 비인간주의를 잊어선 안 된다.

나는 네가 세모꼴을 만들어 내는 사람일지언정, 너를 세모로 만들어선 안 된다고 믿는다. 앞으로 헤쳐 갈 60년 세월 속에 너라는 배는 높고 낮은 파도의 모서리에 치여 휘

청거리기도 하겠지만, 그러나 그 파도를 이겨낼 용골을 대학 속에서 만들어 내기를, 또 고전 속에서 찾아내기를 기대한다. 건투를 빈다.

배병삼 / 영산대 교수 · 정치사상, ≪한겨레신문≫, 2008. 3. 6.

3. 같은 보도 내용을 다루고 있는 신문 기사를 신문사 별로 모아 보자. 각 신문사 별로 다루고 있는 기사의 제목을 비교해 보고 가장 마음에 드는 제목을 선택하고 그 이유를 소개해 보자. 새로운 제목을 정해 보는 것도 좋다.

4. 논문, 자기소개서, 감상문, 서평, 보고서, 설명문, 칼럼 등 글의 종류에 따라 글의 제목을 조사해 보자.

2. 고쳐쓰기

초고를 작성한 후에는 고쳐쓰기를 해야 한다. 흔히 고쳐쓰기의 과정을 거치지 않고 초고 쓰기로 마무리하는 일이 많다. 하지만 고쳐쓰기의 과정을 꼭 거쳐야 보다 완성도 높은 글이 탄생한다.

구양공 : 송(宋)나라의 구양수(歐陽脩 1007~1072).
백낙천 : 당(唐)나라의 백거이(白居易 772~846).

> 구양공(歐陽公)이 만년에 이르러 평생 동안 자기가 지은 글을 스스로 정리해 놓았으니, 지금의 이른바 『거사집(居士集)』이라는 것이 그것인데, 왕왕 한 편의 글을 두고 몇십 번이나 읽으면서도 며칠이 지나도록 그 글을 문집 속에 수록할 것인지의 여부를 결정하지 못한 채 고민하기도 하였다. 또 백낙천(白樂天)의 시로 말하면 막힘이 없이 유창하기만 하여 글을 다듬느라 고심하는 것과는 전혀 관계가 없는 것처럼도 보이지만, 뒤에 그 초본(抄本)을 얻어 보니 뜯어고친 흔적이 낭자하더라는 이야기도 전해 온다. 결코 허술하게 넘기려 하지 않았던 옛사람의 문장에 대한 이러한 태도야말로 우리들이 가슴에 새겨야 할 일이 아니겠는가.
>
> 장유, <옛사람은 문장을 지을 때 반드시 정성을 다하였다(古人於文章必有致意)>

위 글은 선현들이 초고를 집필한 후에도 얼마나 고쳐쓰기에 공을 들였는지를 잘 보여준다. 구양수나 백낙천 같이 문장 쓰기에 천부적 재능을 지닌 사람들도 자기 글을 고민하고 또 고민하며 고쳐 쓰는 모습에서 고쳐쓰기의 중요성을 실감할 수 있다.

예전의 퇴고를 근래에는 고쳐쓰기의 개념으로 파악하여 작문의 전 과정에서 수행해야 할 일로 이해하는 경향이 있다. 퇴고가 초고 작성 후 초고를 대상으로 수행되는 과정이라면, 고쳐쓰기는 주제 선정 과정, 개요 작성 과정 등 글쓰기의 전 과정에서 이루어지며, 그에 따라 고쳐쓰기의 대상 또한 초고 뿐만 아니라 주제, 개요까지 포괄한다. 이 책에서도 주제, 개요, 초고에 대한 고쳐쓰기 과정을 다루도록 한다.

1) 주제 설정 단계의 고쳐쓰기

· 작문 맥락을 고려했는지를 점검하기

작문 맥락을 고려하여 주제를 정했는지 점검해야 한다.

> 작문 맥락: 주장하는 글쓰기에서 주제 정하기
>
> 주제: 정부는 공교육 강화 정책에 다양한 방법을 내놓았지만 그것들은 결국 사교육 시장을 더욱 더 활발하게 하였다.

고쳐쓰기를 할 때도 작문의 맥락을 고려하여야 한다. 즉 작문 상황, 작문 목적 등을 입체적으로 고려해서 고쳐쓰기를 해야 좋은 글로 수정될 수 있다는 것이다. 위의 주제는 작문 맥락을 고려하지 않아 수정 대상이 된 경우이다.

인용한 주제는 주장하는 글쓰기를 위한 주제 설정 단계에서 작성된 것이다. 구체적 작문 맥락은, 대학 글쓰기 수업에서 주장하는 글쓰기를 위해 주제를 설정해 보는 시간이었다. 따라서 필자는 필자 나름의 견해나 주장을 주제에 담는 것을 1차적 목표로 삼아야 했다. 하지만 인용한 주제에는 사교육 시장의 활성화라는 사회 현상만이 제시되어 있을 뿐 필자의 견해나 주장은 없다. 주장하는 글쓰기의 주제 설정 단계에서 주장이 없다면 이는 근원적 오류를 범하고 있는 것이다. 주제는 글을 조직하는 핵심 중의 핵심이기 때문에 작문 맥락을 충분히 고려하여 정해야 한다.

> 수정 전: 정부는 공교육 강화 정책에 다양한 방법을 내놓았지만 그것들은 결국 사교육 시장을 더욱 더 활발하게 하였다.
>
> 수정 후: 정부의 공교육 강화를 위한 현 정책 방안은 사교육 시장만을 활성화시켰기 때문에 이에 대한 개선책이 필요하다.

· 나만의, 그리고 스스로 탐구할 수 있는 주제인지 점검하기

> 작문 맥락: 주장하는 글을 쓰되 창의적 생각 담기
>
> 주제: 사형 제도는 유지되어야 한다.

위 주제는 주장하는 글을 쓰되 창의적 사고를 담아내는 글을 쓰는 작문 맥락 아래에서 작성되었다. 인용한 주제 역시 이러한 작문 맥락을 충분히 고려하지 않아 수정

해야 한다. 사형 제도를 유지해야 한다는 매우 일반적인 주장은 있지만 왜 유지해야 하는지 등에 대한 필자만의 아이디어가 전혀 담겨 있지 않기 때문에 작문 전략상 집필의 기준점이 될 수 없다.

주제 고쳐쓰기에서는 주제가 필자만의, 필자 스스로 탐구할 수 있는 것인지를 점검해야 한다.

학생들이 집필한 글(주제)에서 필자만의 아이디어를 찾는 것이 쉽지 않다. 다루려는 대상이나 범주가 너무 포괄적이며 일반적이기 때문이거나 대단한 가치를 지닌 것이어야 한다는 선입견에 사로잡혀 있기 때문이다. 글의 주제를 스스로 탐구·분석·증명할 수 있는 부분으로 한정하고 축소한다면 충분히 의미 있는, 그러면서도 독창적인 생각의 글을 집필할 수 있을 것이다.

수정 전: 사형 제도는 유지되어야 한다.

수정 후: 사형 제도는 사회 질서를 유지시키는 상징적 처벌 기제이기 때문에 존속되어야 한다.

2) 개요쓰기 단계의 고쳐쓰기

주제: 사회적 양극화를 막기 위한 노력

개요:

1. 사회에서 심화되는 ⓐ빈익빈 부익부 현상의 원인
   (1) ⓑ취약 계층과 서민의 실업 증가
   (2) ⓒ부유층의 탈세와 상속제가 당연히 마땅하다는 인식
2. ⓐ빈익빈 부익부 현상의 완화를 위한 정부, 기업의 역할
   (1) 기업의 사회적 책임
      가. 기업의 사회 공헌 - 노블리스 오블리제
      나. 취약 계층의 일자리 창출
   (2) 사회 보장 제도
      가. 소외 계층의 복지제도 확대
      나. 개인 기업보다는 사회적 기업을 ⓓ확대한다.
3. ⓔ취약 계층의 사회보장 제도를 실천하고 기업이 사회에 환원하는 제도를 도입하여 모두가 이득이 될 수 있는 win win 전략을 세워야 할 것이다.

ⓐ: 인용문의 주제는 '사회적 양극화를 막기 위한 노력'이다. 따라서 필자는 이 주제를 초점화하기 위하여 전체 구성을 긴밀하게 조직하려는 계획을 세웠다. 그러나 1, 2장에서 '빈익빈 부익부 현상'의 표현을 사용하여 초점을 흐트러뜨리는 결과를 빚었다. 왜냐하면 빈익빈 부익부 현상을 사회적 양극화와 대등한 개념으로 사용했기 때문이다.

빈익빈 부익부 현상을 사회적 양극화와 같은 의미로 이해하는 사람도 있을 것이다. 그러나 빈익빈 부익부 현상이 사회적 양극화의 원인은 될 수 있어도 사회적 양극화와 동일한 개념은 될 수 없다. 사회적 양극화는 경제적 양극화뿐만 아니라 교육적 양극화, 문화적 양극화도 가능한 것이어서 빈익빈 부익부 현상이 이를 포괄하지 못한다. 따라서 빈익빈 부익부 현상 대신 사회적 양극화라는 표현으로 바꾸기로 하였다. 이를 포함하여 1장의 제목을 '사회적 양극화 심화의 원인'으로 바꾸어 주제의 명확화를 꾀하였다.

수정 전: 사회에서 심화되는 빈익빈 부익부 현상의 원인
수정 후: 사회적 양극화 심화의 원인

ⓑ와 ⓒ: 1장의 제목을 '사회적 양극화 심화의 원인'으로 바꾸면 하위 제목들도 바꾸어야 한다. 1장은 '원인'을 쓴다고 계획하였으니 원인에 해당하는 글감을 선택했는지 적절성을 점검해야 한다. '~때문에'를 넣어 문장을 만들어 보면 원인의 글감인지 판단하기 편하다. "취약 계층과 서민의 실업 증가 때문에 사회적 양극화가 심화되었다.", "부유층의 탈세와 상속제 때문에 사회적 양극화가 심화되었다." 이렇게 두 문장이 가능한데 둘 모두 사회적 양극화의 핵심 원인을 지적한 것이라고 보기 어렵다는 진단이 나왔다. 상속제의 경우는 그것을 통해 오히려 부의 재분배를 이룰 수 있는 것이기 때문에 제도 자체를 문제라고 보는 시각이 잘못되었음을 알 수 있다. '당연히 마땅하다'는 표현도 의미가 중복되었다.

이러한 문제점을 진단한 후, 핵심 원인을 첨가하고 현재의 글감을 약간 수정하는 방식으로 고쳐쓰기를 할 것인지, 현재의 글감을 삭제하고 새로운 글감으로 재구성할 것인지 고민하다가 전자의 방법을 택하는 것이 집필 전략상 좋겠다는 판단 하에 다음과 같이 바꾸었다.

수정 전:

1. 사회에서 심화되는 빈익빈 부익부 현상의 원인

(1) 취약 계층과 서민의 실업 증가

(2) 부유층의 탈세와 상속제가 당연히 마땅하다는 인식

이 예문은 교수자의 피드백을 받은 후 학생 스스로 퇴고한 결과를 옮긴 것이다. 따라서 수정 후가 수정 전보다 좋아지기는 했지만 여전히 문제가 있을 수 있음을 밝힌다.

수정 후:

1. 사회적 양극화 심화의 원인

(1) 제도적 모순

가. 소득, 소비의 분배 구조

나. 능력은 재산형성과 직결되는 자본주의 사회의 모순점

(2) 취약계층과 서민 실업의 증가

(3) 부유층의 탈세와 상속제의 남용

ⓓ와 ⓔ: 개요는 진술 방식에 따라 화제 개요와 문장 개요로 나뉜다. 위 개요는 화제 개요 방식인데, '확대한다.', '취약 계층의～할 것이다.' 같은 표현은 문장 개요 방식으로 쓴 것이다. 진술의 통일성을 위해 화제 개요 방식으로 수정하기로 하였다.

수정 전:

가. 소외 계층의 복지제도 확대

나. 개인 기업보다는 사회적 기업을 확대한다.

3. 취약 계층의 사회보장 제도를 실천하고 기업이 사회에 환원하는 제도를 도입하여 모두가 이득이 될 수 있는 win win 전략을 세워야 할 것이다.

수정 후:

가. 소외 계층의 복지제도 확대

나. 사회적 기업의 확산

3. 취약 계층과 기업의 상생 전략 수립

3) 초고 쓰기 단계의 고쳐쓰기

집필 목적, 독자, 글의 성격 · 유형, 주제 등에 따른 계획이 초고에 반영되었는지를 점검해야 한다.

초고는 1차적으로 글이 완성된 상태이기 때문에 더욱 꼼꼼하게 고쳐쓰기에 임해야 한다. 먼저 필자 자신의 작문 계획에 따라 초고가 제대로 집필되었는가를 점검해야 한다. 필자는 집필 목적에 따른 계획, 독자에 따른 계획, 글의 성격 · 유형에 따른 계획, 주제에 따른 계획 등을 수립한 후 초고를 작성하게 되는데 이 작문 계획이 초고에 온전히 반영되었는가의 여부를 점검해야 한다. 점검 결과, 계획대로 집필되지 않은 곳을 수정한다.

예를 들어, 초등학생에게 과학 상식을 쉽게 전달하려는 글을 쓰고 이를 고쳐쓰기 한다고 가정해 보자. 필자는 대학생 아닌 초등학생이라는 독자를 상정하여 계획을 수립했을 것이다. 그리고 문학이나 철학 상식 아닌 과학 상식을 전달하기 위한 계획을 또 수립했을 것이다. 이러한 일련의 계획이 초고에 제대로 반영되어 있는지를 고쳐쓰기의 과정에서 우선 점검해야 한다는 것이다. 점검 결과, 대학생이나 이해할 수 있는 어휘가 간혹 포함되어 있다든지, 지나치게 묘사나 서사 위주로 진술되어 있어 과학 상식을 선명하게 보여줄 수 없는 구성이었다든지 하는 점을 찾아내서 수정해야 한다.

2009년 2월, 청년(15~29세) 실업률은 8.7%로 전년 동월 대비 1.4%P 상승('08.2월 7.3%)했고 청년 실업자 수는 372천 명으로 전년 동월 대비 46천 명 증가('08.2월 326천 명)한 것으로 파악되고 있다. 실업률이 계속 증가하는 이유는 크게 세 가지로 분류된다.

ⓐ [첫째, 현실을 직시하지 못하는 청년들의 허황된 눈높이를 들 수 있다. 어느 월간지에 실린 글에 의하면 한국의 IT 시장의 주역은 중견/중소기업이다. 하지만 IT 중견/중소기업들은 많은 전문 인력을 해외에서 들어와야 한다고 한다. 그 이유는 여러 교육기관에서 전문 인력들이 배출되지만, 대부분 임금과 근무 환경의 이유로 대기업이나 공기업, 해외 시장으로 취업하거나 잠재적인 실업 상태에 빠진다고 한다. 기본적인 발판이 되는 중견/중소기업들이 청년들의 눈높이가 오히려 마련되어 있는 일자리마저도 기피하는 상황이 취업난을 악화시킨다.]

둘째, 세계적인 경제 위기가 ⓑ청년 실업의 큰 타격을 주고 있다. 한국은 97~98년 'IMF 위기' 이후로, 08년부터 세계적 금융위기를 맞고 있다. 미국의 금융위기를 시작으로 전 세계에 영향력을 미치고 있다. 한국 기업은 세계 통화(달러, 유로, 엔 등)의 환율이 불안정적인 상황에서 수입/수출이 어려워지고, 외국 투자에 의한 주식 폭락, ⓒ기업의 자본이 어려워지면서 기업들은 어려운 취업난 상황에서 채용인원을 줄이면서 ⓓ청년 취업의 허리띠를 졸라매고 있는 상황이다.

ⓔ이러한 청년 취업난의 원인들이 개인, 그리고 국가에 어떠한 문제점을 낳고 있는지 살펴보자. (학생의 글)

이 글은 청년 취업난의 문제점과 극복 방안이라는 제목의 초고이다.

ⓐ: ⓐ 단락은 뒷받침문장이 정확한 의미를 표현하지 못하고 있다. ⓐ는 실업률 증가의 첫 번째 이유를 밝히고 있는 단락이다. 청년들의 허황된 눈높이 때문에 실업률이 증가했다는 첫 번째 이유를 밝혔는데, 소주제는 명확하지만 뒷받침문장들이 그것을 분명하게 뒷받침하지 못한다. 하나의 단락은 소주제문과 뒷받침문장들의 결합으로 이루어진다. 뒷받침문장들은 상술, 원인・결과, 예시, 비교 등의 관계로 소주제문을 뒷받침해야 한다. 그런데 ⓐ 단락의 뒷받침 문장들은 명확하지 않은 서술로 인해 그러한 역할을 수행하지 못하고 있다. IT 기업이 인력을 해외에서 들여오는 이유가 국내 인력들의 근무 조건에 대한 높은 기대 때문이라는 점이 좀 더 분명하게 제시되어야 한다. 따라서 ⓐ 단락은 뒷받침문장을 새롭게 써야 한다.

ⓑ, ⓒ, ⓓ: 정확한 표현이 필요한 문장들이다. 사실 ⓐ 단락에서 문제가 있었던 문장도 정확하게 표현되었다면 뒷받침문장의 역할을 올바르게 수행할 수 있었다. 정확한 의미가 전달될 수 있게 표현하는 것은 글의 종류를 막론하고 필요한 사항이다. 더구나 이 글은 논설문 성격의 보고서로 작성되었기 때문에 작문 전략상 객관적이며 명징한 표현은 필수이다.

문장을 제시하여 문제점을 살펴보자. "청년 실업의 큰 타격을 주고 있다."에서는 우선 '실업의'를 '실업에'로 수정해야 문법에 맞게 된다. 그런데 조사를 바꾸어도 무슨 뜻인지 정확하게 파악되지 않는다. 청년 실업에 타격을 준다는 것은 긍정적 의미가 될 수도 있는 것이다. 청년 실업자가 느는 상황에서 타격을 주어 오히려 실업자 수를 줄게 한다는 의미로 해석될 수도 있기 때문이다. 따라서 "세계적인 경제 위기가 청년 실업률 감소에 큰 타격을 주고 있다." 정도로 수정해야 한다.

"기업의 자본이 어려워지면서"의 경우, 이 표현을 단순화 해보면 "자본이 어렵다."가 된다. 무슨 뜻일까? 역시 정확한 의미 생산에 실패했는데, '조달' 정도의 단어를 첨가하여, "기업의 자본 조달이 어려워지면서"로 수정하면 분명하게 읽힌다. 자신의 글에서 꼭 필요한 표현이 빠져 있지 않은지 점검해야 한다.

"청년 취업의 허리띠를 졸라매고 있는 상황이다."라는 문장은, 채용인원을 줄이면서 경영의 허리띠를 졸라매고 있다는 비유적 표현을 쓰고자 한 것인데, 잘못된 비유를 사용하여 무슨 의미를 말하려 했는지 파악할 수 없게 되었다.

ⓔ : 주술 호응이 안 된 문장이다. "이러한 청년 취업난의 원인들이 개인, 그리고 국가에 어떠한 문제점을 낳고 있는지 살펴보자." 얼핏 읽으면 문제가 없어 보인다. 하지만 주어와 서술어의 호응을 확인해 보면 어색한 문장임을 알 수 있다. 주어는 '원인들이'이며 이것과 호응하는 서술어는 '낳다'이다. 이를 관계되는 것들끼리 묶어 읽어보면 '청년 취업난의 원인들이~문제점을 낳다'가 된다. 개인이나 국가에 문제점을 낳는 것은 '청년 취업난'이지 '청년 취업난의 원인'이 아니다. 이렇듯 주어와 서술어가 의미상 정확하게 호응하는가를 점검하는 것도 고쳐쓰기 할 때 눈여겨보아야 할 점이다.

초고 작성 후 얼마간의 시간이 지난 후에 고쳐쓰기를 하자

효과적인 고쳐쓰기를 하기 위해서는 초고 작성 후 얼마간의 시간이 지난 후에 고쳐쓰기를 하는 것이 좋다. 그랬을 때 자기 글이지만 객관적인 시선으로 바라보기 쉽다. 동료 학생이나 교수자의 평가를 받는 것도 좋다. 그리고 한 번에 그치지 말고 최소한 두세 번 고쳐쓰기를 하는 것이 좋다. 처음에 잡아내지 못한 오류를 두 번째, 세 번째 고쳐쓰기에서 발견하는 일도 많다. 따라서 좋은 글을 쓰려면 고쳐쓰기 단계까지 고려하여 충분한 시간을 확보하고 집필해야 한다.

초고에 대한 고쳐쓰기는 초고 작성 후 얼마간의 시간이 지난 후에 하는 것이 좋다.

고쳐쓰기 할 때의 점검 항목

내용 생성 단계, 내용 조직 단계 등 초고 쓰기 이전 단계에서 계획하였던 사항을 확인하면 효율적인 고쳐쓰기를 할 수 있다. 즉 집필 목적에 따라 계획한 구성이 잘 반영되어 있는가, 독자 요소를 고려하여 세웠던 표현은 잘 되었는가 등 사전 계획 단계의 항목들을 점검하면 고쳐쓰기를 쉽게 할 수 있다. 이를 종합하여 실제 고쳐쓰기에서 사용 가능한 항목들을 제시해 본다.

고쳐쓰기 할 때 다음처럼 점검 항목을 작성하여 확인하면 도움이 될 것이다. 글에 따라 필요한 점검 항목이 다르기 때문에 선택적으로 이용하면 된다.

■ 집필 목적에 따른 계획이 제대로 수행되었는가?

관련 점검 항목으로,

집필 목적이 분명하게 나타나 있는가?

집필 목적을 분명하게 구현하는 구성인가?

집필 목적을 분명히 구현할 수 있게 단락이 연결되어 있는가?

집필 목적을 분명하게 구현할 수 있는 글감이 사용되었는가?

집필 목적을 분명하게 구현할 수 있는 표현인가?

■ 독자에 따른 계획이 제대로 수행되었는가?

관련 점검 항목으로,

독자가 정확히 이해할 수 있는가?

독자가 쉽게 이해할 수 있는가?

독자에 따라 표현의 격식을 달리했나?

독자가 원하는 정보를 썼는가?

독자가 관심 있는 주제인가?

독자의 담화 관습에 맞는 표현을 사용했는가?

■ 글의 성격 · 유형에 따른 계획이 제대로 수행되었는가?

관련 점검 항목으로,

글의 성격에 맞게 구성되어 있는가?

글의 성격에 맞는 글감이 사용되었는가?

글의 성격에 맞게 표현되어 있는가?

■ 주제에 따른 계획이 제대로 수행되었는가?

관련 점검 항목으로,

주제가 명확하게 나타나 있는가?

주제를 뒷받침하는 근거는 확실하고 분명한가?

주제를 분명하게 나타내는 구성인가?

주제 제시의 방법이 효과적인가?

글의 내용이 통일성이 있는가?

통일성 : 글의 내용이 하나의 주제로 긴밀하게 관련되는 특성.

■ 기타

단락의 길이는 적절한가?

문장은 문법적으로 정확한가?

어휘가 정확하게 사용되었는가?

맞춤법이나 띄어쓰기의 오류는 없는가?

오 · 탈자는 없는가?

각 문장(문단)은 응집성이 있는가?

응집성 : 문장(문단)과 문장(문단)이 문법적으로 긴밀하게 연결되어 있는 특성.

위의 점검 항목에서 필요한 것들을 뽑아 하나씩 확인해 가면서 문제점을 찾은 뒤 첨가, 삭제, 재구성의 방법을 이용하여 수정한다. 작문 계획에 비추어 부족한 내용은 첨가의 방법을, 중복되었거나 관련 없는 내용은 삭제의 방법을 이용하여 고쳐쓰기를 한다. 앞뒤의 배치를 바꾸는 것이 낫다면 재구성의 방법을 이용한다.

확인 · 심화

1. 다음은 어느 학생의 고쳐쓰기 전·후의 개요이다. 두 개요를 비교한 후 아래의 표를 작성하여 보자.

고쳐서 좋아진 점	고쳐서 나빠진 점	더 고쳐야 할 점

수정 전 개요

Ⅰ. 서론

1. 언론 플레이의 정의
2. 언론 플레이의 대표적 사례
   (1) 신종 플루에 대한 과장과 과대 보도
      ① 신종 플루에 관한 기사의 자극적 타이틀 선정
      ② 외국 언론들과 비교하여 월등히 높은 보도수
   (2) 실제 신종 플루의 위험성

Ⅱ. 본론

1. 본래 언론의 역할과 자세
2. 언론 플레이의 문제점
   (1) 객관성과 진실성이 배제된 언론 보도
      ① 편향된 기사의 사례
      ② 왜곡된 기사의 사례
   (2) 상업적 수단의 놀음
      ① 대기업의 광고 수단
      ② 연예인의 홍보 수단
   (3) 잘못된 여론 형성

① 지나친 분위기 조성으로 인한 피해

3. 언론을 받아들이는 올바른 여론의 태도

(1) 주체적 수용

(2) 비판적 수용

(3) 다각적인 시각

III. 결론

수정 후 개요

I. 서론

1. 언론 플레이의 정의

2. 언론 본연의 역할과 태도

II. 본론

1. 언론 플레이의 문제점

(1) 객관성과 진실성이 배제된 언론 보도

① 편향된 기사의 사례

② 왜곡된 기사의 사례

(2) 상업적 수단으로 이용되는 언론 보도

① 대기업의 광고 수단

② 연예인의 홍보 수단

(3) 잘못된 여론 형성

① 여론에 의한 개인 피해

2. 언론 플레이에 대한 올바른 수용이 필요한 이유

3. 언론 플레이에 대한 올바른 수용 자세

(1) 언론보도를 접할 때 필요한 비판적 사고 기르기 훈련

(2) 비판적 사고 기르기 훈련을 활용할 수 있는 토론참여 권장

III. 결론

4장 설명의 방법

여러 가지 설명 방법의 개념과 특성, 그리고 설명 방법을 이용하여 글을 집필할 때 유의할 점을 소개하고 있다.

우리가 생각이나 사건을 글로 옮기는 방법에는 설명, 논증, 묘사, 서사 등이 있다. 설명은 어떤 일이나 대상의 내용을 상대편이 잘 알 수 있도록 밝혀 말하는 서술 방법이다. 논증은 주장을 제시하고 이를 증명하는 것이며, 묘사는 상황이나 대상을 그림을 그리듯이 재현하는 것이며, 서사는 사건의 과정을 시간적 추이에 따라 서술하는 것이다.

서술 방법에는 설명, 논증, 묘사, 서사가 있다.

글의 성격과 집필 목적에 따라 알맞은 서술 방법을 택하게 된다. 객관적 정보를 전달할 목적의 글에서는 설명의 방법이 주로 사용되며, 주관적 견해를 밝히고 남을 설득할 목적의 글에서는 논증이 주로 사용된다. 이렇듯 글의 성격에 따라 알맞은 서술 방법이 있지만, 어느 하나만 단독으로 사용되지는 않는다. 정보 전달을 위한 글에서, 실험 결과를 보다 잘 전달하기 위해 묘사나 서사가 사용되기도 한다. 또 주장을 펼치는 글에서 새로운 대상을 소개하며 비교, 대조, 유추 등의 설명 방법들이 사용되기도 한다.

이 단원에서는 다양한 설명 방법을 소개한다. 설명 방법에 대한 이 단원의 내용 파악도 중요하지만 이를 자신의 글쓰기에 적용하여 집필 전략을 효율적으로 수립하는 능력을 배양하는 것도 중요하다. 본격적 설명에 앞서 한 가지 전제해 둘 점은 묘사나 서사의 경우는 설명 방법에 포함되지는 않지만, 구성의 편의를 위해 이 장에서 함께 다루도록 한다는 것이다.

1. 지정

지정은 어떤 대상의 정체를 가리키어 정하는 설명 방법이다

글을 집필하다 보면 어떤 대상의 정체(正體)에 대하여 언급할 필요가 있을 때가 있다. 주로 글 전체나 주요 단락의 도입부에서 글감을 소개할 때가 그런 경우이다. "판소리는 우리 민족 문화의 정수(精髓)이다.", "영화는 우리 삶의 축소판이다."처럼 대상의 정체에 대하여 설명할 때 주로 지정(指定)을 사용한다.

지정(指定)은 글자 그대로, 가리키어[指] 확실하게 정[定]하는 설명 방법이다. "무엇이냐?", "누구냐?" 등의 물음에 대하여 "이것은 책상이다.", "그는 내 동생이다."처럼 대상의 정체를 지목(指目)하고 정(定)하여 대답하는 방식이라고 생각하면 이해하기 쉽다. 이때 대상의 정체는 가치, 의의, 성격, 평판, 관계, 실체, 상태 등 다양한 층위일 수 있다.

지정은 "무엇이냐?", "누구냐?" 등의 물음에 대답하는 방식이다.

글을 집필할 때 자신이 사용한 설명 방법이 지정인지 정의(定義)인지 혼동하기 쉽다. 일단 두 설명 방법을 나란히 적어 보자.

(가) "판소리는 우리 민족 문화의 정수(精髓)이다."
"영화는 우리 삶의 축소판이다."

(나) "판소리는 광대 한 사람이 고수(鼓手)의 북장단에 맞추어 서사적(敍事的)인 이야기를 소리와 아니리로 엮어 발림을 곁들이며 구연(口演)하는 우리 고유의 민속악이다."
"영화는 일정한 의미를 갖고 움직이는 대상을 촬영하여 영사기로 영사막에 재현하는 종합 예술이다."

(가)는 지정이며, (나)는 정의이다. (가)에서는 판소리와 영화의 성격을 지정하였다면 (나)에서는 판소리와 영화의 개념을 정의하였다.

지정은 다양한 설명 방법 안에서 사용된다

지정은 여러 설명 방법 가운데서 기본적인 것이기 때문에 널리 사용되며 비교, 대조, 분류, 분석 등 다른 설명 방법 안에서 사용되기도 한다.

이 책은 외견상 비합리적일 뿐 아니라 설명이 불가능한 것처럼 보이는 생활양식들의 근거를 밝혀보려는 것이다. 여기에 나오는 수수께끼와 같은 관습들 가운데 어떤 것들은 문자 이전의 인간들 혹은 원주민들—예컨대 얼마나 부자인가를 과시하기 위해 재산을 불태우는 허풍스러운 아메리카 인디언 추장들—중에서도 볼 수 있다. 또 어떤 관습들은 굶어 죽을지언정 쇠고기를 먹는 것을 거부하는 개발도상에 있는 사회에 소속되는 힌두교인들에게서도 찾아볼 수 있다. 또 어떤 것들은 우리 자신들의 문명의 주류의 한 부분을 이루고 있는 마녀와 메시아들과도 여전히 관계가 있다. 나의 논점을 분명히 하기 위해, 나는 풀기 어렵고 수수께끼 같은, 기이하고 논쟁을 불러일으킬 수 있는 사례들을 일부러 선택했다고 하겠다.

(마빈 해리스, 『문화의 수수께끼』(제2판))

이 글은 마빈 해리스가 지은 『문화의 수수께끼』라는 책에서 인용하였다. 이 책은 현대인들이 생각하기에 이해할 수 없는, 수수께끼 같은 문화 현상이 발생한 이유를 탐구하고 있다. 인도의 암소숭배, 돼지 숭배자와 돼지 혐오자의 차이, 마링족의 전쟁과 인구 증가 사이의 관계 등등 수수께끼 같은 생활양식에 대한 문화인류학적 조사 보고서라고 할 수 있다.

인용문은 『문화의 수수께끼』의 서론 첫 단락으로 필자의 집필 목적을 밝히고 있다. 특히 첫 문장은 지정의 설명 방법이 사용되었는데 이를 통해 책의 정체[성격]가 분명하게 제시되고 있다.

확인 · 심화

1. 다음 대상 중 하나를 선택하여 지정의 방법으로 빈 칸을 채워 보자.

우주선은 [　　　　　] 이다.

휴대전화는 [　　　　　] 이다.

연인은 [　　　　　] 이다.

참새는 [　　　　　] 이다.

미래는 [　　　　　] 이다.

2. 정의

정의는 말이나 사물의 의미를 명백히 규정하는 설명 방법이다

정의(定義)는 어떤 말이나 사물의 뜻[義]을 명백히 밝혀 규정[定]하는 설명 방법이다. 새로운 사회 문화 현상의 등장이나 사용자마다 서로 다른 의미로의 용어 사용 등, 대상의 분명한 개념이 아직 정립되지 못했을 때 정의의 설명 방법을 이용하면 글의 명확성을 높일 수 있다.

다음은 정확한 정의의 필요성을 말해주는 일화이다.

> 플라톤 아카데미의 철학자들이 '인간'을 '털 없는 두 발 동물'로 정의한 것을 듣고 디오게네스는 그들의 면전에 털 뽑힌 닭을 던지면서 말했다. "보라! 플라톤 아카데미의 인간을!" 그러자 당황한 사람들은 그 정의에 한 가지 규정을 덧붙였다. "넓은 발톱을 가진."

디오게네스가 던진 털 뽑힌 닭을 보고 플라톤 아카데미 철학자들은 아마 적지 않은 당황함을 느꼈을 것이다. 그러나 위 일화의 독자들은 디오게네스의 엉뚱하지만 재치 있고 날카로운 반격에 흥미가 느껴지는 동시에 정확한 정의의 필요성을 깨닫게 된다. 정확한 정의는 종차와 유개념의 조합을 통해, 피정의항의 본질적 속성이 명확하게 표출되어야 한다. 그리고 오로지 피정의항만 설명되어야 한다.

정의는 피정의항과 정의항으로, 정의항은 다시 종차와 유개념으로 구성된다

정의의 대상이 되는 항을 피정의항, 피정의항을 풀이하는 항을 정의항이라고 한다. "인간은 이성적 동물이다."라는 문장에서 '인간은'이 피정의항이며 '이성적 동물이다.'가 정의항이다.

정의항은 다시 종차와 유개념으로 구성된다. 종차(種差)는 한 유개념 속의 어떤 종(種)개념이 다른 종개념과 차이(差異)가 나는 요소를 말한다. 유개념(類概念)은 피정의항이 속하는 가장 가까운 상위 개념이다. 인간은 '동물'이라는 유개념 안에 속하는데 그 안에서 다른 종들과 차이가 나는 것은 '이성적'이라는 종차를 지녔기 때문이다.

여기에서의 유개념은 최근류로서의 유개념이다. 최근류는 개념 사이의 유종 관계에서 어떤 개념의 바로 상위에 있는 유개념을 말한다.

피정의항	정의항
인간은	이성적 동물이다 ↑ ↑ (종차) (유개념)

정확한 정의를 위해 유의해야 할 점

다음 예문의 문제점을 통해 정확한 정의를 위해 필요한 내용이 무엇인지 살펴보자.

(ㄱ) 소설은 인간의 사상과 역사를 재료로 한 허구적 문학 창작물이다.
(ㄴ) 우화(寓話)는 다른 사물에 빗댄 이야기이다.
(ㄷ) 국문학은 외국어를 표현 수단으로 삼지 않은 문학이다.

(ㄱ)은 소설을 정의했는데, 인간의 사상과 역사를 재료로 한 허구적 문학 창작물이 소설 이외에 희곡, 시나리오 같은 장르가 더 존재하기 때문에 정확한 정의라 할 수 없다. 정의항의 설명 내용은 피정의항에만 적용되어야 하며 피정의항 이외에 다른 대상에게도 적용되어서는 안 된다. 즉 A(피정의항)=B(정의항)이어야 한다.

(ㄴ)은 우화를 정의했는데 우(寓)와 화(話)의 의미를 단순 조합하여 정의항에서 그대로 반복하여 재 서술한 것에 불과하다. 즉 우(寓)의 '빗댄'이라는 뜻을, 화(話)의 '이야기'라는 뜻을 조합한 것이다. 이렇듯 피정의항의 술어(관념)를 정의항에서 반복하게 되면 동어반복밖에는 되지 않기 때문에 정의항을 다시 정의해야 하는 상황이 생긴다.

(ㄷ)은 국문학을 정의했는데, 정의항에 부정적 표현을 사용하였다. 부정적 표현을 꼭 사용해야만 정의될 수 있는 개념이 존재한다. 그러나 그렇지 않은 경우에는 부정적 표현은 사물의 본질적 속성을 집약적으로 개념화하지 못하기 때문에 적절한 정의라고 할 수 없다. (ㄷ)의 국문학 정의도 대상의 본질적 속성을 집약적으로 표현하지 못한다. 이렇듯 가급적이면 정의항을 부정적으로 진술해서는 안 된다.

총각의 경우가 그러하다. 총각의 정의는 '결혼하지 않은 성년 남자'이다.

피정의항은 정의항의 설명 내용과 같아야 한다. 즉 정의항의 설명 내용이 피정의항 이외에 다른 대상에 적용되어서는 안 된다.
피정의항의 술어를 정의항에서 반복, 재 서술해서는 안 된다.
정의항에서는 가급적 부정적 표현을 삼간다.

지정과 정의를 구분하는 방법

지정과 정의를 구분하는 손쉬운 방법은 "A는 B이다."의 진술에서 A와 B의 위치를 바꾸어 보는 것이다. 바꾸어 보아서 'B=A'의 관계가 성립하면 정의이며, 'B≠A'('B⊃A'와 같은 경우)의 관계가 성립하면 지정이다. (가)의 판소리 예문에서 A와 B의 위치를 바꾸어 보면 "우리 민족 문화의 정수(精髓)는 판소리이다."가 된다. 우리 민족 문화의 정수가 판소리만 있는 것은 아니기 때문에 'B⊃A'의 관계가 성립되어 지정의 설명 방법이 사용된 것이다. 반면 (나)의 판소리 예문에서 A와 B의 위치를 바꾸어 보면 "광대 한 사람이 고수(鼓手)의 북장단에 맞추어 서사적(敍事的)인 이야기를 소리와 아니리로 엮어 발림을 곁들이며 구연(口演)하는 우리 고유의 민속악은 판소리이다."가 된다. 광대 한 사람이 서사적 이야기를 소리와 아니리로 엮어 구연하는 민속악은 판소리밖에 없기 때문에 'B=A'의 관계가 성립하여 정의의 설명 방법이 사용되었다.

"A는 B이다."에서 A와 B의 위치를 바꾸어 보면 지정과 정의를 구분할 수 있다.

지정	A는 B이다.	→	B≠A (B⊃A와 같은 경우)
		A와 B의 위치 바꾸기	

정의	A는 B이다.	→	B=A
		A와 B의 위치 바꾸기	

문법 단위 중 최소 단위는 형태소(morpheme)다. 문법 단위는 의미를 가지는 언어 단위이므로 형태소는 따라서 의미를 가지는 언어 단위 중에서는 가장 작은 언어 단위라고 할 수 있다. 그리하여 형태소는 흔히 최소의 유의적 단위(minimal meaningful unit)라고 정의된다.

여기서 가장 작다든가 최소라든가 하는 말은 더 이상 쪼개면 그 의미가 없어지는, 따라서 더 이상 쪼갤 수 없는 크기라는 뜻이다. 가령 '흙'을 '흐'와 'ㄺ', 또는 '흘'과 'ㄱ'이나 'ㅎ'과 '읅'으로 쪼갠다면 그 각각은 전혀 의미가 없는 단순한 소리 내지는 소리群이 되거나, 적어도 '흙'과는 전혀 관련이 없는 의미를 가지는 조각들이 된다. 그러면 '흙'은 의미를 가지는 단위로서는 최소의 단위요, 따라서 '흙'은 하나의 형태소가 된다.

'코, 얼굴, 구름, 나무, 고구마, 도토리, 비둘기' 등도 더 이상 쪼갤 수 없는 최소의 의미 단위이므로 역시 형태소들이다.

(이익섭, 『국어학개설』)

위 글은 형태소의 개념을 정의하고 있다. 크게 두 단락으로 구성하였는데, 첫째 단락에서는 형태소에 대한 사전적 정의를 하고 있다. 사전적 정의는 대개 "형태소는 최소의 유의적 단위이다."처럼 단일 명제 형식으로 제시된다. 둘째 단락에서는 첫째 단락에서 언급된 개념을 보다 쉽고 정확하게 이해할 수 있게끔 확장된 정의가 이루어지고 있다. 사전적 정의에서 사용한 '최소'라는 의미가 무엇인지를 보다 세밀하게 설명하고, 또 형태소의 적절한 예를 제시함으로써 확장된 정의가 이루어지고 있다.

확인 · 심화

1. 다음은 투피스에 대한 『패션전문 자료사전』과 『표준국어대사전』의 정의이다. 두 정의가 차이가 나는 이유를 설명해 보자. 그리고 어느 정의가 더 옳게 느껴지는지와 그 이유에 대해서도 설명해 보자.

투피스: 여성복에서 주로 같은 천으로 지은 상의와 스커트가 한 벌이 되는 옷.(『패션전문 자료사전』)

투피스: 여성복에서, 주로 같은 천으로 하여 윗옷과 아래옷이 따로 되어 한 벌을 이룬 옷.(『표준국어대사전』)

2. 다음은 『표준국어대사전』의 사랑에 대한 정의이다. 이를 참고로 하여 자신이 종차와 유개념을 바꾸어 사랑을 새롭게 정의해 보자.

① 상대에게 성적으로 끌려 열렬히 좋아하는 마음. 또는 그 마음의 상태.

② 부모가 자식을, 스승이 제자를, 신이 인간을 아끼는 것처럼 상위 존재가 하위 존재를 소중히 여기는 마음.

③ 남을 돕고 이해하려는 마음.

④ 어떤 사물이나 대상을 몹시 아끼고 귀중히 여기는 마음.

3. 예시

예시는 말하고자 하는 대상의 구체적 사례를 제시하는 것이다

예시(例示)는 구체적 사례를 제시하여 설명하는 방법이다. 독자가 이해하기 어려운 추상적 개념이나 경험해 보지 못한 상황을 설명할 때, 적절한 예를 제시하면 독자를 쉽고 정확하게 이해시킬 수 있다. 때로는 적절한 예시가 추상적 개념을 설명하는 것보다 집필 목적을 더 효과적으로 이룰 수 있기 때문에 쉽고 분명한 사례 찾기에 주목해야 한다.

예는 말하고자 하는 대상의 명확한 속성을 담고 있어야 하며 독자가 쉽게 이해할 수 있는 것이어야 한다

예는 말하고자 하는 개념, 원리, 진술 등의 속성을 명확하고 집약적으로 보여줄 수 있는 것이어야 한다. 개념의 일부분만을 설명할 수 있는 예나, 이 원리나 저 원리에 모두 적용될 수 있는 예를 제시하는 것은 좋지 않다. 그뿐만 아니라 필자가 제시하기 편한 것보다 독자가 이해하기 좋은 것이라야 한다. 동일한 내용을 쓴다고 하더라도 독자에 따라 필요한 예는 달라질 수 있다. 따라서 독자 분석을 거쳐 예시 찾기가 이루어져야 한다. 찾은 예가 명확한 속성을 담고 있으며 독자가 쉽게 이해할 수 있는 것인가를 점검하여 집필 목적을 가장 효과적으로 실현할 수 있는 것을 선택해야 한다. 예시는 "예를 들면, 가령, 예컨대, 말하자면, 이를테면" 같은 어휘를 동반하기도 한다.

예는 말하고자 하는 개념, 원리, 진술의 속성을 명확하게 보여주어야 한다.

확인 · 심화

1. [가]는 마이클 샌델의 『정의란 무엇인가』에서 인용한 것이고, [나]는 그에 대한 설명 글이다. 우선 [가]와 [나]를 꼼꼼하게 읽어보자. 그리고 ⓐ와 ⓑ에 들어가기에 적절한 예, 즉 필자의 집필 목적을 실현하기 위하여 가장 적절하다고 생각하는 예 두 가지를 [가]에서 찾고 그 이유를 말해 보자.

[가] 1930년대에 사회심리학자 에드워드 손다이크(Edward Thorndike)는 공리주의의 가정을 증명하려 했다. 즉 완전히 별개로 보이는 욕구와 혐오도 쾌락과 고통이라는 단일한 통화로 환산할 수 있다는 것이다. 그는 정부 보조를 받는 젊은이들을 상대로 설문조사를 실시해, 다양한 고통을 겪는 대가로 얼마를 받으면 좋겠느냐고 물었다. 예를 들면 이렇다. "윗 앞니 하나를 뽑는 대가로 얼마를 받겠는가?" "새끼발가락 하나를 절단하는 대가는?" "길이 15센티미터인 산 지렁이 한 마리를 먹는 대가는?" "주인 없는 고양이를 맨손으로 질식시키는 대가는?" "마을에서 약15킬로미터 떨어진 캔자스의 농장에서 남은 인생을 사는 대가는?"

이 가운데 가장 높은 대가와 가장 낮은 대가를 요구받은 질문은 무엇이었을까? 조사 결과는 다음과 같다.(금액은 1937년 기준)

앞니 $4,500 / 발가락 $57,000 / 지렁이 $100,000 / 고양이 $10,000 / 캔자스 $300,000

손다이크는 이 결과가 모든 행위는 하나의 저울로 계량 · 비교될 수 있다는 주장을 뒷받침한다고 생각했다. …(중략)… 그러나 손다이크의 어이없는 가격 목록은 그러한 비교가 얼마나 엉터리인가를 보여준다. 우리는 이 결과를 보면서 설문 응답자가 정말로 캔자스 농장에서의 삶의 미래를, 지렁이를 먹는 것보다 세 배 불쾌하게 여겼다고 결론지어야 할까? 아니면 워낙 별개의 체험들이라 의미 있는 비교가 불가능하다고 결론지어야 할까? 손다이크는 응답자의 3분의 1이 돈을 아무리 많이 준대도 그러한 체험을 하고 싶지 않다는 대답을 내놓았다고 솔직히 인정했다. 응답자가 그 체험을 "측정할 수 없을 정도로 불쾌하게" 여긴다는 점을 암시한 부분이다.

마이클 샌델, 『정의란 무엇인가』

[나] 위 글은 공리주의의 관점에서 고통이나 쾌락 또한 단일 통화로 계량화하여 측정할 수 있을 것이라는 손다이크의 생각이 터무니없음을, 마이클 샌델이 『정의란 무엇인가』라는 책에서 지적한 대목이다. 마이클 샌델은, '윗 앞니 하나를 뽑는 대가', '15센티미터의 지렁이를 먹는 대가', '외따로 떨어진 농가에서 남은 인생을 사는 대가' 등, 고통 가격 목록을 적절하게 예시함으로써 손다이크의 욕구나 혐오에 대한 공리주의적 관점을 명확하게 이해시키고 있다. 그뿐만 아니라 자신의 집필 목적을 실현시키기 위한 적절한 예를 제시하고 있다.

즉 마이클 샌델이 ⓐ [   ] 와/과 ⓑ [   ] 의 예를 든 것은, 이 설문이 터무니없는 조사였음을 암시하기 위해서였다고 할 수 있다. 이렇듯 예시는 필자의 집필 목적을 실현시키기 위해 적절한 것을 선택해야 한다.

2. '사회적 약자를 돕는 이웃'이라는 제목으로 글을 쓰려고 한다. 예시의 방식을 이용하려 하는데 아직 찾아놓은 글감이 없다. 위의 제목에 적합한 글감(인물) 3인을 찾아 간략한 프로필을 작성하여 자료화 하도록 한다.

<프로필 내용>

이름	
나이	
직업	
거주지	
도움의 내용	

4. 비교와 대조

비교 : 공통점
대조 : 차이점

비교는 둘 이상의 대상의 공통점을, 대조는 차이점을 설명한다

두 대상을 설명할 때 두 대상의 공통점, 차이점을 제시해 주면 각각의 특성이 명확하게 파악된다. 하나의 대상을 설명할 때도 관련되는 대상을 언급한 후, 이 둘 사이의 공통점과 차이점을 제시해 주면 처음의 설명 대상이 분명하게 인식된다. 이처럼 둘 이상의 대상의 공통점을 제시하는 설명 방법을 비교, 차이점을 제시하는 설명 방법을 대조라고 한다. 집필하고자 하는 대상이 둘 이상일 때 비교와 대조를 사용하면 특성을 분명하게 드러낼 수 있으므로 이를 효율적으로 활용하는 전략을 세우도록 한다.

비교는 공통점을, 대조는 차이점을 제시하는 방법이지만 대상을 견주다 보면 공통점뿐만 아니라 차이점도 자연스럽게 거론되기 마련이다. 따라서 제한된 의미의 비교와 대조의 개념을 넓은 범주로 확장하여 이해할 필요가 있다. 이 책에서는 비교의 개념을 확장하여 대조까지 포함한 것으로 이해하여 논하도록 한다. 그에 따라 비교는 둘 이상의 대상을 견주어 서로 간의 유사점, 차이점, 일반 법칙 따위를 고찰하는 일로 정의할 수 있다.

둘 이상의 대상을 견주기 위해서는 일정한 기준이 필요하다. 그 기준은 대상을 이해하는 데 꼭 필요한 기준이어야 한다.

대상별 비교와 기준별 비교

비교는 대상별 비교와 기준별 비교로 구분된다. 대상별 비교는 다양한 비교 기준을 일단 한 대상에 모두 적용하여 기술한 다음, 다시 다른 대상에 일괄적으로 적용하여 기술하는 방식이다. 기준별 비교는 먼저 첫 번째 기준 하나만을 적용하여 두 대상을 비교하고, 다시 두 번째 기준을 적용하여 두 대상을 비교한 후, 순차적으로 세 번째, 네 번째 기준을 적용하여 대상을 비교해 나가는 방식이다. 집필 전략을 세울 때 글에 따라 이 둘을 구분하여 선택하면 좋다. 대상별 비교는 글이 짧거나 비교 기준이 단순한 경우에 선택하면 좋고, 기준별 비교는 글이 길거나 비교 기준이 많을 경우에 좋다.

> 연애는 흔히 세상을 피하나 우정은 세상을 향하여 더불어 나아가며, 연애는 꺼지기 쉬운 황홀한 불꽃이나 우정은 그침 없는 담담한 샘물로서 생명을 기른다. 우정과 연애는 한 뿌리에서 자라난 두 줄기 나무와도 같다. 우정은 다만 꽃을 덜 피우고 있으며 화

려하지 않을 뿐이다. 혹은 연애는 꽃이라면 우정은 열매, 연애는 인간을 만드나 우정은 인간을 완성한다고 생각하면 된다. 삶의 주제 가운데 가장 종요로운 애정과 우정은 모두 믿음과 사랑에 그 뿌리를 내린다는 것은 참 고맙고 숭고한 일이다.

김문창, <우정론>

위의 글은 연애와 우정의 공통점과 차이점을 제시함으로써 두 대상의 특성을 명확하게 설명하고자 했다. 세상에 대한 태도, 지속의 정도 등을 기준으로 삼아 차이점을 설명하였으며, 마지막 문장에서는 기원(起源)을 기준으로 삼아 연애, 우정 모두 믿음과 사랑에 뿌리가 있다는 공통점을 말하고 있다.

사실 연애나 우정은 인간의 감정 영역이기 때문에 독자가 쉽게 포착할 수 있게끔 특성을 개념화하여 설명하기 쉽지 않다. 따라서 필자는 연애와 우정의 공통점과 차이점을 비교하는 집필 전략을 사용하여 두 대상의 특성을 선명하게 제시하고자 하였다. 단순하게 "꺼지기 쉬운 황홀한 불꽃"이라는 비유를 썼다면 불명확했을 연애의 특성도, "그침 없는 담담한 샘물"이라는 우정의 특성과 비교됨으로써 훨씬 선명하게 제시된 것이다. 또 비교 기준을 다양하게 적용하여 비교했는데, 이와 같은 상황에서는 예문에서처럼 비교의 두 유형 중 기준별 비교를 사용하면 편리하다.

확인 · 심화

1. 앞면에 수록된 김문창의 <우정론>을 대상별 비교의 방법으로 고쳐 써 보자.

2. 나와 가족을 비교 · 대조하는 글을 쓰기 위해 글감을 준비해 보자. 가족 모두를 대상으로 해도 좋고, 혹은 가족 중 한 명을 대상으로 해도 좋다. 외모, 성격, 식성, 꿈, 생활 패턴 등 다양한 기준을 마련하여 공통점과 차이점을 찾아 글감 목록을 작성한다.

	나	가족
외모		
성격		
식성		
꿈		
생활 패턴		
…		

5. 유추

유추는 낯선 대상을, 이미 잘 알려진 유사한 성격의 사물에 빗대어 설명하는 방식이다

낯선 대상을 설명할 때 독자들이 이미 잘 알고 있는 유사한 대상을 끌어와 비교하는 경우가 있는데 이러한 설명 방법을 유추라고 한다. 예를 들어, 독자에게 낯선 보강간섭, 상쇄간섭 같은 빛의 파동 이론을 쉽게 설명하기 위해 이와 유사한 성격을 지닌 물웅덩이에서의 파동(간섭) 현상을 끌어와 비교하는 경우가 유추이다. 독자에게 낯선 사물, 현상 등을 설명할 필요가 있을 때 유추의 설명 방법을 선택하면 쉽게 이해시킬 수 있다.

유추는 다른 범주의 유사성을 지닌 대상을 견주며, 비교는 동일 범주의 유사성을 지닌 대상을 견준다

유추 : 다른 범주의 유사성
비교 : 동일 범주의 유사성

유사성을 지닌 두 대상을 견준다는 점에서 비교와 유추는 비슷하다. 그러나 비교는 견주는 두 대상이 서로 동일한 범주에 속하지만 유추는 서로 다른 범주에 속한다. 연애와 우정같이 감정 영역이라는 동일한 범주의 두 대상을 설명하고자 한다면 비교를 선택하는 것이 좋다. 하지만 우주의 팽창에 대하여 쉽게 설명하고자 한다면 우주 팽창과 다른 범주이기는 하지만 풍선 팽창을 함께 진술함으로써 유추의 방법을 선택하는 것이 좋다. 풍선 팽창 모델은 독자들에게 익숙하면서도 우주 팽창과 유사한 성격을 지니고 있기 때문에 쉽게 독자를 이해시킬 수 있다.

유추는 외형, 기능, 용도, 성질 등에서 두 대상이 유사성이 있을 때 성립될 수 있다. 설명하고자 하는 대상과 유사성이 떨어지는 대상을 제시한다면 독자에게 혼란을 야기할 수 있기 때문에 대상 선택에 주의를 기울여야 한다.

> M이론은 통상적인 의미의 이론이 아니다. M이론은 다양한 이론들의 집합 전체를 일컫는 이름인데, 그 이론들 각각은 물리 세계의 특정 범위에 한해서만 관찰들을 타당하게 서술한다. 이는 지도와 유사하다고 할 수 있다. 잘 알려져 있듯이, 지구의 표면 전체를 단일한 지도로 보여줄 수는 없다. 세계 지도에 흔히 쓰이는 메르카토르 투영법(Mercator projection)은 북극과 남극 근처로 갈수록 면적들을 점점 더 크게 표현하며 북극과 남극은 표현하지 못한다. 지구 전체를 충실하게 표현하려면, 각각 한정된 영역을

> 표현하는 지도 여러 장을 사용해야 한다. 그 지도들은 서로 조금씩 겹치지만, 그 겹치는 부분들을 동일하게 표현한다. M이론도 이와 비슷하다. M이론이라고 불리는 다양한 이론들은 서로 전혀 다르게 보일 수도 있지만, 모두 동일한 바탕 이론의 측면들로 간주될 수 있다. 그 이론들은 그 바탕 이론의 버전들이며 한정된 범위에만, 예컨대 에너지와 같은 특정한 양들이 작을 때에만 적용될 수 있다. 메르카토르 투영법에서 서로 겹치는 지도들과 마찬가지로, M이론의 다양한 버전들은 서로 겹치는 부분에서 동일한 현상을 예측한다. 그러나 지구의 표면 전체를 충실히 재현하는 평면 지도가 없는 것과 마찬가지로, 물리 세계 전체에서 얻은 관찰들을 충실하게 재현하는 단일한 이론은 존재하지 않는다.
>
> 스티븐 호킹, 레오나르도 믈로디노프, 『위대한 설계』

M이론은 궁극적인 만물의 이론, 즉 플라톤의 모형보다도, 뉴턴의 고전이론보다도, 현대의 양자이론보다도 더 궁극적인 만물의 이론이 만약 존재한다면, 그 이론이 갖춰야 한다고 생각되는 속성들을 모두 갖춘 유일한 모형이라고 한다.

위 예문은 M이론을 쉽게 설명하기 위해, 세계 지도에 흔히 쓰이는 메르카토르 투영법(Mercator projection)에 견주고 있다. 이 투영법이 각각의 한정된 영역만을 정확하게 표현하며 그 종합이 세계 지도이듯이, M이론 또한 한정된 범위에서만 정확성을 갖는 법칙들로 구성되며 그 다양한 법칙들이 비로소 종합되었을 때만이 우주를 온전하게 설명할 수 있음을 말하고 있다. 필자는 낯설고 어려운 현대 물리학의 M이론을 쉽게 설명하기 위한 집필 전략으로, 독자들에게 이미 친숙한 메르카토르 투영법을 제시하는 유추를 사용한 것이다.

확인 · 심화

1. "손에 키를 들고 자기의 타작마당을 정하게 하사 알곡은 모아 곳간에 들이고 쭉정이는 꺼지지 않는 불에 태우시리라"에서 알곡은 인생을 충실하게 한 사람을, 쭉정이는 인생을 엉터리로 산 사람을 비유한다고 했을 때 이 문장이 유추인 이유를 설명해 보자.

2. 자신의 주요 관심 분야나 전공에서 일반인에게 낯선 원리나 개념을 찾은 뒤 이를 유추를 이용하여 한 단락의 글로 써 보자.

6. 분류와 구분

분류는 하위 항목을 상위 항목으로 묶고, 구분은 상위 항목을 하위 항목으로 나누는 설명 방법이다

분류는 하위 항목(종개념)을 일정한 기준에 따라 상위 항목(유개념)으로 묶는 설명 방법이며 구분은 상위 항목(유개념)을 일정한 기준에 따라 하위 항목(종개념)으로 나누는 설명 방법이다. "향가와 시조는 서정시에 속한다."처럼 향가, 시조라는 하위 항목을 묶어 서정시라고 설명하는 것이 분류이다. "문학은 장르 특성상 서정, 서사, 극, 교술로 나눌 수 있다."처럼 문학이라는 상위 항목을 서정, 서사, 극, 교술이라는 하위 항목으로 나누어 설명하는 것이 구분이다.

분류는 대상의 위상을 제시하여 준다

어떤 대상을 새로운 분류 체계에 포함시켰다는 것은 대상의 위상을 새롭게 이해하였다는 의미이다.

여러 대상이 공통점을 지니고 하나의 묶음 속에 포함되는 특성을 지녔음을 설명할 때는 분류를 선택하면 좋다. 거꾸로 하나의 대상이 특성, 성분 등의 차이에 따라 여러 개의 작은 대상으로 쪼개진다는 점을 설명할 때는 구분을 선택하면 좋다. 분류나 구분은 항목들의 위계가 제시되기 때문에, 어떤 대상의 위상을 설명해야 할 때 선택하면 좋다. 예를 들어 한 필자가 담배가 인체에 매우 해로우며 강한 중독성을 갖고 있기 때문에 이제는 대마초나 필로폰과 같이 마약류로 분류되어야 한다고 주장했다고 하자. 이것은 담배의 위상을 마약류로 새롭게 정립하는 것이다. 비슷한 예로 어떤 필자는 대마초가 필로폰보다는 담배와 비슷한 성격이 많기 때문에 필로폰처럼 마약류로 분류되어서는 안 된다고 주장할 수도 있다. 이 역시 대마초의 위상을 새롭게 파악했기 때문에 새로운 분류 체계에 포함시킨 것이다. 글감의 성격이나 주제, 집필 전략에 따라 분류와 구분 중 적절한 설명 방법을 택하면 된다.

분류 · 구분 시 주의할 점

분류나 구분을 할 때 주의할 점이 있는데 첫째, 상위 항목이든 하위 항목이든 한 계단에는 하나의 기준만 적용해야 한다. "문학은 서정, 서사, 극, 장편소설로 구분된다." 같은 문장은 둘 이상의 기준이 적용되었기 때문에 올바른 구분이라고 할 수 없다. 둘째, 하위 항목은 상위 항목에 모두 포함되어야 한다. "향가, 시조, 판소리는 서정시에 속한다."의 경우 판소리가 서정시가 아니기 때문에 하위 항목이 상위 항목에 모두 포함되지 않는 오류가 발생했다. 분류나 구분의 설명 방법을 쓸 때, 자신이 제시한 하위 항목과 상위 항목이 위와 같은 문제점을 노출하지는 않았는지 점검해야 한다.

한 계단에는 하나의 기준만을 사용해야 한다.
하위 항목은 상위 항목에 모두 포함되어야 한다.

ⓐ 조선시대의 바느질 도구는 크게 재봉도구와 정리도구로 나누어 생각할 수 있다. 여기서 재봉도구란 옷감을 잘라 꿰매어 일정한 형태를 완성시키기까지에 소용되는 일체의 도구를 말하는 것으로 ⓑ 자, 누비밀대, 바늘, 골무, 가위, 인두, 다리미 등이 여기에 속한다. 또한 ⓒ 정리도구는 자질구레한 바느질 도구를 넣어둘 수 있는 반짇고리를 비롯하여, 바늘과 실을 정리할 수 있는 바늘집, 바늘쌈, 바늘꽂이 및 실첩과 각종 실패 등을 말한다.

조효순, 『한국복식풍속사연구』

누비밀대 : 누비 바느질을 할 때 쓰이던 도구이다.

위의 예문은 조선시대의 바느질 도구에 대하여, 분류와 구분 두 설명 방법을 모두 이용하여 설명하고 있다. ⓐ는 조선시대의 바느질 도구를 재봉도구와 정리도구의 하위 항목으로 나누었기 때문에 구분의 설명 방법이다. ⓑ 문장에서는 '여기에 속한다.'의 '여기'를 재봉도구로 바꾸어서 이해해야 한다. 즉 자, 누비밀대 등을 재봉도구라는 상위 항목으로 묶은 분류를 사용한 것이다. 마지막으로 ⓒ에서는 정리도구를 반짇고리, 바늘집, 바늘쌈, 바늘꽂이, 실첩, 각종 실패로 나누었기 때문에 구분이라고 할 수 있다.

확인 · 심화

1. 분류와 구분의 차이를 정리해 보고 예를 들어 설명해 보자.

2. 현대 사회에서 기존 분류 체계에서 벗어나 새롭게 분류되어야 할 대상을 찾아보고, 그 이유를 한 문단으로 작성해 보자.

7. 분석

분석은 대상을 구성 요소로 나누어 설명한다

분석은 어떤 대상을 구성 요소로 나누어 설명하는 방법이다. "자전거는 페달, 바퀴, 손잡이로 이루어져 있다. 페달은…, 그리고 바퀴는…, 마지막으로 손잡이는…의 역할을 한다."에서 자전거라는 대상을, 구성 요소인 페달, 바퀴, 손잡이로 나누어 설명하는 것과 같은 방식이 분석이다. 대상을 각 구성 요소로 쪼개어 설명하기 때문에 대상의 구조, 구성 요소의 역할, 구조의 유기성 여부 등을 구체적이고 세밀하게 고찰할 수 있다.

자신이 집필하고자 하는 부분이, 대상의 전체 구조를 규명해야 하는 것이거나, 혹은 전체 구조와 구성 요소 간의 관계, 구성 요소끼리의 관계, 구성 요소의 역할 같은 것을 고찰해야 하는 경우라면 분석의 방법을 이용하는 것이 효율적이다.

구성 요소와 구성 요소의 관계 및 역할을 파악해야 한다

분석의 방법을 사용할 때는 구성 요소, 구성 요소의 관계와 역할 파악이 중요하다.

분석의 방법을 사용할 때는 먼저 구조를 구성하는 요소가 무엇인지 찾아야 한다. 자전거 같은 사물이라면 페달, 손잡이, 바퀴 등 가시적이며 실제 공간을 점유하는 것이 구성 요소가 될 것이다. 종교 같은 관념이라면 교단처럼 가시적인 것뿐만 아니라 교리처럼 관념적인 것도 구성 요소가 된다. 다음으로는 구성 요소의 역할에 주목하는 것이 좋다. 구성 요소의 역할은 곧 전체 구조 안에서의 역할이기 때문에, 이 과정을 거치다 보면 구조의 짜임새도 자연스럽게 이해할 수 있다. 구조의 위계, 유기적 짜임 여부, 구성 요소들만의 관계 등도 이때 함께 이해하도록 한다. 지금까지 파악한 내용들을 바탕으로 집필 목적이나 주제에 맞게끔 전략을 짜서 내용을 전개한다.

분석은 분석 대상에 따라 물리적 분석, 개념적 분석으로 나뉘고, 분석의 성격에 따라 기능적 분석, 연대기적 분석, 인과적 분석으로 나뉜다.

분석과 구분의 차이점

분석도 어떤 대상을 나누는 설명 방법이기 때문에 종종 구분과 혼동된다. 그러나 분석은 나뉘는 존재(전체)와 나눈 후의 결과(구성 요소)가 다른 층위이지만, 구분은 나뉘는 존재(유개념)와 나눈 후의 결과(종개념)가 같은 층위인 점을 염두에 두면 쉽게 구분할 수 있다. 예를 들어 보자. "자전거는 페달, 바퀴, 손잡이로 이루어져 있다."에서 나뉘는 존재인 자전거와 나눈 후의 결과인 페달, 바퀴는 같은 층위의 사물이 아니다. 이에 비해 "자전거는 외발자전거, 두발자전거, 세발자전거, 네발자전거로 나뉜다." 에서 나뉘는 존재인 자전거와 나눈 후의 결과인 외발자전거, 두발자전거는 같은 층위의 사물이다. 이처럼 나뉘는 존재와 나눈 후의 결과가 같은 층위의 사물, 개념, 현상인지를 파악하면 분석과 구분의 차이를 알 수 있다.

분석	나뉘는 존재와 나눈 후의 결과가 다른 층위
구분	나뉘는 존재와 나눈 후의 결과가 같은 층위

서구 연극의 희곡 구성의 삼요소를 '인물'(성격), '사건'(행위), '배경'(환경)이라 하는데, 한국 가면극에서는 '희곡구성'이라는 의미보다 '연희구성'이라는 의미가 합당하다. …(중략)… 그러면 서구극의 희곡 구성과 대치되는 한국 가면극의 연희 구성의 요소를 분석해 보기로 한다.

먼저 서구극의 '인물'은 한국 가면극에서는 탈을 쓰고 노는 사람, 즉 '얼굴'이 된다. 서구극의 인물은 개성을 가진 성격 인물이며, 극중에서도 그 개성이 뚜렷이 나타난다. 그러나 한국 가면극에서의 인물(얼굴)은 개성적인 고유인물이 아닌 당시 사회의 신분적 대표인물이다. 그래서 한국 가면극에서의 얼굴은 탈을 뜻하기도 하며 그 탈의 성분은 민중들의 눈에 비쳐 풍자와 해학의 대상으로 부각된 당시 사회의 신분 인물이다. …(중략)…

그 다음 서구극의 '배경'은 한국 가면극에서는 무대장치도 되어 있지 않는 상징적인 배경설정이 된 '놀이마당'으로 존재한다. 그래서 무대장치가 없는 한국 가면극에서의 배경설정은 연희자들의 설명으로, 또는 극중 장소가 곧 공연장소와 일치된 것으로, 또는 관객의 상상력으로 나타내게 되며, 이 놀이마당에 노는 장면이 포함될 때를 놀이판이라 한다. …(중략)…

따라서 지금까지의 분석을 종합해 보면 한국 가면극의 연희의 삼 요소는 '노는 얼굴'(연희인물), '놀거리'(연희내용), '놀이마당'(연희장소)이 된다. 또한 이것을 놀이판 구성의 삼요소로 보면 '놀이꾼', '놀거리', '놀이마당'이 되어 결국 놀이판이 성립되기 위한 연희 요소와 동일해진다.

이병옥, 「한국 가면극의 구성 요소 분석」

위 인용문은 한국 가면극의 구성 요소를 분석의 방법으로 설명하고 있다. 한국 가면극의 구성 요소를 서구 연극의 구성 요소와 비교하여 그 차이점을 설명하는 것으로 도입부를 시작하고 있다. 다음으로 세 가지 구성 요소의 특성을 순차적으로 설명하고 있다. 서구 연극의 인물에 해당하는 '노는 얼굴'은 당시 사회의 신분적 보편 인물이었다는 점을 밝히고 있다. 또 서구극의 배경에 해당하는 '놀이마당'은 특별한 무대장치 없이 연희자들의 설명이나 관객의 상상력으로 꾸며진 장소였음을 말하고 있다. 이렇게 분석은 대상의 구성 요소를 밝히고 구성 요소의 의미, 역할, 관계 등을 설명하는 방식으로 진행된다.

확인 · 심화

1. 분석과 구분의 차이점을 예를 들어 설명해 보자.

2. 대학을 핵심 소재로 삼고 분석의 방법을 이용하여 한 편의 글을 쓰려 한다. 다음 내용을 참고하여 글을 써 보자.(A4 한 장)

> 대학의 구성 요소를 파악한다. 교수, 학생과 같은 인적 요소뿐만 아니라 학문, 강좌, 사회 비판 같은 관념적 요소도 구성 요소로 생각할 수 있다. 학생회관, 강의동 같은 물리적 요소도 떠올릴 수 있다. 이 밖에도 다양한 층위에서 구성 요소를 생각해 보자. 그 중 자신의 집필 목표를 이루기 위해 가장 효율적인 범주를 선택하자.
>
> 다음에는 구조를 파악한다. 대상의 전체 구조, 전체와 구성 요소 간의 관계, 구성 요소끼리의 관계를 파악한다.
>
> 구성 요소의 역할을 파악한다. 각 구성 요소의 역할을 파악하고 해당 구성 요소가 올바르게 자신의 역할을 담당하는지, 구성 요소의 역할이 시대에 따라 변화하였는지 등 구성 요소의 역할과 관련된 제반 내용을 찾아본다.

3. 아래의 두 글을 읽고 예시문 [나]에서 언급한 촘스키적 분석 방법을 이용하여 글을 쓰려고 한다. 어떤 글감에 촘스키적 분석 방법을 적용할 수 있을지 알맞은 글감을 찾아 발표해 보자.

> [가] 『조작된 동의』에서 선생님[촘스키]은 언론의 글 쓰기가 전제를 교묘하게 감추고 있다고 말씀했습니다. 따라서 글을 해독해내면 글의 방향이 적나라하게 드러날 것이라 말씀하셨습니다. 또한 언론 보도에는 비밀이 감춰져 있다는 말씀도 하셨는데…
>
> 그렇습니다. 아주 중요한 점을 지적했습니다.
>
> 가령 "미국이 남베트남을 보호한 것이 올바른 선택이었는가?"라는 주제로 미국이나 유럽에서 토론회가 열린다면, 미국이 남베트남을 보호했다는 전제에서 출발합니다. 하지만 "러시아가 아프가니스탄을 보호한 것이 올바른 선택이었는가?"라는 주제로 토론회를 갖는다면 주제 자체가 잘못 선정된 것이었다고 항의합니다. 달리 말하면 러시아는

아프가니스탄을 보호한 것이 아니라 공격했다는 것입니다.

미국도 침략자였습니다. 하지만 문제를 그런 식으로 제기하는 것은 금지되어 있습니다. 남베트남 국민의 뜻을 무시하고 남베트남을 보호한 것이 올바른 선택이었느냐는 식의 토론만이 가능할 뿐입니다. 나는 40년 동안 미국 언론의 보도방향을 유심히 살펴보았습니다. 케네디가 남베트남을 공격했다고 지적한 언론 보도는 단 한 건밖에 없었습니다.

그러나 케네디는 미 공군을 파견해서 남베트남 마을들을 쑥대밭으로 만들었습니다. 수확기를 맞은 논밭을 불바다로 만들 계획을 추진했고, 네이팜탄의 사용을 허락했습니다. 게릴라의 공격에서 보호한다는 명목으로 수십만의 농부들을 '전략촌'이란 이름으로 미화시킨 강제수용소로 이주시켰습니다. 이런 것을 보호라 말할 수 있습니까? 공격이고 침략이었습니다.

노암 촘스키, 『촘스키, 누가 무엇으로 세상을 지배하는가』

[나] 촘스키적 논리에 따르면, 이런 현상은 언론이 국가에 종속되고 기업계에 종속되었다는 증거다. 언론이 국민의 기억을 지워내고 국민의 비판 정신을 말살시키는 데 협조하고 있다는 뜻이다. 촘스키는 언론이 이런 족쇄에서 벗어날 때에야 비로소 진정한 표현의 자유를 되찾을 수 있을 것이라고 역설한다.

촘스키는 미국을 비판의 대상으로 삼는다. 이 글을 읽으면서 '미국은 범죄국가'라는 깨달음을 얻는 것에서 그쳐서는 안 된다. 촘스키적 분석 방법을 우리 현실에 대입해 볼 수 있어야 한다.

노암 촘스키, 『촘스키, 누가 무엇으로 세상을 지배하는가』

8. 묘사

묘사는 대상을 그림 그리듯이 표현하는 방법이다

묘사는 어떤 대상을 그림을 그리듯이 재현하는 진술 방법이다. 필자가 본 대상의 외양이나 대상으로부터 받은 인상을 독자에게 생생하게 전달할 필요가 있을 때 묘사를 사용한다. 저녁 하늘에 펼쳐진 노을이나 흰 눈이 쌓인 캠퍼스의 아름다움을 핍진하게 전달하려면 묘사를 선택하는 것이 좋은 집필 전략이 된다.

묘사의 두 유형과 묘사 대상 분석의 필요성

묘사 대상과 집필 전략에 알맞게 묘사 유형을 선택해야 한다.

묘사는 주관적 묘사와 객관적 묘사로 나뉜다. 대상을 묘사하되 대상으로부터 받은 필자의 주관적 인상이 바탕이 된다면 주관적 묘사이다. 면적, 높이, 무게, 길이 같은 대상의 객관적 정보가 주가 된다면 객관적 묘사이다. 문학 작품에서 저녁 하늘에 펼쳐진 노을을 묘사하는 경우에는 주관적 묘사가 적합할 것이며, 초청장에서 목적지를 묘사하는 경우에는 정확한 수치가 기록된 객관적 묘사가 적합하다. 실험 결과 보고나 상품 정보 전달을 위한 묘사에도 객관적 묘사가 적합하다. 묘사 대상을 분석하여 적합한 유형을 미리 검토해 보는 과정이 필요하다.

집필 전략에 따라서도 유형을 선택할 수 있다. 문학 작품이지만 다른 문학 작품과는 다르게 대상을 '낯설게하기'가 중요한 목적이라면, 오히려 객관적 묘사를 선택함으로써 독자에게 신선함을 줄 수도 있다. 이렇듯 묘사하고자 하는 대상의 특성, 집필 전략, 집필 목적에 맞춰 선택하도록 한다.

주관적 묘사와 객관적 묘사의 주안점

주관적 묘사를 선택할 경우에는 우선 대상으로부터 받은 필자의 주관적 인상이 무엇이었는가를 초점화 하도록 한다. 그 초점에 맞추어 세부적인 서술을 진행해 가야 글이 응집성을 잃지 않게 된다. 객관적 묘사의 경우에는 묘사 내용이 정확하고 사실적인가에 주의를 기울여야 한다. 독자에게 대상에 대한 객관적 정보를 전달하는 것이 주요한 목적이니만큼 묘사된 내용만 보고도 독자가 충분히 대상을 파악할 수 있어야 하기 때문이다.

충분한 정보를 제공할 목적으로 대상의 모든 것을 묘사하고자 하면 오히려 독자에게 혼란만 가중시킬 우려가 있다. 따라서 독자에게 생생하게 전달될 수 있는 묘사 대상의 핵심을 분석하는 작업도 필요하다. 그 핵심을 서로 연계시켜 서술하면 효율적이면서도 생생하게 대상을 묘사할 수 있다.

그렇지만 내가 붓을 든 주제는 잊어버리지 않도록 하자.— 장마가 막 걷혀 습기가 남아 있으면서도 맑고 화창했던 어제 저녁에는 구름이 정말 굉장했다. 방금까지도 긴 층을 이루어 하늘에 가로놓여 있던 구름이 덩어리가 되어 낮게 드리우는가 하면 거센 바람에 날려 천천히 둘둘 말리더니 모두가 한데 꼬여 점차 혼자 소리 없이 일하고 있는 압연기 롤러의 현상이 되어 갔다. 방금 그렇더니 또 금세 온 하늘이, 알알하고 싸늘한 녹청색 기운이 하늘을 뒤덮고 있지만 않았다면, 리본과 쿠션의 조직이었다가 천천히 꿈틀거리며 서서히 몸체와 밀도가 불어나는 거대한 뱀의 모습이 되었다.—그러더니 지금 채 1분도 못 되게 한눈을 판 사이, 갑자기 하늘은 그대로 비어 있어 섬광처럼 싸늘하고 맑기만 했다. 그리고 구름은 모조리 조그맣고 보잘것없는 존재가 되어 기를 못 펴고 지평선에 꾹 눌려 있다. 위쪽은 흰빛과 황금빛이고 배는 새파란데 길게 끌려 있어 흡사 비행선 같기도 하고 고래 같기도 한 형상이 되어서 모두 입체적으로 딴딴하게 뭉친 모습을 이루고 있었다.

바로 이 순간 장밋빛과 황금빛이 보석 같은 산봉우리를 떠나자 대지는 모두 그 빛을 잃고 하늘에만 아직 날빛이 남아 잠시 빛나고 있었다. 구름배들은 센 바람이 부는데도 겉으로 봐서는 꼼짝하지 않고 엉거주춤 산등성이 바로 위에 정박해 있어서 차가워져 가는 그들의 색깔에 아직은 빨강과 구릿빛 갈색이 조금 섞여 있었다. 시시각각으로 변하는 구름들을 그때그때 알아보려면, 맞바람을 받고 있지만 그래도 구름들을 놓치지 말고 잘 보고 있어야만 했다. 구름들이 딱딱하고 굼떠서 미동도 하지 않을 듯이 보이는 동안에도 실은 그들의 형태가 줄곧 안에서 겉으로 혹은 속에서 이리저리 흐르고 있었기 때문이다.

구름은 겉으로는 독실한 척하지만 일과가 끝나고 나서 하는 장난짓거리는 다 했던 것이다. 마치 학교 담에 붙어 서 있는데 선생님께서 지나가시면 모자를 벗고 인사를 하기는 하지만 선생님께서 미처 돌아보실 겨를도 없이 달아나 버려, 보이지는 않고 담장 너머에서 왁자한 웃음소리만 어지럽게 들려오는 그런 소년들처럼.

그런데 그 사이 길다란 구름들 중의 하나가 다른 구름들 위로 헤엄쳐 올라가, 녹색 하늘 속에서 저 혼자 장밋빛으로 떠돌다가 갑자기 송두리째 밝은 붉은색으로 활활 타오르면서 아주 예쁜 고기 모양이 되어 갔다. 빛을 내는 한 마리 거대한 금붕어가 푸르

스름한 작은 지느러미로 헤엄쳐 가고 있었다.

웃으며, 더없이 즐거워하며 죽음을 향하여 빛이 마지막으로 스러져가는 중이었기 때문에 나의 금붕어는 더 살아 있을 시간이 없어져 버렸다. 벌써 꼬리 쪽에서는 점점 갈색이 짙어져 무거워 오고, 배 쪽은 더 파래지고, 벌써 그 밝은 빨간색과 황금빛은 등허리 맨 위 가장자리에서만 불타고 있었다.

그때 금붕어는 번개같이 꼬리를 오그라뜨리고 머리를 부풀려 아주 둥그렇게 되어 버렸다. 그러더니 빛이 스러지고 마지막 황금빛도 잃어버리게 되는 동안 금붕어는 똘똘 뭉쳐 공만 해지더니 그 공에서—마치 혼을 다 뿜어내어 놓으려는 듯이—잿빛 구름의 베일 두 가닥을 뿜어내었다. 뿜어내고 또 뿜어내다가 흩날리면서, 점점 엷어져가는 베일 속에 풀려 사라져 버렸다.

나는 아직 그렇게 재미있는 종류의 자살을 본 적이 없었다. 이 금붕어 녀석은 덩어리로 뭉쳐지자 그 자신의 혼을, 그 자신의 실체를 저 혼자의 힘으로써 입으로, 아가미로, 숨구멍으로 뿜어내었고 저 자신도 비실체 속으로 뿜어내어 사라져버렸던 것이다.

헤르만 헤세, <저녁 구름>

저녁 구름을 바라보며 그 모양을 묘사한 글인데 구름의 변화를 상세하게 표현함으로써 독자가 마치 앞에서 생생하게 목격하고 있는 것과 같은 효과를 불러일으킨다. 짧은 순간임에도 시시각각 변화하는 구름의 모습을 있는 그대로 포착하여 다채롭게 그려내고 있다. 거대한 뱀의 모습이었다가, 비행선 같기도 하고 고래 같기도 한 모습으로, 그리고 마지막에는 거대한 금붕어의 모습으로 최후를 마치는 것으로 필자는 구름을 묘사하였다. 또 흰빛, 황금빛, 빨강과 구릿빛 갈색, 장밋빛처럼 다양한 색채어가 사용되어 저녁 구름의 화려한 변화상을 뚜렷하게 느낄 수 있게 한다. 선생님께 장난을 치는 소년으로 비유되는 등 다양하면서도 참신한 비유의 기법도 함께 동원되었다.

확인 · 심화

1. 위 예문을 읽고 가장 인상 깊은 묘사 대목을 말하고 인상 깊게 느낀 이유를 발표해 보자.

2. 김홍도의 씨름을 묘사의 방법을 선택하여 글로 써 보자.

김홍도의 <씨름>

9. 서사

서사는 특정한 사건을 시간의 전개에 따라 서술하는 것이다

서사(敍事)는 간략하게 말하면 사건을 서술하는 방법이라고 할 수 있다. <감자>에서 복녀가 배추 서리를 하다 왕서방을 만난 일, <운수 좋은 날>에서 김첨지가 운 좋게 하루 종일 손님을 태운 일 등에서처럼 사건을 서술하는 것이 서사이다. 이처럼 특정한 사건이 시간의 전개에 따라 발생한 일에 대해 집필한다면 서사를 선택하는 것이 좋다.

서사의 기본 요소인 행동, 시간, 의미의 3요소를 포함시켜 집필해야 한다

서사의 기본 요소는 행동, 시간, 의미이다.

서사의 방법으로 서술한다면 행동, 시간, 의미의 세 가지 기본 요소가 포함되게끔 해야 한다. 먼저 행동에 대해 살펴보자. 서사는 간략하게 말해 사건을 서술하는 것이라고 했는데, 이때 사건에는 어떤 인물이 등장하여 행동을 하게 된다. 그 인물이 꼭 사람일 필요는 없으며 동물이나 식물도 의인화 하여 일정한 행동을 할 수 있다. 이처럼 사건에는 반드시 행동이 존재하게 된다. 다음으로, 인물이 행동을 하는 데는 반드시 시간의 경과가 수반된다. 철수가 산을 오르는 행동을 했다는 것은 산 아래에서 정상까지 오르는 시간이 경과했다는 의미이다. 이렇게 사건에는 시간의 경과가 반드시 따르는데, 바로 이 점에서 서사는 과정을 서술하는 것이 된다. 묘사가 정지된 장면에 대한 서술이라면 서사는 행동의 진행 과정에 대한 서술인 것이다. 마지막으로 서사에서 기술한 사건들은 단일한 의미로 수렴될 수 있는 것들이어야 한다. 다시 말해 하나의 주제를 뒷받침할 수 있게 유기적으로 연결된 것들이어야 한다. <감자>에서 복녀가 무능력한 남편에게 시집간 일, 열심히 살아보려고 했지만 점점 삶은 열악한 상황으로 치달았던 일, 결국 칠성문 밖 빈민굴까지 내몰린 일 등은 모두 단일한 의미로 수렴될 수 있다. 즉 이 사건들은 유기적으로 연결되어 참담한 환경이 인간의 도덕적 본질을 타락시킨다는 이 작품의 주제를 형상화하고 있는 것이다. 따라서 서사를 선택하여 기술할 경우에는 행동, 시간, 의미 등의 서사의 기본 요소가 포함되었는가를 점검해야 한다.

서사에서는 시점 선택도 중요하다

서사로 글을 쓸 경우 또 하나 유의해야 할 점이 시점(視點) 선택에 대한 것이다. 시점은 사건을 바라보는 지점인데, 발생한 사건을 어떤 위치에서 바라보느냐 하는 데 따라 사건을 해석하는 태도가 결정되기 때문에 중요하다. 1인칭 시점일 때는 이야기를 전달하는 서술자가 사건이 펼쳐지는 시·공간에 참여한다. <사랑방 손님과 어머니>에서 서술자인 옥희는 사건의 시·공간에 참여하는 인물이다. 3인칭의 경우에는 사건이 펼쳐지는 시·공간에 참여하지 않는 서술자가 이야기를 전달한다.

1인칭 시점에서도 서술자가 사건의 주인공(1인칭 주인공 시점)일 경우는 주인공 자신의 내면 심리 묘사나 체험의 진실성을 핍진하게 표출하는 것이 주된 글에서 선택하면 좋다. 그러나 주인공 아닌 다른 등장인물의 심리는 추정일 수밖에 없으며 주인공의 경험 공간 아닌 곳의 사건을 전체적으로 조망하는 것은 어렵다는 한계가 있다. 좀 더 세부적으로 들어가서, 1인칭 시점이라고 해도 사건에 대한 필자의 태도에 따라 어떤 인물을 1인칭 서술자로 선택할 것인가가 달라진다. <사랑방 손님과 어머니>의 경우 필자가 어머니와 아저씨의 사랑을 순수하게 그리려 했기 때문에 서술자를 순진무구한 여섯 살 아이 옥희로 정한 것이다. 작품 내용에 따라 집필 전략을 치밀하게 세운 것이다.

3인칭 시점의 경우에는 주인공 아닌 다른 인물들의 경험까지 종합적으로 조망할 수 있는 장점이 있다. 그러나 3인칭 관찰자 시점의 경우에는 인물들의 내면 심리까지 세밀하게 파악하는 것은 역시 힘들다. 여러 등장인물의 내면 심리까지 파악하려면 전지적 작가 시점을 택해야 한다. 이렇듯 각 시점마다 시점이 표현할 수 있는 효과들이 다르기 때문에 집필 목적에 맞게 시점을 선택한다.

> 노동지(盧同知)는 남양(南陽) 사람이다. 활을 잘 쏘는데 운수가 기박해서 매번 초시(初試)의 방(榜)에는 붙지만 회시(會試)에 떨어졌다. 어느 날 인정종(人定鐘)이 난 후 술이 취한 김에 육조(六曹) 앞 큰길에 버티고 서 있었다. 그날은 어영청(御營廳)에서 순라를 도는 날이었다. 나졸이 그를 붙들자 그는 손으로 나졸을 후려쳤다. 패장(牌將)이 달려오자 또 패장을 때려 주었다. 연달아 4, 5인을 때려눕히고 그 자리를 떠나지 않았다. 각 패의 나졸들이 우르르 몰려들어 그를 결박 지워서 이튿날 아침을 기다려 대장(大將) 아문(衙門) 밖에다 대기시켰다.
>
> 대장은 곧 안국동(安國洞) 홍정승이었다. 홍공이 그를 잡아들이라 하여 묻는 것이었다. "너는 순라법의 뜻을 아느냐?" "아옵니다." "그런데 왜 순라꾼을 때렸느냐?" "한 말씀 드리고 죽고 싶어서이옵니다. 잠깐 결박을 풀어 주옵소서."

이우성·임형택, 『이조한문단편집』(中)(일조각, 1978)의 국역을 옮김.
어영청(御營廳) : 삼군문(三軍門)의 하나. 효종 3년 설치되어 고종 21년에 폐해짐.
패장(牌將) : 관아나 일터의 일꾼을 거느리는 사람.
홍정승 : 정조의 외조부인 홍봉한(洪鳳漢).

홍공이 명하여 결박을 풀어 주니 노군은 일어나서 아뢰는 것이었다. "소인은 곧 남양의 거자(擧子)로 약간 용력도 있고 말 타고 활쏘기에 능하온데 운수가 기박하와 회시에 응시한 것이 전후 무려 30차에 이르렀으되 이번에도 또 낙방을 하고, 스스로 신세를 돌아보오매 죽음을 구해도 얻어지지 않았습니다. 재상의 문하에 의탁을 해서 발신할 꾀를 세워보고자 해도 또한 길이 없사옵니다. 시방 명망(名望)이 사또보다 나을 분이 없기로, 적이 한번 뵙고자 하였으나 문지기의 가로막는 바 되어 마지못해 이런 계교를 부려 본 것이옵니다. 순라꾼을 두들겨 팬 즉 반드시 이 뜰아래 잡혀올 것이라, 한번 존안(尊顔)을 뵙고 진정(陳情)하려는 것이옵지요. 만약 때리지 않고 기껏 야경을 범하기만 하면 집사청(執事廳)으로부터 곤장이나 얻어맞고 쫓겨날 것이니 어떻게 이 뜰아래 들어올 수 있겠사옵니까? 또한 한 사람이 두 사람을 상대하면 둘의 용력이 있다고 쳐줄 것인데, 소인은 다섯을 때려 눕혔으니 다섯 사람의 용력이 있다고 할 것이옵니다. 사또께서 이 놈을 문하에 거두어 주심이 어떠하올지요."

거자(擧子) : 과거에 응시하는 사람.

홍공은 그를 눈여겨보더니 웃으며 말하였다.

"아까 두들겨 맞은 장교는 어디 있느냐?"

그 장교가 명을 받고 대령하자, "너희들 교졸(校卒) 대여섯 놈이 저 한 사람에게 두들겨 맞았으니 장차 어디다 쓸 것이냐? 너는 장교의 패(牌)를 풀어 놓고 물러가거라." 하고 이어 그 전령패(傳令牌)를 노군에게 채워 주고 문하에 있게 하였다.

전령패(傳令牌) : 명령을 전하는 표.

그는 위인이 범백사에 영리하고 민첩해서 매사가 주인의 뜻에 맞았다. 이 때문에 총애가 날로 높아져서 안팎의 크고 작은 일들을 모두 맡겼는데 그가 처사하는 것이 적절해서 한 가지 일도 성글고 염려되는 바가 없었다. 홍공은 그를 좌우 수족같이 여기게 되었다. 노군은 별군관(別軍官)으로부터 승급해서 오랫동안 근면한 것으로 선사포(宣沙浦) 첨사(僉使)가 되었다. 부임할 때 홍공이 감영 및 병영에 편지로 부탁을 해서 매사에 두호해 주도록 했다. 그러나 노군은 임기를 마치고 3년이 지나도록 한번도 홍공의 문하에 편지를 올려 문안을 드리지 않으니 사람들이 모두 그를 배은한 사람으로 의심하였다. 그가 임기를 마치고 돌아올 때 홍공께 배알하러 찾아가니 홍공은 흔연히 대접하였다.

별군관(別軍官) : 조선 시대에, 훈련도감·금위영·어영청·수어청 따위에 속한 하급 무관.
선사포(宣沙浦) : 지금 평안북도 서해안의 지명.
첨사(僉使) : 진영에 배치된 무관직. 동첨절제사(同僉節制使).

"그간 무고하였으며 녹봉의 소득이 얼마나 되느냐?" "소인이 사또의 은택을 입어 좋은 진(鎭)을 맡아서 3년의 수입으로 남양의 전토를 매득하였기로, 이제 족히 평생을 지낼 만하옵니다." 홍공은 "매우 다행한 일이로구나." 하고 기뻐하는데 노군이 이내 일어서서 하직을 고하는 것이었다. 홍공이 놀라 "네가 여기 와가지고 어이 머물러 있으려 않고 곧 돌아가려 하느냐?" 하고 묻자 그는 대답하기를 "소인이 정성을 바쳐 사또께 힘을 다하였던 것은 장차 구함이 있어서였사옵니다. 이제 소득이 바라던 바를 넘어 흡족하온데 다시 무엇하러 남아 있겠사옵니까? 이제 떠날까 하옵니다." 홍공은 할 말이 없어 허락하였다.

노군이 홍공의 문을 나설 때 누군가 그에게 은혜를 저버린데 대하여 책망을 하자 노군은 웃으며 말하였다. "내 어찌 모르겠느냐? 내가 대감의 문하에 있은 지 10여년이다. 여러 곳에서 보내오는 물건을 사또께서 어찌 전부 다 살피시겠느냐? 여간한 물건은 모두 우리 무리들의 소용이 된다. 내가 보잘것없는 진의 첨사로 비록 온 진의 힘을 기울여서 봉물을 올리더라도 겸종배들의 소유물밖에 되지 않을 것이매, 매우 긴치 않은 짓이라, 내가 하지 않는 바이다."

그는 남양으로 돌아가서 다시 소식이 없었다. 병신년에 홍공은 실각하여 고양(高陽) 문봉(文峰)의 선영 아래 은거하였다. 그때는 겸종(傔從) 가운데 하나도 모시고자 하는 사람이 없었다. 노군은 비로소 지팡이를 짚고 찾아가서 조석으로 모시며 시중을 들었다. 병환이 위중해지자 옆에서 간호하며 몸소 시탕(侍湯)을 하고 돌아가신 다음에는 직접 염습(斂襲)하고 입관하였다. 장사를 마치고 노군은 통곡하며 돌아갔다 한다.

<노동지>, 『이향견문록』 권3

병신년 : 영조가 죽고 정조가 즉위한 1776년으로, 홍봉한이 사도세자의 사건으로 정조에게 미움을 받아 실각되었던 해이다.
겸종(傔從) : 청지기. 양반집에서 잡일을 맡아보거나 시중을 들던 사람.

노동지(盧同知)라는 신의 있는 무인에 대한 이야기이다. 원래 『계서잡록』에 실려 있는 것을 『이향견문록』 권3에 옮겨 실었는데 위 인용문은 이를 국역한 것이다. 노동지에 관한 일화가 서사의 방법으로 진술되고 있다. 이 이야기는 몇 개의 사건으로 구성되었는데 그 안에서 인물의 행동, 시간적 추이, 사건이 지닌 의미 등을 추출해 볼 수 있다. 노동지가 어영청에서 5, 6명의 패장과 나졸을 때린 사건이나 홍봉한 앞에 끌려가서 심문 받는 사건에서 우선 인물의 '행동'을 살필 수 있다. 노동지가 주먹을 휘두르는 행동, 홍봉한의 물음에 대답하는 행동이 있기 때문이다. 또한 이 사건들은 노동지의 명석함이라는 '의미'를 드러내는 데 사용된 것이다. 그리고 홍봉한 은거 시와 사후에 극진히 모신 일(사건) 같은 것도 유기적으로 연계되어 노동지의 신의 있는 행동이라는 '의미'를 담는다. 한편 나졸을 때린 때를 출발점으로 하여 '시간의 추이'에 따라 인물의 행동 양상이 서술되고 있다. 이처럼 서사는 인물이 등장하여 시간적 추이에 따라 행동을 펼치는데, 이때 사건은 주제를 드러내기 위해 인과관계로 묶일 수 있는 의미 있는 것들이 된다.

확인 · 심화

1. 다음 이야기에서 주요 사건을 정리해 보고 정리한 사건들에서 행동, 시간, 의미의 3요소가 어떤 양상으로 나타나는지 확인하고 아래 표에 정리해 보자.

어느 날 밤, 파리가 꿀단지에 내려앉았다. 그 맛이 너무나 마음에 들어 가장자리를 따라 먹기 시작했다. 하지만 조금씩 가장자리에서 멀어져 가 단지 안으로 기어 들어갔고, 결국은 온 몸이 꿀에 달라붙은 것을 깨닫게 되었다. 다리도 날개도 꿀범벅이 되어 움직일 수가 없었다.

바로 그때, 날아가던 나방이 그곳에서 허우적대는 파리를 보고 말했다. "야, 바보 같은 파리야. 그렇게 움직이지 못하게 될 때까지 폭식한 거니? 그건 네 식욕이 과했다는 거야."

가엾은 파리는 한 마디도 하지 않았다. 하지만 이윽고 저녁 무렵이 되자 좀 전의 그 나방이 램프 주위를 어지러울 정도로 계속해서 날아다니는 것을 봤는데 그때마다 조금씩 불꽃에 가까워지더니 결국에는 불꽃 속으로 곧장 날아들어 타죽고 말았다.

"뭐야." 파리는 말했다. "너도 바보구나? 꿀에 정신 팔려 있다는 등 내 흠을 들추어내더니 그 정도의 지혜가 있어도 불놀이에서 널 지키지는 못했나 보지?"

	행동	시간	의미
사건 1			
사건 2			
…			

2. 신문에서 서사에 해당하는 기사를 찾아 발표해 보자.

5장 요약과 풀어 쓰기

요약과 풀어 쓰기의 개념을 설명하고 요약과 풀어 쓰기의 서술 방법을 소개하였다. 요약문 쓰기는 글 읽기에서 글쓰기로 나아가는 중간 단계로, 글쓰기의 기초다.

요약문의 종류와 방법

글을 쓰는 것의 출발점은 글을 읽는 것이다. 우리는 글을 읽으면서 글을 쓰는 것을 배운다. 이처럼 글 읽기에서 글쓰기로 나아가는 단계를 잘 보여주는 글쓰기가 요약문 쓰기이다. 요약문 쓰기를 통해 우리는 비판적이고 주체적인 글 읽기를 훈련할 수 있으며, 이를 기반으로 한 글쓰기 과정을 체험할 수 있다. 요약문은 글 읽기를 완성하고 이를 주체적으로 다시 새로 쓰는 과정이기 때문이다.

개괄(summary), 초록(abstract), 대의(precis), 개요(digest), 풀어 쓰기(paraphrase), 개요(resume)가 모두 요약문과 관련된 단어다. 이들이 각각 분명하게 구분되는 것은 아니지만 글의 이해와 글쓰기에 활용되기 위해 다양한 형태의 요약문이 가능하다는 것을 알 수 있다. 대체로 이들은 축소형 요약, 중점형 요약, 창조형 요약으로 나뉘기도 한다.

풀어 쓰기(paraphrase)를 바꿔 쓰기, 혹은 의역 · 환언적 요약이라고 부르기도 한다.

① 축소형 요약 - 줄거리 요약
② 중점형 요약 - 요점 파악하기, 중심어 찾기, 주제 찾기
③ 창조형 요약 - 감상하기, 비평하기

요약문의 용도나 형태에 따라서는 다이제스트형, 요점 메모형, 초록형, 표현 인용형, 서평형, 도표형, 비망록형, 재정리형으로 구분하기도 한다. 이러한 모든 요약문과 관련된 표현들과 요약문의 종류는 요약문 쓰기의 방법에 따른 차이를 보여주지만 엄

격하게 구분되는 것은 아니다. 서로 중첩되기도 하고 서로 다른 요약하기의 방식으로부터 도움을 받기도 한다. 이 단원에서는 요약문을 편의상 요약(summary)과 풀어 쓰기(paraphrase)로 나누어 알아보도록 하겠다. 요약(summary)과 풀어 쓰기(paraphrase)는 요약문 쓰기의 가장 기본적이며 대표적인 방법으로 글을 잘 쓰는 필자가 되기를 원하는 사람이라면 반드시 숙지해야 할 서술 방법이다.

두 방법 모두 적절하게 다른 사람의 글을 인용하거나 리뷰하기 위해서도 꼭 필요한 글쓰기다. 대학에서도 많은 보고서들이 요약문 쓰기를 요구한다. 발표를 위해 자료를 읽고 정리할 때도 요약문 쓰기를 통해 발표문을 작성할 수 있다. 글 전체가 요약문이 아니라 하더라도 요약하기의 방법이 필요하지 않은 글은 없다고 해도 과언이 아니다. 요약(summary)과 풀어 쓰기(paraphrase) 모두 원문에 대한 이해를 전제한다. 유능한 필자라면 자신이 쓰고자 하는 글의 내용과 성격에 따라 전략적으로 더 유용한 방식을 선택해서 원문을 다시 쓸 수 있어야 한다.

요약문 쓰기가 필요한 또 다른 이유들

대학에 와서도 요약문을 써야 하나? 이런 질문은 두 가지를 전제한 것이다. 하나는 요약문은 쉬운 글이라 더 이상 배우지 않아도 된다는 것이고, 다른 하나는 요약문은 중요하지 않다는 것이다. 과연 그런가? 글쓰기에서 요약문의 중요성은 이미 앞에서 다룬 바와 같다. 그러나 그 외에 학문 탐구의 전당인 대학에서 요약문 쓰기가 필요한 또 다른 이유를 기억하자. 그것은 요약문을 통해 학문의 내용을 배울 뿐 아니라 학문 공동체의 글쓰기 관습을 익히게 된다는 점이다.

예를 들어 영문학을 전공하는 학생이 있다고 하자. 그는 영문학 관련 텍스트를 읽은 후 요약문을 쓰는 과제를 수행한다. 원문의 이해를 전제한 요약문의 특성상 그는 이 과제를 통해 일차적으로는 자신이 읽은 영문학 관련 지식을 좀 더 잘 이해할 수 있게 된다. 그런데 그는 원문을 잘 이해하기 위해 원문의 어휘에서부터 문장 구조, 글의 구조 등 원문의 표현 방식에 주목하게 되고 그것을 습득하는 과정을 거친다. 그는 자신이 전공하게 될 영문학계의 글쓰기 방법 즉 학문 소통의 방법까지도 익히게 되는 것이다. 이를 요약문으로 쓰면서 그는 영문학 지식과 그 지식을 표현한 영문학계 글쓰기 관습을 내면화 하여 자신의 언어로 기술하게 된다.

영문학 관련 텍스트와 식품 영양학 관련 텍스트의 서술 방식은 다르다. 요약하는 과정을 통해 우리는 해당 학문 분야의 지식 뿐 아니라 그 지식을 기술하는 글쓰기 방법 즉 소통의 방식을 배울 수 있다. 이러한 학문 분야별 소통의 방식을 익히지 못한다면 우리는 해당 학문의 전공자가 될 수 없다. 요약문 쓰기는 새로운 지식을 이해하고 그것을 소통하는 방법을 훈련할 수 있는 좋은 방법이다. 이것이 대학생에게도 요약문 쓰기가 여전히 필요한 중요한 이유의 하나다. 이해하기 어려운 전문 서적들을 읽고 요약문을 써 보자. 어느 순간 당신도 전문적인 지식의 내용 뿐 아니라 당신이 읽었던 전문가들의 언어를 구사하고 있을 것이다.

이 외에도 요약의 능력과 기술은 사회 활동을 위해서도 중요하다. 현대는 지식 정보화 사회다. 그럴수록 더욱 필요한 능력의 하나가 요약 능력이다. 수많은 정보와 넘쳐나는 지식 중에서 유익한 것을 선별하여 그 핵심을 파악하고, 이를 자신의 목적에 맞게 재조직할 수 있는 요약 능력을 통해 우리는 정보의 흐름에 맹목적으로 끌려다니지 않으면서도 타인과의 건전하면서도 원활한 정보 교환을 해 나갈 수 있을 것이다.

또한 요약은 상대의 주관이나 정보, 자료를 논리적으로 포착하는 능력이며 상대방의 개성을 지적(知的)으로 이해하는 힘이다. 때문에 요약은 단순히 정보를 정리하는 것이 아니라, 대인관계에서 상대방의 주관, 논지, 개성을 논리적으로 파악하는 의사소통 기술을 포함한다.

1. 요약(summary)

평상시 글을 읽을 때마다 요약하는 습관을 들이자. 글의 내용 이해에 도움이 될 뿐 아니라 글쓰기 향상에도 도움이 된다.

요약이란 원문을 이해한 뒤 원문을 압축하는 서술 방법이다. 그러나 단순히 원문을 짧게 서술한 것이 아니다. 글의 길이를 줄이는 것보다 더 중요한 것은 원문에 대한 정확한 이해와 이를 기반으로 한 원문의 핵심 내용, 즉 요지를 간결하게 다시 쓸 수 있는 글쓰기 기술이다. 원문의 일부를 여기저기 발췌하여 짧게 서술했다고 해서 요약이 될 수는 없다.

원문의 요지를 파악하는 능력이 글 읽기에서 온다면 이를 짧게 기술하는 능력은 글쓰기와 관련이 깊다. 이 두 능력이 충족되어야만 요약이 가능하다. 또한 같은 원문이라 하더라도 요약하는 사람에 따라 요약문은 차이가 있다. 때문에 요약도 원문을 단순 모방하는 글이 아니라 필자 자신의 주체적이고 창조적인 글쓰기의 하나이다.

기본적인 방법

요약을 하기 위해서는 원문에 나타난 글의 목적과 성격을 파악해야 한다. 예를 들어 원문이 어떤 사실이나 이론을 설명하는 글인지, 혹은 주장과 근거를 중심으로 전개되는 논증적 글인지를 파악할 필요가 있다. 글의 성격과 목적에 따라 요약문의 기술 방식이나 내용도 달라질 수 있기 때문이다. 일반적으로 요약문을 쓸 때 다음과 같은 사항들을 원문에서 파악하는 것이 필요하다.

· 글의 성격과 원문의 전체 구성
· 단락의 핵심어, 소주제문
· 주제
· 논거
· 결론
· 원문 저자의 의도와 목적 파악

이를 파악하고 요약문을 쓰기 위해 일반적으로 다음과 같은 단계를 거친다.

① 원문 통독
② 저자의 의도 파악
  - 저자는 무엇에 관해 말하고 있는가?(대상)
  - 저자는 그것에 관해 무엇이라고 말하고 있는가?(주장/요지)
  - 저자는 왜 그렇게 말하고 있는가?(근거)
③ 저자의 의도와 메시지를 압축하여 요약문 작성
④ 원문과 요약문을 보고 확인 수정

위에서 ①과 ②가 글을 읽고 이해하는 단계라고 한다면 ③과 ④는 자신의 글로 압축하여 쓰는 단계다. ①원문을 통독할 때는 긴장하지 말고 한번 읽어본다는 생각으로 가볍게 읽는 게 좋다. 너무 긴장하고 읽을 경우, 글의 성격이나 분위기를 파악하는 것에 장애가 된다. 한번 통독한 후 다시 읽으면서 ②에서는 질문을 하면서 그 질문의 답을 찾는데 이 과정에서 메모를 하거나 구조도를 그려보는 것이 효과적이다. 이를 '형식적 요약'이라고 부르기도 한다. ③요약문을 작성할 때는 원문을 보지 않고 요약하는 것이 좋다. ②에서 메모했던 사항들을 토대로 쓰되 가능한 짧게 쓴다. 만약 요약의 분량이 정해져 있다면 분량을 고려해서 써야 한다. 보통 예나 일화, 부연 부분은 생략한다. 원문을 보지 않고 요약해야 자신의 말로 표현하기 쉽다. 원문을 볼 경우 원문에 있는 표현을 그대로 옮겨오는 경우가 많기 때문이다. ④요약문을 모두 작성한 후에는 원문과 요약문을 다시 검토하면서 오독하거나 잘못 요약한 것은 없는지를 확인하고 수정하여 요약문을 완성한다.

설명하는 글의 요약

어떤 사실이나 이론을 설명하는 글이라면, 저자의 입장이 무엇인지, 저자가 무엇을 의도하는지, 무엇에 대해서 설명하는지, 배경은 무엇인지, 핵심 요지는 무엇인지, 독자에게 어떻게 수용될 것인지 등을 고려해서 읽고 요약해야 한다. 따라서 사실이나 이론을 설명하는 글의 요약은 다음과 같은 사항들을 확인하고 기술한다.

① 저자의 의도와 입장을 파악한다.
② 설명하고자 하는 대상을 파악한다.
③ 설명하고자 하는 대상과 관련된 배경 내용을 확인한다.
④ 설명하고자 하는 대상을 설명하는 방식을 파악한다.
⑤ 독자에게 저자의 설명이 어떻게 수용되는지를 파악한다.

이를 다음과 같은 표로 정리하는 것도 도움이 된다. 이 같은 표가 '형식적 요약'이다. 평상시 중요한 글을 읽을 때 형식적 요약이나 간단한 메모라도 작성해 놓으면 요약문을 쓰기가 수월하다.

원문이 설명하는 글인 경우, 요약의 기본 구조는 다음과 같다. 저자의 목적과 의도는 무엇이며, 그 대상을 설명하는 요지는 A이다. A를 설명하기 위해 B라는 배경지식을 사용하여, C와 D의 이유를 들어 진술하고 있다.

· 설명하는 글의 형식적 요약

저자명/필자명			
서 명		글의 제목	
출 판 사		출판 연도	
저 널		발 행 일	
날 짜		기 타	
저자의 의도			
저자의 입장			
설 명 대 상			
배 경			
핵 심 요 지			
독 자 수 용			

논증하는 글의 요약

주장을 펼치는 글, 논증의 글이라면, 주장과 근거를 주축으로 요약해야 한다. 논증을 구성하는 기본 전제, 숨은 전제, 중간 결론, 최종 결론을 파악하고 이를 구조화하면서 요약하는 것이 효과적이다. 또 저자의 주장과 논증이 타당한지, 함축하는 바가 무엇인지 등을 파악하면서 요약하여야 한다.

이를 위해 먼저 결론 지시어를 찾아보거나, 이 글의 핵심 요지가 무엇인지를 확인하여, 결론을 찾아내야 한다. 그런 다음 결론을 뒷받침하는 직접적인 전제를 찾는다. 이는 중간 결론일 수도 있다. 이 단계에서 요약을 시도하지 말고 최종 결론을 직접적으로 뒷받침하는 한두 가지의 전제에 집중한다. 그런 다음 최종 결론과 그 결론을 뒷받침하는 진술을 재구성하여 표현한다. 논증하는 글의 요약도 글을 읽고 이해하는 과정에서 형식적 요약을 하거나 메모 또는 논증 구조도를 그려 보는 것이 좋다.

원문이 논증적 글인 경우, 요약의 기본 구조는 다음과 같다. "이 글이 말하고자 하는 요지는 A이고(최종결론) 이 결론의 근거는 B(중간결론1)와 C(전제) 및 D(중간결론 2)와 E(전제)이다." 또는 "이 글의 요지는 A이고, 그 주장의 근거는 첫째 B, 둘째 C, 셋째 D이다."

· 논증하는 글의 형식적 요약의 예 ①

저자명/필자명			
서 명		글의 제목	
출 판 사		출판 연도	
저 널		발 행 일	
날 짜		기 타	
저자의 의도			
저자의 입장			
결 론			
중 칸 결 론			
전 제 들			
논 증 구 조			
논증의 평가			

· 논증하는 글의 형식적 요약의 예 ②

문제	
핵심어	
근거	
주장	
배경	
관점	

형식적 요약은 형식이 일률적으로 정해져 있지는 않다. 요약하는 사람이 원문의 내용과 성격을 고려하여 형식을 정할 수 있되 위의 형식적 요약을 참고하라.

확인 · 심화

1. 다음 글을 읽고 형식적 요약을 만들고, 이를 바탕으로 요약문을 작성해 보자.

글쓰기 교육이 경쟁력

미국 대학 경쟁력의 뿌리도 글쓰기다. 안식년으로 하와이 대학에 온 지 1주일도 안 돼 새삼 깨우치게 된 사실이다. 이러한 생각을 하게 된 계기는 소니아 소토마요르 판사의 강연회였다. 그녀는 오바마 대통령이 처음 자기 손으로 임명한 대법원 판사다. 중남미계 소수민족 출신으로 뉴욕의 저소득층 지역에서 성장했다. 성공의 길은 명문 프린스턴 대학에 진학하며 열리기 시작했다. 그녀는 최우수 학생으로 프린스턴대를 졸업하고, 예일대 로스쿨에 장학금을 받고 진학한다. 그 뒤 2009년 대법원 판사가 되기까지 엘리트 법조인의 길을 걸어왔다.

그녀의 강연은 C-SPAN 채널을 통해 접할 수 있었다. C-SPAN은 미국 케이블 회사들이 제공하는 공익채널이다. 의회나 백악관, 국무부 등의 중요행사를 편집 없이 중계한다. 또 공공성이 강한 토론회나 학술행사, 저자의 강연회 등도 광고 없이 내용 전체를 방송한다. 소토마요르 판사의 강연은 지난달 29일 일요일에 방송됐다. 그녀가 덴버 대학 로스쿨을 방문해 학생들과 질문 · 응답한 1시간짜리 행사가 그대로 C-SPAN에 방송됐다. 한 학생이 강연 끝 무렵에 미국 대학생들에게 해주고 싶은 얘기를 물었다. 소토마요르 판사의 답변은 간결했다. 글쓰기 공부에 더 많이 노력하라고 했다. "나는 고등학교 때 학교 토론팀 대표였습니다. 변호사를 하면서 법정 변론도 잘했습니다. 그러나 정말 중요한 것은 글입니다. 판사의 마지막 판결은 변호사가 써낸 변론문이 결정하는 경우가 많습니다." 소토마요르 판사의 말이다. 그녀는 법정 변론을 잘해도 최종 변론문이 나쁘면, 결과가 나쁠 수 있다는 설명을 덧붙였다. 프린스턴 대학 시절 경험도 얘기했다. 1학년을 지내며 다른 학생들보다 글쓰기 능력이 뒤진다는 사실을 느꼈다. 그녀가 스스로 내린 처방은 기초부터 다시 공부하기였다. 2학년으로 올라가기 전 여름방학을 몽땅 글쓰기 공부에 바쳤다. 철자법과 문법의 허점을 다진 뒤, 자신감이 커졌다는 게 그녀의 설명이었다.

이곳에서 고등학교에 다니는 둘째아이를 보면서도 미국 학교가 글쓰기를 강조하는 사실을 절감한다. 둘째아이는 오후 4시쯤에 집에 오면 잠시 숨을 돌리고는 12시 넘어까지 여러 과목 숙제를 해야 한다. 그런데, 수학, 음악을 뺀 거의 모든 숙제가 글쓰기 과제다. 이번 주 영어 과제는 밀란 쿤데라의 작품에 관한 내용이었다. '참을 수 없는 존재의 가벼움'에 포함된 '영원한 회귀' 개념에 대한 학생의 생각을 정리한 짧은 에세이를 써야 했다. 역사 과목은 미국 독립혁명에서 강조된 '공화주의'를 설명하는 한 쪽짜리 글이었다. 심지어 생물 과목도 진화론과 창조론을 대비시켜 토론하는 글쓰기 과제를 부과했다. 각 과목 교사들의 강의 계획서를 보면, 표절에 대한 경고가 모두 포함돼 있다. 매주 제출된 보고서들은 주말이면 평가 결과를 인터넷으로 통보해준다.

둘째아이는 매일 저녁 글쓰기 스트레스에 시달린다. 이제 개학한 지 3주가 지났으니, 갈 길이 멀다. 그러나 그 과정을 곁에서 지켜보며 미국 교육이 글쓰기를 얼마나 중요시하는지를 분명히 느낀다. 지난 주말 뉴스 가운데, 미국 교육장관이 미국 수능에 선택형 객관식 문제를 출제하지 않도록 연구시키기 위해 거액의 예산을 배정했다는 기사가 있었다. 스스로 생각하고 판단하는 능력을 검증하겠다는 취지로 역시 글쓰기 식 접근이 강화된다는 뜻이다. 이런 상황을 보면, 우리 현실이 걱정스럽다. 우리의 학교 교육은 논술을 빼면 글쓰기 요소를 찾기 어렵다. 논술도 시험용으로 지나치게 정형화돼 있고, 그나마 학교가 아니라 학원이 주도한다. 우리도 소토마요르 판사 같은 다양한 분야 지도자들이 글쓰기를 강조하는 문화가 자리 잡았으면 좋겠다. 그래야 교육이 바뀔 수 있다.

이재경, ≪세계일보≫, 2010. 9. 10.

2. 풀어 쓰기(paraphrase)

풀어 쓰기(paraphrase)란 요약문의 일종으로 원문 본래의 의미는 그대로 유지하면서 필자의 언어와 구조와 문체를 사용하여 원문을 새롭게 표현하는 것이다. 즉 원문의 내용을 이해한 다음 자기 나름의 말로 표현하는 것이 풀어 쓰기이다. 이처럼 풀어 쓰기(paraphrase)는 원문의 내용을 자기화해서 재서술한다는 점을 강조한다. 풀어 쓰기를 보통 '바꿔 쓰기'라고 부르기도 한다. '원문을 풀어서 다시 쓴다', '원문을 고쳐서 다시 쓴다' 라는 의미로 부친 용어이다.

요약하기 중에서 풀어 쓰기를 하기 위해서는 원문을 정확하게 읽고 요약한 다음 이를 자기화하여야 한다. 즉 자기 말로 완전히 소화한 후, 자신의 관점과 이해를 바탕으로 평가하여 재서술하는 것이 풀어 쓰기이다. 원문을 이해한 후 핵심 요지를 압축하여 가능한 원문 그대로 서술하는 것이 요약(summary)이라면 이를 재구조화해서 서술하는 것이 풀어 쓰기(paraphrase)라 할 수 있다. 풀어 쓰기는 글에서 필자가 자신의 주장에 대한 근거가 필요할 때 유용하다. 때문에 간접 인용에서 흔히 볼 수 있으며, 외부 정보를 자신의 글에 적절하게 활용할 수 있도록 도와주는 서술 전략이다. 이때 필자는 다른 사람의 글에서 다룬 내용과 그것에 대한 논의를 자신의 글 안에서 통합할 수 있어야 한다.

관점의 확립과 교체를 통한 재서술

풀어 쓰기도 일차적으로 앞서 소개한 요약(summary)의 방법을 따른다. 형식적 요약을 작성하는 것도 풀어 쓰기에 도움이 된다. 그러나 풀어 쓰기는 재서술을 위해 요약(summary)보다 더 적극적인 해석 과정을 거쳐야 한다. 그래서 필요한 것이 관점의 확립이다. 원문의 내용을 왜곡하지는 않되 자신의 관점으로 원문을 다시 써야 한다. 즉 다른 사람의 아이디어나 주장을 자신의 관점에서 새로운 표현으로 고쳐 쓰는 것이 풀어 쓰기(paraphrase)이다.

풀어 쓰기는 단어, 문장, 문단 수준에서 각각 고쳐 쓸 수 있다. 단어나 문장을 다른 단어나 문장으로 교체하는 것은 비교적 쉬운 풀어 쓰기 방법이다. 보통 풀어 쓰기의 기준은 문단이다. 문단 수준의 풀어 쓰기는 외부 자료를 자신의 글에 이용할 때와 자기의 글을 고쳐 쓸 때 모두 가능하다.

문단 수준의 풀어 쓰기를 할 때는 제일 먼저 중심 문장 즉 주제문을 확인하도록 하

자. 이를 중심으로 사소하거나 불필요한 내용은 삭제한다. 중요하더라도 반복되는 부분은 삭제하며, 항목 목록은 상위어로 대체한다. 주제문이 있으면 이를 선택하며, 없으면 스스로 구성한다.

상보적 관계, 풀어 쓰기와 요약

요약과 풀어 쓰기는 둘 다 요약문 쓰기에 속한다. 다른 요약문의 종류들과 마찬가지로 요약문 작성 과정에서 요약과 풀어 쓰기는 서로 부족한 부분을 보충한다. 그래서 이 둘을 제대로 구분하지 못하는 사람들도 많다. 요약과 풀어 쓰기는 요약문 작성 과정에서의 차이 뿐 아니라 요약문 작성 결과에 따라 구분한 것임을 기억하자. 요약문 작성 과정에서는 둘 다 상대편의 방법을 필요로 한다.

원문보다 짧게 압축한 요약은 그 과정에서 풀어 쓰기의 도움을 받을 수 있다. 부분 발췌나 단순 요약이 아니라면 필자의 관점을 이용해야 하며, 원문의 문장을 그대로 옮겨오는 것은 좋지 않기 때문이다. 요약 역시 원문의 주제를 자신의 언어로 짧게 줄이는 것이므로 풀어 쓰기의 기술을 이용할 필요가 있다. 마찬가지로 풀어 쓰기도 요약문 작성 과정에서 원문의 핵심을 이해하고 기술하는 요약 방법을 전제한다.

요약(summary)과 풀어 쓰기(paraphrase)는 모두 주어진 글에 대한 충분한 이해를 전제로 한다. 즉 글의 내용을 충분히 자기 것으로 소화했을 때만 이를 바탕으로 요약을 하거나 풀어 쓰기를 할 수 있다. 단순 요약을 할 때는 이해한 내용의 가장 핵심적인 부분만을 압축하여 서술하는 반면 풀어 쓰기를 하는 경우에는 구체적인 설명을 덧붙일 수 있다.

<요약과 풀어 쓰기 비교>

	요약	풀어 쓰기
문장 길이	원문보다 짧다.	원문과 비슷하다.
단어	원문과 다르다.	원문과 다르다.
문장 구조	원문과 다르다.	원문과 다르다.
의미	원문의 의미가 있지만 주제만 포함한다.	원문의 의미가 그대로 있다.
원문 출처	밝혀야 한다.	밝혀야 한다.

요약문 점검 사항

서평에서 책의 내용을 소개할 때, 혹은 어떤 책이나 논문에서 간접 인용을 할 때 반드시 요약이나 풀어 쓰기를 해야 한다. 요약과 풀어 쓰기는 다른 사람의 견해를 자기 글에 '인용' 할 때 이용되는 중요한 방법 중 하나다. 요약문을 모두 쓴 후에는 다음 사항들을 점검해보자.

· 원문을 정확히 이해하고 원문의 소주제문을 중심으로 요약하였나?
· 원문의 일부를 그대로 베껴 쓰지 않았는가?
· 요약문은 원문 없이도 독립적으로 완전한가?
· 원문 내용과 자신의 의견이 잘 구분되는가?
· 풀어 쓰는 과정에서 원문을 왜곡하거나 비약한 것은 없는가?
· 원문을 모르는 독자도 원문을 이해할 수 있으며,
원문과 자신의 글의 차이를 인식할 수 있도록 기술하였는가?

확인 · 심화

1. 다음 글을 읽고 ①형식적 요약을 한 후 ②요약과 ③풀어 쓰기 각각의 요약문을 작성하자. ②와 ③의 요약문을 비교해 보자.

원래 사랑은 특정한 사람과의 관계가 아니다. 사랑은 한 사람과, 사랑의 한 「대상과」의 관계가 아니라 세계 전체와의 관계를 설정하는 「태도」, 곧 「성격의 방향」이다. 어떤 사람이 다른 한 사람만을 사랑하고 나머지 동포에게는 무관심하다면, 그의 사랑은 사랑이 아니라 공서적 애착(共棲的 愛着)이거나 확대된 이기주의이다. 그럼에도 불구하고 대부분의 사람들은 사랑은 능력에 의해서가 아니라 대상에 의해서 성립된다고 믿고 있다. 사실상 그들은 심지어 그들의 「사랑을 받는」 사람을 제외하고는 어느 누구도 사랑하지 않는 것이 그들의 사랑의 강렬함을 입증하는 길이라고 믿고 있다. 이것은 위에서 말한 바와 같이 동일한 오류이다.

사랑은 활동이며 영혼의 힘임을 알지 못하기 때문에 사람들은 필요한 것은 단지 올바른 대상을 찾아내는 것이라고 믿고 있으며 따라서 그 밖의 일은 모두 저절로 뒤로 물러난다. 이 태도는 그림을 그리고 싶어 하면서도 기술은 배우지 않고, 올바른 대상만을 고르면서 이 대상을 찾아내면 아름답게 그릴 것이라고 주장하는 사람의 태도와 비교할 수 있다. 만일 내가 참으로 한 사람을 사랑한다면 나는 모든 사람을 사랑하고 세계를 사랑하고 삶을 사랑하게 된다. 만일 내가 어떤 사람에게 「나는 당신을 사랑한다」고 말할 수 있다면, 「나는 당신을 통해 모든 사람을 사랑하고 당신을 통해 세계를 사랑하고 당신을 통해 나 자신도 사랑한다」고 말할 수 있어야 한다.

에리히 프롬, 『사랑의 기술』

2. 다음 글을 읽고 아래 제시된 활동을 하자.

제목 : ______________________

언제부턴가 사랑 이야기를 담은 대중음악을 듣거나 영화를 보면 눈물을 흘리곤 한다. 예술과는 거리가 먼 유치한 이야기에 등장하는 상처받은 자의 마음이 쉽게 내 것이 된다. 고통에 대한 연민과 공감 때문이 아니라, 누구와도 공유할 수 없는 나만의 상처를 소독하기 위해서일 것이다.

돌이켜보면 오래 눈물을 흘리지 않았다. 자신을 부정해야 할 만큼 깊은 상처가 나에게 없었던 것이다. 이기는 길만 찾아왔을 뿐 제대로 지는 방법을 배우지 못했다. 어릴 적부터 큰 노력 없이 주변으로부터 인정받으며 살 수 있었던 행운이 뒤따랐기 때문이다. 그러나 누구에게도 말할 수 없는 상처가 내게도 찾아왔다. 늦었지만 너무 늦지 않은 시간에.

지는 것을 배우는 과정은 영혼에 깊은 상처를 남긴다. 스스로를 부정하지 않으면 강요당한 자기상실을 감내해야 하기 때문이다. 자기 부정만이 자기 긍정의 유일한 길인 셈이다. 그 길이 어둡고 외롭다고 회피할 때 남은 선택은 비굴한 변절 아니면 죽음뿐이다. 성공한 사람들의 자살이나 한때 정의를 외쳤던 사람들의 변절은 어쩌면 쉽게 이해할 수 있다. 지는 것을 배우지 못해서다.

모든 비극은 가장 소중한 사람이 받은 상처조차도 함께할 수 없는 인간의 한계에서 비롯된다. 기억과 연상을 통해 머리나 심장으로 타인의 고통을 이해할 수는 있다. 그러나 몸으로 해야 하는 체험은 불가능하다. 다른 사람과 한 몸이 될 수 없는 한, 상처는 온전히 나만의 것이다. 더구나 진정한 상처는 누구에게도 말할 수 없는 것이다. 오직 상흔을 껴안고 자기 부정을 감행한 사람만이 타인과 몸으로 만날 수 있다.

모든 상처는 사람과의 관계에서 생긴다. 관계가 깊어지면 상처도 깊어진다. 그래서인가? 나이가 많을수록 엷은 형식적 관계에 만족하는 것을 삶의 지혜로 여기는 사람이 많다. 몸으로 함께 하는 만남과 소통을 처음부터 포기한 이들에게 사랑이 찾아올 수 없으며 그 덕에 상처도 없을 것이다. 남은 것은 꽉 짜인 기능적 연관관계뿐이다. 부모와 자식, 선생과 학생, 남편과 아내, 선배와 후배, 상사와 부하, 자본가와 노동자만 있고 사람은 없다. 각자의 역할과 기능만 있을 뿐 삶의 의미와 자유는 없다. 상처받지 않으려 한 쪽은 권위를 앞세우고, 다른 쪽은 생각을 멈춘다. 지는 것을 모르는 사회에서 진정한 사랑이 불가능한 이유다.

벌써부터 대학 캠퍼스가 새내기들을 위한 갖가지 행사로 요란하다. 선배들이 마련한 모임에 명찰을 달고 이리저리 몰려다니는 새내기들을 보면 내 마음도 어느새 분주해진다. 가정과 학교에서 오직 이기는 법만 배워 온 학생들은 크게 두 부류로 나뉜다. '이겼다!'는 말로 자기최면을 걸며 끝없는 자부심으로 뭉친 학생이 있는가 하면, '졌다!'는 자괴감 때문에 열등의식에 사로잡힌 학생이 있다. 그런데 이들이 품고 사는 자부심이나 열등의식에는 그럴법한 이유나 근거가 없다. 부모나 선생, 그리고 이 사회가 강요한 성공 이데올로기의 잔여일 뿐이기 때문이다.

이유 없는 자부심과 열등의식의 노예상태에서 벗어나지 못한 학생들은 대학에서 자유의 이념과 학문의 정신을 누릴 수 없다. 그들에게 대학이 줄 수 있는 것은 높낮이가 분명한 학벌뿐이다. 이들은 결국 자기 부정은 하지 않고 타자만 부정하며 오랫동안 이 땅을 지배해 온 변절의 달인들처럼 성장할 것이다. 올해의 새내기들이 지는 것을 배우기 위해 누군가를 그리고 학문을 맘껏 사랑했으면 한다. 자유인에게 다른 사람을 사랑하는 일과 진리를 사랑하는 일은 한 쌍이다. 상처 없이는 사랑도 없다는 것을 알게 될 때 그들은 눈물 속에서 자유를 볼 것이다.

박구용 / 전남대 교수·철학, ≪한겨레신문≫, 2007. 2. 27.

① 이 글은 정보를 전달하기 위한 글인가, 독자를 설득하기 위한 글인가?

② 이 글에서 핵심어(핵심 표현), 매력적인 표현을 찾아보자.

③ 이 글의 독자는 누구인가?

④ 이 글에서 화제와 주제는 무엇인가?

⑤ 이 글의 제목을 정하고, 그 이유를 설명해보자.

⑥ 이 글의 요약문을 써 보자.

6장 문장과 단락

이 단원에서는 글의 구성요소로서의 문장과 단락에 대해 학습함으로써, 자신의 생각을 표현하는 데에 효과적으로 활용할 수 있도록 한다.

글은 단락으로 이루어져 있고, 단락은 문장으로 이루어져 있다. 이런 점에서 문장과 단락은 글의 구성 요소라고 할 수 있다.

따라서 한 편의 좋은 글을 쓰기 위해서는, 적절한 단어로 정확하고 문법적인 문장을 쓰고, 이러한 문장들을 엮어서 좋은 단락을 만들고, 그 단락들을 논리적으로 배열하는 것이 무엇보다 중요하다고 하겠다.

맞춤법은 좋은 글의 핵심 평가 요소라 하기는 어렵다. 하지만 맞춤법을 지킨 글은 좋은 인상을 준다는 점에서 맞춤법도 문장과 단락 못지않게 중요하다.

1. 문장

좋은 문장이란 문법적으로 정확하고 의미가 분명해서 필자가 표현하고자 하는 바가 잘 전달되는 문장이다. 특히 대학에서 작성하는 보고서와 같은 글에서는, 문학적으로 아름다운 문장보다 간결하고 정확한 문장을 쓰는 것이 훨씬 중요하다.

한 문장은 하나의 의미만 가져야 한다

문법적으로 문제가 없지만 의미가 분명하지 않은 문장을 쓰지 않는 것도 중요하다. 필자 스스로는 아무 문제가 없다고 생각하고 쓴 경우에도 독자 입장에서는 의미를 하나로 고정해서 이해하기 어려운 경우가 적지 않다. 필자의 입장에서가 아니라 독자의 입장에서 좋은 문장을 쓰고, 글을 쓰는 과정이나 다 쓴 후에 독자의 입장에서 다시 읽고 고쳐 쓰는 것이 필요한 이유이다.

갑돌이는 울면서 떠나는 갑순이의 뒷모습을 하염없이 바라보았다.
아빠는 엄마보다 널 더 사랑해.

중의문 : 문장의 구조 때문에 둘 이상의 의미를 가지는 문장.
모호문 : 필자의 의도, 맥락, 장면 때문에 둘 이상의 의미를 가지는 문장. 한용운의 시에서 "님은 갔습니다"는 중의문이 아니라 모호문이다.

위의 두 문장은 하나의 의미로 이해되지 않는 문장이다. 첫 문장은 우는 사람이 갑돌이인지 갑순이인지 확정되지 않는 점에서 중의문이다. 둘째 문장은 "아빠는 엄마와 너 중에서 너를 더 사랑해."의 의미로 해석될 수도 있고, "아빠와 엄마 중에서 아빠가 널 더 사랑해."의 의미로 해석될 수도 있다. 이처럼 하나의 문장이 둘 이상의 의미로 해석될 수 있는 것을 중의성(重義性)이라 하고, 중의성을 띤 문장을 중의문(重義文)이라 한다. 중의문은 필자의 의도와 상관없이 독자에게 혼란을 주는 것이므로 결코 바람직하지 않다. 특히 정확한 정보나 의도를 전달하기 위해서는 필자의 세심한 주의가 필요하다.

주어와 서술어가 적절하게 호응해야 한다

문장의 오류 가운데 가장 많이 나타나는 것으로 주어와 서술어의 호응이 적절하지 않은 경우가 있다. 주어와 서술어의 호응만 주의해도 문장 차원에서 생기는 오류를 상당히 줄일 수 있다.

그 사람이 눈앞에 닥친 문제에 대한 객관적 판단을 잠시 유보해 둔다고 해서 저절로 해결되기를 기대할 수는 없다.

훌륭한 독자는 위와 같은 문장을 읽고서 필자가 말하고자 하는 의도를 잘 파악할지도 모른다. 그렇다고 해도 문장 자체는 문법적으로 잘 구성된 것이 아니다. 큰 문장 속의 안긴문장인 '저절로 해결되기'의 주어가 무엇인지 분명하지 않기 때문이다. 문장 제일 앞에 있는 '그 사람이'는 문맥상 주어가 될 수 없다. 아마도 '문제'나 '상황' 정도가 주어가 되어야 할 것인데, 문장의 구조는 이를 적절히 담아내지 못하고 있다.

문장의 길이가 짧으면 주어와 서술어의 호응이 쉽다.

많은 경우에 주어와 서술어의 호응에서 문제가 발생하는 이유는 주어와 서술어의 거리가 멀기 때문이다. 즉 문장의 길이가 길기 때문에 주어와 서술어의 호응에 대한 문법성 판단이 어려워지는 것이다. 따라서 이러한 문제를 해결하는 좋은 방법 가운데 하나는 문장의 길이를 짧게 쓰는 것이라고 할 수 있다. 아름다운 문장보다 정확한 문장이 요구되는 대학 보고서 등에서는 더욱 그러하다.

문장을 간결하게 쓴다는 것이 주어와 서술어의 호응에서 발생하는 오류를 상당히 줄여 주기는 하지만, 그렇다고 해서 모든 문제가 근원적으로 해결되는 것은 아니다. 부득이하게 문장의 길이가 길어질 수도 있고, 문장의 길이가 짧다고 해서 이런 오류가 절대 발생하지 않는 것도 아니다. 따라서 항상 문장의 서술어를 확인하고, 그 서술어에 호응하는 주어가 정확히 문장 속에 표현되어 있는지 확인하는 것이 중요하다. 서술어를 중심으로 주어와 서술어의 호응 관계를 확인하는 습관을 가질 필요가 있다.

대등한 문장 성분끼리 접속해야 한다

필자는 머릿속에 표현하고자 하는 의도를 가지고 있기 때문에 문장의 오류를 알아채지 못하는 경우가 많다. 무의식적으로 문장 구조보다는 필자 자신의 의도에 더 관심을 기울이고 있기 때문이다.

최근의 연구 결과에 따르면, 이 약초는 간 기능 개선 효과와 신체 면역력을 높인다고 한다.

필자는 최근 연구 결과에 기대어 문제의 약초가 어떤 약효를 가지고 있는지 설명하고자 하는 의도를 가지고 있는 것으로 보인다. 독자의 입장에서 이런 의도를 읽을 수 있다면 큰 무리 없이 문장의 의미를 파악할 수 있을 듯하다. 하지만 이 문장은 비문법적이다. 현재의 문장은, '간 기능 개선 효과'와 '신체 면역력을 높인다'가 접속되어 있는 구조로 보이는데, 엄밀하게 말해서 '간 기능 개선 효과'와 '신체 면역력을 높인다'는 대등하다고 할 수 없다. 다음과 같이 적격한 문장으로 고쳐 보면 이러한 상황이 쉽게 이해된다.

최근의 연구 결과에 따르면, 이 약초는 간 기능을 개선하고 신체 면역력을 높인다고 한다.

최근의 연구 결과에 따르면, 이 약초는 간 기능 개선과 신체 면역력 증강에 효과가 있다고 한다.

꼭 필요한 문장 성분을 빠뜨려서는 안 된다

문장을 구성하고 있는 요소들 가운데에는 문장이 성립되기 위해 꼭 필요한 요소와 그렇지 않은 요소들이 있다. 주어, 목적어, 보어, 서술어 등은 문장의 필수적인 성분으로, 이러한 성분이 없으면 문장이 성립되지 않는 경우가 많다.

대부분 햇빛과 통풍이 잘 되지 않아 어둡고 습기가 가득했다.

필자가 전달하고자 하는 상황이 이해되지 않는 것은 아니지만, 문장에서 필수적인 성분이 빠져 있어서 문법적으로 부적격하다. 다음과 같이 고쳐 보면 의미가 더욱 분명해지는 것을 알 수 있다.

대부분 햇빛이 잘 들지 않고 통풍도 잘 되지 않아 어둡고 습기가 가득했다.

물론 '~지 않-' 구성이 반복되고 있어서 아주 자연스럽고 좋은 문장이라고 하기는 어렵지만 '햇빛'의 서술어가 보충되어 문법적으로는 적격한 문장이 되었다. 특별한 표현 효과를 노리는 것이 아니라면 동일한 구성을 피하는 것이 자연스러우므로, 이 문장을 다음과 같이 간결하게 고치면 더 좋은 문장이 된다.

대부분 채광과 통풍이 잘 되지 않아 어둡고 습기가 가득했다.

문장 안에서 의미가 중복되지 않아야 한다

보고서 등의 실용적 글은 군더더기 없이 간결할수록 좋다. 꼭 필요한 요소는 빠지지 않고 다 있어야 하고, 없어도 될 것 같은 요소는 없는 게 좋은 경우가 많다.

혹 기분이 나쁜 상황이라고 하더라도 공식적인 자리에서 자신의 감정을 밖으로 표출하는 것은 예의에 어긋난다.

이미 알고 있는 단어라도 내용상 중요한 단어라면, 국어사전에서 정확한 의미를 확인하는 습관을 기르자.

이 문장 역시 필자의 의도가 무엇인지 알 수는 있지만, 불필요하게 의미가 중복되는 부분이 거슬린다. '표출(表出)'은 "겉으로 나타냄"이라는 의미이므로, 그 앞에 '밖으로'라는 수식어가 필요하지 않다. 의미의 중복과 같은 문제 자체는 사소해 보이지만, 이런 작은 문제가 쌓여서 단락이나 전체 글의 가치와 효용을 떨어뜨릴 수 있으므로 유의할 필요가 있다.

문장의 길이는 짧을수록 좋다

문장 쓰기에서 발생하는 오류나 부자연스러움은 문장의 길이가 긴 것이 원인일 때가 많다. 주어와 서술어의 호응이나 문장의 접속에서 생기는 문제들이 그렇고, 필요한 성분이 없는 문제도 그렇다. 문장을 간결하게 쓰려고 노력하면 이런 문제의 많은 부분은 자연스럽게 해소된다. 또한 불필요한 성분으로 인한 의미 중복과 같은 문제도 피할 수 있다. 문장의 길이는 짧을수록 좋다는 생각을 유념하고, 실제로 글을 쓰는 과정에 적용한다면 좋은 글을 쓰는 데 많은 도움이 될 것이다.

'고쳐쓰기' 단계에서 긴 문장을 짧게 고쳐 보면, 많은 오류를 해소할 수 있을 뿐 아니라 의미가 좀 더 명확한 문장을 만들 수 있다.

확인 · 심화

1. 다음 문장의 오류를 찾아서 고쳐 써 보자.

① 이 난로는 그을음 예방과 열효율을 높이기 위하여 새로 개발한 난로이다.
② 필자의 이런 인식 배경에는 오랜 한국 역사에 대한 믿음이 있었기 때문이다.
③ 이때 발생하는 큰 문제는 경기가 침체되고 실업자와 빈곤층이 증가하게 된다.
④ 물론 맥베스의 영혼에 함정을 거는 마녀들의 예언은 운명에 던져졌다는 불가피한 느낌의 전율적인 효과를 주고 있다.
⑤ 요즘 아파트는 사회적 지위가 있는 사람들이 있는 동네로, 즐기는 오락은 골프로, 아이들은 비싼 브랜드의 옷과 고액 과외 공부로 자신들의 지위를 보여주려 한다.
⑥ 매우 많은 저서들에서 폴라니가 '인용'되고는 있지만, 대부분의 경우 몇몇 개념을 도구적으로 사용하거나 개별적으로 현대 사회의 분석에 적용하는 방식으로 활용되고 있다.
⑦ 학문의 분과화(分科化)에 따라 존재하는 현상의 성질이나 구조를 설명하는 과제는 제분과 학문에게 이양되고, 그러한 현상을 연구하는 제학문의 이론을 논리적으로 분석하는 것이 철학의 주된 임무라고 분석철학은 철학의 자기 규정을 한다.
⑧ 세계 경제 위기와 맞물려 증시 침체로 인한 직접 금융 조달이 어려워지면서 우리 기업들도 성장세가 주춤하고 있다.
⑨ 이러한 주장은 접근 방법이나 절차의 차이일 뿐 문제의 본질이나 핵심에서는 크게 차이가 없는 것이다.
⑩ 홉스는 1630년대 후반부터 본격적으로 철학 연구를 시작하였으며 자연철학의 발달에 의해 제기된 철학적 문제들과 갈릴레이에 영향 받은 새로운 과학의 방법으로 회의주의의 극복을 시도하였다.

2. 다음은 전체가 하나의 문장이기 때문에 읽고 의미를 파악하기가 쉽지 않다. 천천히 읽고 내용을 잘 이해한 다음 짧은 문장으로 나누어 고쳐 써 보자.

> 우선 다른 나라에 알려진 우리나라 전통 음식 중에는, 인터뷰와 설문 조사에서도 알 수 있듯이, 첫 번째로 김치가 있는데, 다른 나라에도 채소를 이용한 발효 음식이 많기는 하지만 김치는 발효가 된 이후에도 신선한 채소에 가까운 식감이 있을 뿐 아니라, 매운 맛을 가지면서도 동시에 김치 고유의 감칠맛이 있어서, 패스트푸드나 고지방 음식에 익숙한 외국인들이 한편으로는 그 담백하고 깊은 맛에 반하게 되는 면이 있고, 다른 한편으로는 건강에 좋은 발효 식품이라는 점에 매력을 느끼게 되는 면이 있기 때문에, 김치야말로 다른 어떤 전통 음식보다 세계화하기에 적절한 특성을 고루 갖추고 있는 전통 음식이라 할 수 있다.

2. 단락

단락을 시작하기 어려울 때에는 주제문을 먼저 제시하는 것이 편하다

단락은 핵심적인 의미를 담은 주제문과 이를 뒷받침하는 보조적인 문장들로 이루어지는 것이 보통이다. 이때 주제문이 단락의 어느 위치에 있느냐에 따라 단락의 구성을 두괄식, 미괄식, 양괄식으로 구분한다. 주제문이 단락의 앞에 있는 것을 두괄식 구성, 뒤에 있는 것을 미괄식 구성, 앞과 뒤에 있는 것을 양괄식 구성이라 한다. 필자에 따라, 그리고 단락의 내용이나 성격에 따라 자유롭게 구성을 선택할 수 있지만, 좋은 단락을 쓰기에 가장 쉬운 구성은 두괄식 구성이라고 할 수 있다. 먼저 주제문을 제시함으로써, 필자 스스로도 단락의 내용을 주제문에 맞추어 한정할 수 있고, 독자도 단락의 내용을 파악하기 쉽다는 장점이 있기 때문이다.

단락의 주제문은 구체적이고 명백한 진술이어야 한다

단락의 주제문은 단락의 핵심 내용을 담고 있어야 한다. 주제문만으로도 그 단락에서 필자가 말하고자 하는 바가 무엇인지 독자가 파악할 수 있는 것이 좋다. 따라서 주제문이 너무 포괄적이거나 일반적인 경우에는, 필자의 의도나 목적이 흐려지고, 독자 입장에서도 단락의 핵심을 정확히 파악하기 어려운 문제가 있다.

> 독서는 중요하다.
> 독서는 인성 발달에 중요한 역할을 한다.

가주제의 내용을 한정하고 구체화하여 진주제로 고친다.

대략 첫 번째 문장이 두 번째 문장의 내용을 포함하고 있다고 볼 수 있는데, 그만큼 첫 번째 문장은 너무 포괄적이어서 단락의 주제문으로 적절치 않다. 두 번째 문장처럼 구체적이고 명백한 내용이 드러나는 것이어야 단락의 주제문으로 쓰일 수 있다. 이처럼 구체적이고 명백한 진술이 주제문으로 제시되어야 단락의 나머지 부분, 나아가 다음 단락에 어떠한 내용이 전개될지 추론하기가 쉽다. 이는 필자의 의도가 독자에게 잘 전달된다는 의미이며, 역으로 독자가 필자의 의도를 쉽게 읽어 낸다는 의미이다.

단락의 주제문이 이러한 기능을 잘 수행하도록 하기 위해서는 가능한 한 진술되는 내용의 범위를 좁히는 것이 유리하다. 내용의 범위가 좁을수록 진술이 구체적이고 명백해지기 때문이다. 위에 든 예에서 보자면, 첫 번째 문장의 진술 대상은 '독서'이고, 두 번째 문장의 진술 대상은 '인성 발달 면에서의 독서'라고 할 수 있다. '독서'보다 '인성 발달 면에서의 독서'가 좁은 범위를 다루고 있음을 알 수 있다.

하나의 단락에는 하나의 주제만 있어야 한다

단락이 주제문과 뒷받침 문장으로 이루어진다는 말은, 하나의 단락 안에는 하나의 주제문만 있어야 한다는 말과 거의 같은 의미라고 할 수 있다. 이것은 단락의 본질적 성격과 관련되는 문제이다. 단락 안에 두 개의 주제문이 있다면, 그 단락은 한 단락으로 묶이는 것이 적절치 않기 때문이다. 즉 주제문을 중심으로 두 개의 단락을 구성하는 것이 적절하다는 것이다. 이와 같이 하나의 단락에는 하나의 주제만이 있어야 한다는 것을 통일성이라고 한다.

하나의 단락이 통일성이 있으려면, 뒷받침 문장들이 하나의 주제문을 중심으로 긴밀하게 잘 연결되어 있어야 한다. 주제문과 뒷받침 문장들이 서로 긴밀하게 연결되는 성격을 응집성이라고 한다. 단락 안에서 응집성을 확보하는 방법은 여러 가지가 있지만, 그 가운데 가장 유력한 것은 적절한 연결어를 사용하는 것이다.

> 홍부가 꿈꾸던 세상은 돈이 인간을 지배하는 세상이 아니라, 분명 인간 모두가 함께 잘 사는 대동(大同) 세계였으리라. <u>그러나</u> 그는 그 같은 세상을 보지 못하고 죽었고, 그 꿈은 아직까지도 실현되지 않고 있다. <u>그러기에</u> 홍부가 꿈꾸던 세상은 여전히 사람다운 세상을 소망하는 사람들 모두에게 '미완의 과제'로 남아 있다. <u>그리고</u> 우리에게도 꿈꿀 자유는 있다.
>
> 정출헌, 「홍부가 꿈꾸던 세상」 중에서

밑줄 친 연결어들은 앞 문장과 뒷 문장을 일정한 관계로 이어주어 응집성을 확보하고 있다. 물론 이 연결어들이 없다고 해서 전혀 응집성이 없는 것은 아니고, 다소 어색하지만 하나의 단락이 될 가능성은 여전히 있다. 하지만 연결어를 넣어서 읽을 때와 빼고 읽을 때를 비교해 보면, 적절한 연결어가 있음으로 해서 여러 문장들이 더 자연스럽게 연결되고 있음을 쉽게 알 수 있다.

확인 · 심화

1. 다음 예문이 의미를 선명하게 파악할 수 있는 글이라고 할 때 그 이유가 무엇인지 말해 보자.

스포츠가 제품으로서 갖는 특징을 알아보자.

첫째, 생산과 소비의 동시성이다. 스포츠라는 제품은 먼저 판매되어지고 그 다음에 생산과 소비가 동시에 발생한다. 제품이 동시에 생산되고 소비된다는 사실은 공급자와 소비자 간에 어떠한 상호의존적인 관계를 창조하게 된다는 것이다. 또한 스포츠 소비자는 생산자가 되기도 한다. 올림픽 개회식의 경우 참가한 관중이 함께 연출을 하거나 응원을 하면서 만들어 내는 경기장의 모습은 소비자가 생산자가 되는 것을 나타내는 것이다.

둘째, 소멸성이다. 프로 야구 경기 시작이 한참 지났다면 티켓을 구입하는 사람이 없을 것이고 권투 경기의 끝이 다가오면 주최 측은 티켓을 팔기 위해 노력하지 않는다. 그때그때 상품을 팔 수 있는 시간이 있고 한번 그 시기를 놓치면 제품도 없어지며 영원히 소멸되어 버린다. 스포츠 제품은 재고 자산으로 저장해 둘 수 없다. 그래서 무형적인 제품을 판매하는 스포츠 마케팅에서는 판매되지 않는 상품을 보호하기 위하여 몇 가지의 마케팅 전략을 개발하여야 한다.

셋째, 비예측성과 비일관성이다. 우리는 빅 스포츠 이벤트를 앞두고 전문가들이 앞을 다투어서 승리를 예견하는 것을 볼 수 있다. 물론 맞아떨어지는 수도 있지만 대부분 정확한 예측을 할 수 없다는 것이 스포츠의 비예측성이다. 전날 내가 게임에 지더라도 오늘은 이길 수 있을 것 같고 전날 우리 팀이 승리하더라도 오늘은 이긴다는 확실한 보장은 없기에 경기장에 팬들이 지속적으로 찾아오는 것이다. 이것이 바로 스포츠 제품이 갖는 비일관성이다.

현대 사회가 성장하면 할수록 스포츠를 즐기는 인구는 늘어날 것이다. 그렇게 되면 제품에 대한 일반인의 필요성은 더욱 부각되어 시장이 확대되어 나갈 것이다. 따라서 지속적인 노력과 함께 선진화된 스포츠 제품의 특성을 잘 배우고 익혀 성공적인 마케팅 전략을 펼쳐야 한다.

2. 다음 글은 단락 구분이 되어 있지 않다. 글을 잘 읽은 다음 단락 구분을 해 보자.

차마설(借馬說)

이곡(李穀)

나는 집이 가난하여 말이 없으므로 필요한 때에는 빌려서 탄다. 혹시 빌린 말이 여위고 둔하여 걸음이 느리면, 비록 일이 급해도 감히 채찍질을 하지 못하고 혹시 쓰러질까 전전긍긍하지만, 도랑이나 구덩이를 만나면 내려서 걸어가므로 후회하는 일이 적었다. 혹시 빌린 말이 발굽이 높고 귀가 쫑긋한 준마여서 잘 달리면, 의기양양하게 마음대로 채찍질하고 고삐를 놓기도 하면서 언덕과 골짜기를 평지처럼 달리니 심히 장쾌하지만, 때로 말에서 떨어지는 환란을 면치 못한다. 아, 사람 마음의 변덕스러움이 이리도 간사할까? 남의 물건을 빌려서 잠깐 쓰는 것도 이와 같거늘, 하물며 자기가 소유한 것은 어떠할까? 그러나 사람이 가지고 있는 것이 어느 것이나 빌리지 아니한 것이 없다. 임금은 백성으로부터 힘을 빌려서 높고 부귀한 지위를 누리고, 신하는 임금으로부터 권세를 빌려 총애와 귀함을 누리는 것이다. 또한 아들을 아비로부터, 지어미는 지아비로부터, 비복(婢僕)은 상전으로부터 그 빌린 바가 깊고 많은데, 대개는 자기 소유로 삼고 끝내 되돌아 살필 줄 모른다. 이 어찌 미혹(迷惑)하다 하지 않겠는가? 그러다가도 혹 잠깐 사이에 그 빌린 것을 돌려주어야 하면, 만방(萬邦)의 임금도 외로운 사내가 될 뿐이고, 백승(百乘)을 가졌던 집도 외로운 신하가 되니, 하물며 그보다 미천한 자야 어떠하겠는가? 맹자가 말하기를, "남의 것을 오래 빌려 쓰면서 돌려주지 아니하면, 그것이 자기 소유가 아님을 어찌 알겠는가?" 하였다. 내가 이에 느낀 바가 있어서 '차마설'을 지어 그 뜻을 부연해 보았다.

(1) 두 단락으로 나누어 보자.
(2) 세 단락으로 나누어 보자.
(3) 네 단락으로 나누어 보자.

제3 부

글쓰기의 실제

1장 자기소개서

자기소개서의 중요성 및 일반적 구성 요소를 설명하고 자기소개서 작성 시 알아야 할 내용을 소개하였다. 자기소개서 작성 후 점검사항을 확인하면 고쳐쓰기에 도움이 된다.

"공경하고 삼가는 마음을 일으키고 편안하고 고요한 뜻을 열도록 하는 글은 선한 마음의 기운을 드러낸 것이다. 격렬한 분노를 일으키게 하고 음란하고 사악한 태도를 취하도록 하는 글은 악한 마음의 기운을 표현한 것이다. …(중략)… 글을 보면 지은 사람을 알 수 있다."

최한기, 「因言文知見氣」, 『인정』

최한기(崔漢綺; 1803~1877)의 『인정(人政)』이라는 글에 나온 말이다. 최한기는 조선 말기의 실학자이자 과학사상가이다. 이 분의 말처럼 글을 보면 지은 사람을 알 수 있다. '인언문지견기(因言文知見氣)'는 "말과 글로 기운을 보고 안다."는 뜻이다. 성격, 지적 태도, 현실을 대하는 태도, 기운 등을 글만 보고도 알 수 있다는 것이다. 일반적인 글이 저러한데 자기를 소개하는 글에서는 글 쓰는 이의 특성이 얼마나 잘 드러날지 알 일이다. 자기소개서를 쓸 때 내가 가진 모든 힘을 쏟아 부어야 하는 이유를 알게 하는 글이다.

1. 자기소개서란?

자기소개서는 글자 그대로 자기를 소개하는 글이다. 주로 기업 입사나 대학 입학을 목적으로 작성하며 일정한 양식이 제공되는 경우가 많지만, 쓰고 싶은 항목을 자유롭

자기소개서의 주요 항목은 성장 과정, 성격의 장·단점, 학창 생활, 경력 사항, 지원 동기, 입사 후 계획이다.

게 정하여 쓰는 경우도 있다. 자기소개서에 포함되는 일반적 양식은 성장 과정, 성격의 장·단점, 학창 생활, 경력 사항, 지원 동기, 입사(진학) 후 계획 정도이다. 표현이 조금씩 다른 경우가 있지만 실질적 의미는 일반적 양식과 대개는 같다

높아진 자기소개서의 위상

사회적으로 자기소개서의 비중이 갈수록 높아지고 있다. 예전에는 취업을 목적으로 많이 쓰였으며 그 비중도 낮았다. 필기시험 위주로 인재를 채용했기 때문에 자기소개서는 간단한 검증 과정 정도의 의미만을 지녔다. 하지만 필기시험 위주의 인재 채용이 점차 줄어들고, 다면적 능력을 평가하는 면접 위주로 채용 방식이 바뀌면서 지원자의 능력을 세부적으로 판단할 수 있는 자기소개서의 비중이 높아졌다. 기업은 자기소개서를 통해 지원자의 조직 융화 가능성, 업무 능력과 열정, 미래에 대한 기여도 등을 판단할 수 있을 뿐만 아니라 논리력, 설득력 등도 알아낼 수 있다.

그뿐만 아니라 대학 입학 시에도 자기소개서를 제출해야 하는 경우가 많아지고 있다. 최근 국내 대학은 입학 전형 방식을 세분화 하면서 몇몇 전형 방식에는 입학 후 학업 계획 등을 포함한 자기소개서를 제출하도록 하고 있다. 특히 입학사정관제의 경우에는 구체적이고 세부적인 경험과 그에 대한 증빙 자료까지 요구하는 경우가 많아 자기소개서가 합격에 중요한 판단 기준이 되고 있다. 대학에서뿐만 아니라 중학교 영재 학급 인원을 선발하는 데에도 과거의 학습 내용과 합격 후 학업 계획을 담은 자기소개서를 제출해야 할 만큼, 자기소개서의 사회적 위상은 높아지고 있다. 이 글은 취업 목적의 자기소개서 작성을 우선 염두에 두고 집필했다는 점을 먼저 밝혀둔다.

2. 자기소개서의 주요 항목

1) 성장 과정

성장 과정에는 자신이 성장하면서 겪는 과정을 적는다. 예를 들어 '부모님의 가치관이나 교육관 때문에 이렇게 성장했다'와 같은 내용을 적으면 되는데, 고려해야 할 것은 인사담당자가 지원자의 성장 과정을 읽으면서 무엇을 얻고자 하는가이다.

인사담당자는 지원자의 성장 과정을 읽으면서 지원자가 회사라는 조직 안에서 융

화할 수 있는 인물인지, 맡은 바 업무를 수행할 수 있는 인물인지 등을 살피려고 할 것이다. 따라서 그에 맞는 글감을 찾아야 한다.

한 가지 더 주목해야 할 것은, 이 부분이 대개 자기소개서의 도입부이기 때문에 독자의 흥미 유발에 신경을 써야 한다는 점이다. 성장 과정을 어떻게 시작했느냐에 따라 지원자의 자기소개서가 끝까지 읽힐 것인가 말 것인가가 달려 있다고 해도 과언이 아니다. 나만의 독특한 일화가 바탕이 된다면 독자에게 뚜렷하게 기억되는 차별된 성장 과정을 집필할 수 있다.

2) 성격의 장·단점

성격의 장점 및 단점을 적되 구체적 경험과 함께 적어야 독자의 기억에 뚜렷하게 남는다. 장점은 지원하는 직종이나 업무와 연관성이 있게끔 적는다면 좋을 것이다. 예를 들어 “활발하면서도 꼼꼼한 성격인데 동아리 회장으로 활동하면서 레크리에이션을 도맡아 하였고 이를 계기로 레크리에이션 자격증까지 취득하였다. 이뿐만 아니라 꼼꼼한 축제 준비로 주어진 예산의 70%만 사용하면서도 200%의 만족을 끌어냈다.”는 경험을 적고 이와 같은 성격이 영업 마케팅 분야에 적임임을 말하는 방식이다.

단점도 기술하되 지나치게 솔직하게 적어서 인사담당자에게 부정적 이미지를 만들 정도가 되면 안 된다. 단점은 그 자체보다는 단점을 극복한 사례를 적음으로써 지원자를 긍정적 이미지로 만들 수 있는 소재가 좋다.

3) 경력 사항

지원하는 분야와 관련될 수 있는 경력을 적는 것이 좋다. 신입사원의 경우에는 경력을 제시하기가 아무래도 어렵기 때문에 지원 분야와 가장 관련성이 높은 경험을 적는 것이 좋겠다. 대학 시절의 동아리 활동, 인턴 경험, 공모전 수상 경력 등 자신을 적극적으로 어필할 수 있는 소재들을 이용하도록 한다. 이때 경험을 단순하게 나열하는 것만으로는 자신을 어필할 수 없다. 자신만의 독특한 경험을 적되 경험 속에서 얻은 성과를 구체적으로 제시하면 인사담당자를 더 효과적으로 설득할 수 있다. 예를 들어 “2011년 ○○ 디자인 공모전 대학생 부문 입상, 2012년 □□ 디자인 공모전 대학생 부문 우수상을 수상하였습니다. 공모전을 준비하는 과정에서 현대 세계 디자인

신입 사원은 대학 시절 동아리 활동, 인턴 경험 등 지원 분야와 관련이 높은 경험을 경력 사항에 적는다.

의 경영 마인드 접목 추세를 새롭게 깨닫게 되었으며 앞으로는 이를 특화시키는 방향으로 성과물을 준비하고 있습니다."라는 것과 같은 방식을 들 수 있다.

4) 지원 동기

지원 동기는
인사담당자가 가장
눈여겨보는 항목이기
때문에 더욱
세심하게 작성해야
한다.

지원 동기는 자신이 이 기업에, 그리고 이 업무에 왜 지원하게 되었는가를 적는 부분이다. 지원하려는 기업 및 업무에 대한 세밀한 분석이 바탕이 되어야 하며, 그에 따라 지원 동기가 분명하게 드러나야 한다. 다른 기업 아닌 하필 이 기업에, 그리고 다른 업무 아닌 하필 이 업무에 왜 지원하는가가 분명하게 제시되어야 한다는 의미이다.

지원 동기 항목은 입사 후 업무에 대한 열정, 기업에 대한 애정과 관련이 있기 때문에 인사담당자가 자기소개서에서 가장 눈여겨보는 항목이라고 한다. 회사와 일에 대한 관심은 정작 없으면서 연봉이나 기타 처우 같은 것에만 관심이 있다면, 지원 동기를 선명하게 작성할 수 없다는 것이다.

지원하는 기업이 다르더라도 성장 과정이나 경력 사항 같은 항목은 비슷하게 쓸 수 있겠지만 지원 동기는 차이가 있을 수밖에 없다. 따라서 인사담당자의 입장에서 이 회사 저 회사 가리지 않고 많은 곳에 똑같은 자기소개서를 제출한 지원자인가의 여부는 지원 동기를 보면 쉽게 파악할 수 있을 것이다. 철저한 기업 분석, 업무 분석을 통해 다른 지원자와 차별화된 전략이 반드시 필요함을 알 수 있게 하는 대목이다.

5) 입사 후 계획

"시키는 일은 무엇이든지 하겠습니다.", "입사만 시켜 주신다면 열심히 일하겠습니다."와 같은 입사 후 계획은 사실 특별한 계획이 없는 경우에 쓰는 말들이다. 기업의 현재 상황 및 기업이 속한 분야에 대한 분석이 치밀하다면 1년 후, 5년 후, 10년 후 기업의 미래에 대한 예측을 나름대로 준비할 수 있다. 기업의 미래를 예측할 수 있다면 구성원들의 역할도 대략 예측 가능할 것이다. 이와 같은 예측에 따라 자신의 입사 후 계획을 자신 있게 설계할 수 있어야 한다. 예를 들어 "5년 후에는 한류 열풍이 문화계뿐 아니라 다양한 분야로 확장될 것 같습니다. 그에 따라 한국어에 대한 관심이 폭발적으로 증가하여 외국인을 위한 한국어 교재 개발이 시급합니다. 지금도 일부에서 이에 대하여 관심을 갖고 있지만 아직 초보 단계에 불과합니다. 그래서 저는 한국어 사용이 많을 것으로 예상되는 민족별로 특화된 한국어 교재 개발에 힘을 쏟고 싶습니다."와 같은 계획이 있겠다.

3. 자기소개서 작성 시 알아야 할 아홉 가지 사항

자기소개서는 자기가 자기를 소개하는 글이어서 쓰기 쉬울 것 같지만 실제로는 그렇지 않다. 일단 소개할 만한 콘텐츠를 찾는 것이 어렵다. 자기소개서에 쓸 정도의 소재면 적어도 남과는 다른 특징적인 것이어야 할 텐데, 이런 것이 나에게 무엇이 있을까 생각해 보아도 쉽게 떠오르지 않는다. 다음으로는 콘텐츠를 글로 쓰는 작업이 어렵다. 설령 나만의 독특한 소개 거리를 찾았다 하더라도 그것들을 엮어서 한 편의 멋진 글로 완성하는 것은 쉬운 작업이 아니다. 때로는 경험을 단순히 나열만 하기도 하고, 때로는 자신의 장점을 제대로 어필하지 못하기도 한다. 자기소개서 쓰기가 더욱 어렵게 느껴지는 것은 자기소개서가 대학 입학이나 취업과 같은 인생의 중대사와 관련되어 있기 때문이다. 친구들이나 선생님에게 자신을 간단히 소개하는 글도 쓰는 데 중압감이 느껴지는데, 인생의 중요한 관문인 취업이나 대학 입학 목적의 자기소개서 집필에서 느껴지는 압박감이 오죽하겠는가?

그러나 무조건 어렵다고 생각해 포기하지는 말자. 자기소개서도 한 편의 글이기 때문에 글을 집필하는 요령에 따라 작성해 가면 소기의 목적을 달성할 수 있다. 현재까지 자신의 학력이나 경험, 경력 등이 다른 지원자에 비하여 부족하더라도 오히려 자기소개서를 훌륭하게 작성해서 원하는 직장, 원하는 학교에 들어가는 경우도 많다. 자신감과 열정으로 착실하게 자기소개서를 준비하고 집필한다면 바라는 바를 이룰 수 있을 것이다.

서술 전략의 필요성

자기소개서도 한 편의 글이라고 앞에서 언급했다. 따라서 서술 전략이 필요하다. 서술 전략은 글의 집필 목적이나 성격, 예상 독자, 필자의 처지 등을 고려하여 수립해야 한다. 우선 똑같은 자기소개서라도 집필 목적이 다를 수 있기 때문에 그에 맞춰 전략을 짜야 한다. 친구들에게 자신을 소개하는 친교 목적의 자기소개서가 있는 반면, 기업체에 취업하기 위해 자신을 소개하는 설득 목적의 자기소개서도 있다. 친교 목적의 자기소개서라면 글감은 자신의 친근감을 드러내 보이는 위주로 구성해야 할 것이다. 설득 목적의 자기소개서라면 자신의 업무 능력, 성격상 장점, 미래의 비전을 적극적으로 피력하여 자신이 해당 업무에 가장 적임자임을 이해시키는 위주로 구성해야 할 것이다. 이렇듯 집필 목적에 맞게 서술 전략을 꾸려야 한다.

또 예상 독자에 맞게 서술 전략을 세워야 한다. 독자가 친구라면 '~했어.'와 같은 비공식적 표현을 사용하여 친근감을 느끼게 하는 것이 좋을 수 있다. 독자가 인사담당자라면 '~했습니다.'처럼 공식적 표현을 사용하여 무게감을 주는 것이 더 좋다. 이렇듯 예상 독자에 따라 그에 맞는 서술 전략을 세워야 한다.

기업에 따른 차별화된 서술 전략

기업마다 원하는 인재상이 다르기 때문에 그에 맞는 서술 전략이 필요하다.

위에서는 두 가지 점에 대해서만 간단하게 살펴보았는데 다양한 차원에서 고도의 서술 전략을 세울 필요가 있다. 지원자가 2~3년 동안 심층 분석을 해온 기업에 지원하는 경우와 우연히 채용 공고를 보게 되어 1~2주밖에 정보 분석의 시간이 없었던 기업에 지원하는 경우, 당연히 서술 전략은 달라야 할 것이다.

그뿐만 아니라 기업의 성격에 따라서도 달라져야 한다. 철저하게 능력 위주로 인물을 채용하고 경쟁을 통해 무능력자를 퇴출시키는 기업에 지원하는 경우와, 현재의 능력보다는 열정을, 그리고 조직의 융화를 중요하게 여기는 기업에 지원하는 경우 역시 서술 전략이 달라져야 할 것이다. 전자의 경우는 자신이 현재 매우 우수한 업무 능력을 지니고 있다는 점을 객관적 자료나 사실의 근거를 들어 보여주어야 한다. 인턴 경험 시 고객이 제기한 문제점을 자신이 직접 해결했다든지, 영업 아르바이트를 하며 기존 실적의 두 배를 달성했다든지 하는 점에 자기소개서의 무게 중심이 두어져야 한다. 후자의 경우도 객관적 사실을 근거로 들어야 하지만 계량화 할 수 있는 수치 위주의 실적이기보다는 구체적 경험이 근거로 이용될 수 있을 것이다. 출신 학교에 없었던 봉사 동아리를 자신의 힘으로 직접 탄생시켜 매주 봉사활동을 한 경험을 쓴다든지, 동아리회장을 하면서 회원들의 참여도가 저조했던 동아리를 탈바꿈시켜 교내 동아리 활동 1등을 하게 했다든지 하는 경험 소개에 무게 중심이 두어져야 할 것이다.

이렇듯 세부적인 서술 전략은 무궁무진할 것이다. 자신이 지원하고자 하는 기업의 성격, 지원자 자신의 현재 상황, 예상 독자, 해야 할 업무 특성 등 다양한 요소를 고려하여 이에 맞는 서술 전략을 수립해야 한다.

철저한 지원 회사 분석

지원 회사의 경영 상황, 중점 사업, 인재상 등 기업 관련 정보를 철저하게 분석해야 한다.

자기소개서를 작성하기 위해서는 충분한 시간을 갖고 생각하고, 쓰고, 고치는 과정을 거쳐야 한다. 마감 2~3일 전에야 부랴부랴 서둘러 작성하면 지원 회사나 업무의 현 상황, 미래의 비전에 대한 심층적 분석이 없는 상태에서 집필할 수밖에 없기 때문에 당연히 엉터리 자기소개서가 되기 십상이다.

지원하고자 하는 회사의 현재 경영 상황, 영업 현황, 재계에서의 위치, 미래의 비전, 중점 사업, 인재상 등을 꼼꼼하게 사전 조사하여 데이터로 축적해 두어야 한다. 회사의 홈페이지를 구석구석 찾아 중요한 정보가 될 만한 것들을 메모해 둔다. 인적 네트워크를 동원하여 나만이 알 수 있는 고급 정보를 얻게 된다면 더욱 좋을 것이다. 친·인척이라든지 학교나 동아리 선배 등 가능한 인맥을 총동원한다면 매우 중요한 내부 정보를 얻게 될지도 모른다. 이렇게 차곡차곡 모은 소중한 정보를 바탕으로 자기소개서를 작성해야 남들과 차별되는 우수한 자기소개서가 탄생한다.

사전 준비의 중요성

평소에 관심 있는 분야나 업종, 회사를 몇몇 정해 두고 그에 대한 자료 축적을 1~2년간 꾸준히 하는 것이 중요하다. 자신이 충분히 준비되었을 때에야 비로소 온 기회를 놓치지 않게 된다. 채용 공고가 난 이후에 부랴부랴 바쁘게 준비한 사람은 당연히 허술한 정보 몇 개를 짜깁기 하듯 얽어 놓은 자기소개서를 제출할 수밖에 없다. 이 회사 저 회사 어느 회사에 적용시켜도 모두 적용될 수 있는 일반적인 내용의 자기소개서로는 원하는 기업에 입사하기 힘들다. 워낙 취업 시장이 좁은 것은 사실이지만 똑같은 내용의 이력서와 자기소개서를 회사의 이름만 바꾸어서 이 회사 저 회사에 제출한 지원자에게도 문제점은 있는 것이다. 남과 다르게 미리, 그리고 꾸준히 준비한 사람은 어려운 취업 여건 속에서도 원하는 직장에 들어가게 된다는 점을 기억해야 한다.

냉정한 자기 분석

기업에 대한 분석 뿐만 아니라 자기 자신에 대한 분석도 동시에 필요하다. 학력 및 경력 사항, 자격증 구비 요건, 어학 능력, 해외 연수 경험, 인턴 체험 등 지원자 본인의 현 상황에 대한 객관적 분석도 아울러 요구된다. 지원하고자 하는 기업의 분석이 아무리 치밀했다고 하더라도 자신의 여건이 해당 기업의 인재상과 부합하지 않는다면 성심껏 준비하여 지원했더라도 실망하고 돌아설 확률이 높다. 따라서 기업에 대한 자세한 분석과 동시에 자신에 대해서도 객관적으로 분석하여 이 둘을 매치시키는 작업이 필요하다.

나만의 독특한 경험 살리기

나만의 독특한 경험이 훌륭한 글감이 된다.

자기소개서는 자기를 소개하는 글인데, 도대체 어떤 소재로 나를 소개해야 하는 것일까? 자유 양식일 때는 말할 것도 없고 성장 과정, 지원 동기 등 써야 할 항목이 제시되어 있어도 그 안에 포함되는 그럴 듯한 소재를 생각해 내려면 난감하기 짝이 없다. 생각나는 대로 쓰자니 다른 사람들의 소재와 너무 똑같을 것 같고 남과 다른 것을 쓰자니 도대체 생각나는 것이 없다. 그러나 수많은 구직자의(많게는 몇 천 편의) 자기소개서를 읽어야 하는 독자(인사 담당자)를 대상으로, 그저 그런 내용의 천편일률적인 소재를 적어놓아 보았자 탈락할 것은 불을 보듯 뻔하기 때문에 대충 글감을 택할 수도 없는 노릇이다.

이런 종류의 고민은 사실상 자기소개서를 쓰는 누구나 한다. 하지만 잘 쓴 자기소개서와 그렇지 않은 자기소개서의 차이점은 분명히 존재한다. 잘 쓴 자기소개서에는 글쓴이만의 독특한 경험이 녹아들어 있다. 단순히 "다양한 아르바이트를 통해 풍부한 경험을 했습니다."라고 쓰지 않는다. 그 경험이 구체적으로 무엇이었는지, 그리고 그 경험에서 어떤 교훈을 얻었으며 지원하는 분야와 어떤 상관관계가 있는지 서술한다. 학창 시절에 제과점에서 아르바이트를 했는데, 주인아저씨의 빵 제조기술에 조언을 해서 매출을 올리게 했다는 경험을 제시하며 언제나 적극적으로 생활하는 모습을 보여줄 수도 있다. 또는 등산을 갔는데 부상을 입은 등산객이 있어 자신도 비록 힘들기는 했지만 산 아래까지 부축하고 내려온 경험을 이야기하며 자신이 이처럼 희생과 봉사 정신의 소유자임을 강조할 수도 있다. 더구나 지원하는 곳이 시민단체나 국제 NGO 단체 같은 곳이라면 이런 경험은 자신을 어필하는 데 좋은 소재가 될 수 있을 것이다.

자신만의 독특한 경험이 포함되면 좋다는 것을 알았는데 이제 기억 속에서 그것을 꺼내는 작업을 해보자. 어렸을 때부터 지금까지 기억 속에 남아 있는 모든 일을 메모해 본다. 그것이 어떤 성격의 것이든지 좋다. 일단 메모해 두고 필요하지 않으면 쓰지 않으면 그만일 뿐이다. 혹 예상하지도 못한 곳에 훌륭한 예가 될 수도 있기 때문에 일단은 의미 없을 것 같은 기억도 떠오르는 대로 메모해 둔다. 떠오르는 기억 자체가 별로 없다면 사진이나 동영상 등을 활용해 보는 것도 좋겠다. 학창 시절 친구들과 함께 찍었던 사진, 가족들이 여행 가서 찍은 사진 등을 활용하면 떠오르지 않던 기억이 불현듯 생각나기도 한다. 다이어리를 이용하는 것도 좋다. 요즘에는 다이어리에 연간 계획을 적어 놓고 매일 매일 진행된 내용을 메모하는 학생도 많다. 따라서 보관해 둔 다이어리를 한 장 한 장 넘겨보며 자기소개서의 글감으로 적당한 것을 모두 뽑아 본다.

다음에는 메모해 둔 기억들을 죽 나열해 놓고 성격별로 어떤 항목에 포함되면 좋을 소재들인지를 옆에 적어둔다. 초등학교 3학년 때 아버지가 아프셨을 때 어머니 대신 동생을 돌보았던 기억은 성장 과정에 적합한 소재로 기록해 두고, 대학교 2학년 때 국토대장정에 참여하여 전국을 일주한 경험은 학창 시절에 적합한 소재로 기록해 놓는 식이다. 이렇게 소재 옆에 항목을 부기해 놓은 것을, 이제는 항목별로 모아 본다. 성장 과정은 성장 과정끼리 묶어 두고, 지원 동기에 사용될 수 있는 소재들은 또 그것끼리 묶어 둔다. 항목별로 묶는 이유는 그렇게 했을 때 해당 항목에 가장 적합한 소재를 발견할 수 있기 때문이다. 항목별로 묶어 두면 서로 비교하기가 쉬워 자신을 어필하기에 가장 훌륭한 소재를 고를 수 있다.

이렇게 해서 각 항목마다 두세 개 정도의 글감을 일단 확보해 두자. 확보한 경험들을 모두 사용할 것인지, 혹은 모든 항목에 경험들을 사용하되 항목별로 하나씩만 쓸 것인지, 그렇지 않으면 깊은 인상을 줄 수 있는 한두 가지 경험만 쓸 것인지, 나의 경험과 선현들의 경험을 동시에 제시할 것인지 등에 대한 것은 서술 전략 차원에서 결정하면 된다.

독자 중심의 구성

자기소개서는 자기를 소개하는 글이지만 독자를 설득하여 소기의 목적을 달성해야 하기 때문에 내가 말하고 싶은 것보다는 독자가 읽고 싶은 것을 중심으로 작성해야 한다. 소기의 목적은 취업이며 취업 당락의 열쇠는 절대적으로 독자가 쥐고 있는 셈이어서 독자가 나의 자기소개서에서 읽고 싶은 내용이 무엇일까를 고민해야 한다.

> 내가 쓰고 싶은 것보다는 독자가 알고 싶은 항목에 대해서 써야 한다.

나는 대학교 4년 내내 수석을 놓치지 않았기 때문에 그것을 자랑하고 싶지만, 만약 해당 기업에서 꼴찌를 했더라도 창의적인 인재를 원한다면 4년 내내 수석을 한 경험은 별로 중요하지 않게 되는 것이다. 따라서 자신이 내세우기를 바라는 점보다는 해당 기업에서 원하는 인재상이 무엇인지를 심층적으로 분석하여 자기소개서를 작성해야 한다.

참고로 인사담당자는 지원 동기, 사회생활 및 경력사항, 입사 후 포부, 성장 과정, 학창 시절 순으로 관심을 갖고 읽는다고 한다. 따라서 자기소개서를 집필할 때 모든 항목에 심혈을 기울여야 하겠지만 위의 순서대로 더 관심을 쏟아야 할 것이다.

흥미 있는 시작

독자의 흥미를 끌 수 있는 도입부가 되어야 한다.

요즘처럼 취업이 어려운 상황에서 채용 공고가 나면 대개 몇 백 대 일의 경쟁률을 보인다. 이력서와 자기소개서를 읽어야 하는 인사 담당자의 입장에서는 여간 난감한 일이 아닐 것이다. 50명을 뽑는 회사에서 100대 1일의 경쟁률만 보였다고 해도 5,000명의 서류를 검토해야 하는 것이다. 따라서 글의 초반부터 독자의 흥미를 끌지 못하면 그 자기소개서는 끝까지 읽힌다는 보장이 없다. 자기소개서의 처음을 흥미 있게 시작하여 독자가 내 이야기에 빠져 끝까지 읽게 하자.

그렇다면 어떻게 독자의 흥미를 끌 수 있을까? 사실 '어떻게' 하면 독자의 흥미를 끌 수 있다고 마치 정답이 있는 것처럼 제시하기는 어렵다. 그 이유는 처음에는 새로웠던 방식도 많은 사람들이 즐겨 쓰다 보면 천편일률적인 방식이 되고 독자들의 흥미를 끌지 못하기 때문이다. "19○○년 ○월 ○일 아버지 □□□와 어머니 △△△의 화목한 가정에서 1남 1녀의 장남으로 태어났습니다."와 같은 도입부는 더 이상 독자의 주목을 끌지 못하는 식상한 표현이다. 그래서 이러한 표현을 지양하고 대신 참신한 예문을 제시하고는 참신한 도입부 쓰기 과제를 주었는데 많은 학생들이 참신한 예문을 그대로 모방하여 쓰기도 한다. 그렇다면 그 참신한 예문은 더 이상 참신한 것이 되지 못한다. 흥미 유발의 소재는 작성자가 스스로 고민해 내야 하는 것이다.

인사담당자의 흥미를 끌 수 있는 표현이 따로 정해질 수 있다고 보기는 힘들다. 인사담당자의 성향에 따라서도 달라질 수 있는 문제이기 때문이다. 다만 흥미를 유발하는 도입부의 경우 남들과 차별된 자신만의 경험을 제시한 경우가 많았다는 점에 주목할 필요가 있다. 나만의 어떤 경험이 독자의 흥미를 끌어 내 자기소개서를 인사담당자가 끝까지 긴장감을 갖고 읽게 할지를 고민해야 한다. 문학 작품의 한 구절을 인용한다든지, 『논어』와 같은 인문 고전의 명구나 명언을 인용하는 방법도 생각해 볼 수 있는 팁이다. 혹은 각 항목의 첫 구절을 자신을 이미지화 할 수 있는 대표 단어나 문장으로 시작하는 방법도 있다. 그러나 앞에서도 말했듯이 이런 방법들도 많은 지원자가 사용한다면 더 이상 흥미를 유발하지 못하는 표현이 된다는 것을 명심하고 자신만의 아이디어를 만들어야 한다.

흥미로운 표현을 이용해 끝까지 긴장감을 유지하는 것도 중요하지만 식상한 표현을 미리 걸러내 긴장감을 떨어트리지 않게 하는 것도 좋은 방법일 듯하다. "뽑아만 주신다면 열심히 하겠습니다.", "반에서 1등을 독차지하였습니다.", "엄격하지만 자상한 부모님 밑에서 성장하였습니다.", "준비된 인재라는 점을 말씀드리겠습니다."와 같은 표현은 이미 너무 많이 사용된 것이니 가급적 쓰지 않는 것이 좋다.

정확한 표현

자신의 생각을 정확하게 글로 표현하는 것이 그렇게 쉽지는 않다. 사실 자신의 생각이나 느낌을 백 퍼센트 정확하게 담아낸다는 것은 쉬운 일이 아니다. 처음 먹는 과일의 맛을 다른 사람에게 설명하기 어려워 고민한 경험을 떠올려 보면 알 수 있다. 하물며 그것이 글일 때에는 어려움이 오죽할까? 글 쓴 사람은 나름대로 정확한 단어라고 선택했지만, 그 단어 때문에 도대체 문장 전체의 뜻을 파악할 수 없는 경우가 생기기도 하는데 이는 그만큼 글쓰기가 어렵다는 것이다.

자신이 말하려는 바가 정확하게 표현되었는지 점검하고 또 점검하여야 한다.

어릴 때부터 차라고 하면 무엇이든지 제 손과 눈에 접하고 싶어 했던 저는 단순히 차를 가지고 노는 것이 아니라 모형 차를 분해하고 원리를 알려고 노력했던 이상한 유년기의 아이였습니다.

위의 예문은 단어의 선택이 얼마나 중요한가를 잘 보여준다. 예문은 대학 1학년 학생이 작성한 자기소개서인데 글쓴이의 유년시절을 소개하는 대목이다. 대학 1학년 학생을 대상으로 한 글쓰기 교과목에서 실용적 글쓰기 단원의 과제로 작성된 것이었다. 글 쓴 학생의 의도는 어린 나이였지만 동작 원리까지 관심을 가질 만큼 자동차에 호기심이 많았다는 것을 말하는 것이었다. 문장 안의 대부분 단어들은 서로 조화를 이루면서 필자의 자동차에 대한 '특별한' 관심을 제대로 표현하고 있다. 하지만 오직 한 단어가 그렇지 못한데, 바로 '이상한'이 그것이다. 이 단어는 원래 '독특한', '특별한', '유별난', '호기심이 많은' 정도의 표현이었어야 한다. 아마 필자도 그와 같은 단어를 선택하려 했지만 '이상한'이라는 잘못된 어휘를 골랐을 것이다. 이 한 단어 때문에 문장 전체의 의미가 모호해졌으며 결국 글쓴이도 단어의 뜻처럼 '이상한' 사람이 되고 말았다. 만약 이 자기소개서가 실제로 어떤 기업에 입사하기 위해 작성된 것이었다면 글쓴이는 어휘를 잘못 고른 대가를 톡톡히 치렀을 것이다. 그만큼 정확한 표현은 중요한 것이다.

4. 점검 항목

자기소개서를 모두 작성한 후에는 다음의 점검 항목을 활용하여 최종 점검을 한다.

	평 가 항 목	○	×
1	도입 부분에서 독자의 흥미를 유발하는가? (독자가 읽자마자 재미없는 글이라고 생각하여 덮어버리지 않을까?)		
2	인사담당자가 당신의 자기소개서를 읽고 당신을 채용하고 싶은 마음이 들겠는가?		
3	나만의 독특한 경험이 잘 서술되었는가? (독자가 천편일률적인 내용이라고 생각하지 않을까?)		
4	자격증, 어학 능력, 인턴 경험 등 지원 업무에 적합한 나의 장점이 빠짐없이 포함되었는가?		
5	혹시 나를 부정적으로 생각하게 할 만한 표현은 없는가?		
6	인사담당자가 "이 사람은 우리 회사에 충분히 지원할 만했다."라는 생각이 들 정도로 지원 동기가 충분히 집필되었는가?		
7	입사 후 회사의 미래에 도움이 될 인물로 그려져 있는가?		
8	주술 호응의 문제, 지나친 장문 등의 이유 때문에 이해하기 어려운 문장은 없는가?		
9	맞춤법, 띄어쓰기 등이 잘못된 곳은 없는가?		

활동

1. 다음과 같은 상황을 가정하여 자기소개서를 작성해 보자. 단, 지원하고자 하는 곳은 예문처럼 꼭 'A 그룹'이라고 생각하지 말고 자신이 진짜 하고 싶은 일로 생각하고 써 보자. 즉 대학원, 연구소, 교직 등 자신이 진짜 하고 싶은 일로 바꾸어 생각하고 쓰면 된다. 경력 사항의 경우 실제 경험이 없다면 미래 계획하기의 차원에서 가상의 경험으로 꾸며보는 것도 좋다.

1년 6개월 동안 입사를 꿈꾸던 A 그룹에 지원하게 되었다. 그동안 모아온 자료로 꼼꼼하게 기업 분석, 업무 분석을 했다. 향후 10년 후의 미래상도 내 나름대로 예측하였다. 일주일 후가 지원 마감일인데 일단 자기소개서를 작성하기로 하였다. A 그룹의 자기소개서는 일반적 양식인, 성장 과정, 성격의 장·단점, 경력 사항, 지원 동기, 입사 후 계획으로 이루어졌다. 자, 이제 어떻게 쓸까?

2장 감상문 쓰기

감상문에 대해 오해할 수 있는 부분을 확인하고, 대학생이 라면 알아 두어야 할 감상문 쓰기의 요령과 특성 및 감상문 쓰기의 전략과 실제를 소개하였다.

1. 감상문에 대한 오해와 진실

익숙하지만 어려운 글

대학생이라면 감상문을 모르는 사람은 없을 것이다. 우리가 가장 많이 써 본 글이라고 할 정도로 익숙한 글이다. 초등학교에서부터 중·고등학교를 거치는 동안 글쓰기 과제의 대부분을 차지한 것 역시 감상문이다. 그러나 익숙하면서도 아직도 제대로 써 본 적이 없는 글, 쓰라고 하면 여전히 어려운 글이 감상문이기도 하다. 왜 그럴까? 다시 감상문의 정의에서 시작해 보자.

감상문(感想文)이란 어떤 사물이나 현상을 보고 그에 대한 느낌과 생각을 쓴 글이다. 이것을 모르는 사람은 없을 것이다. 그런데 간혹 감상에 대해 오해하는 필자들이 있다. 여기서 감상(感想)은 감상(感傷)이 아니다. 감상(感傷)은 하찮은 일에도 쓸쓸하고 슬퍼져서 상한 마음이라는 뜻으로 슬픔, 외로움, 그리움과 같은 마음의 상태이다. 감상문을 쓰라고 하면 이런 마음의 상태를 쓰면 되는 것으로 착각하고 대상에 대한 감정을 토로하는 데서 그치는 경우가 있다. 감상문은 어떤 대상을 보고 든 쓸쓸하고 슬픈 마음을 고백하는 글도, 감정토로의 글도 아니다. 감상문은 어떤 대상에 대한 느낌이나 생각을 기술하는 글이다. 때문에 그 무엇보다 그 느낌과 생각의 주체이자 필자인 '내가' 있어야 하는 글이다.

감상의 주체인 '나'를 드러내야

감상문은 어떤 대상에 대한 글이라기보다는 그 대상을 바라본 '나'에 대한 글이다. 때문에 같은 대상이라도 여러 개의 다른 감상문이 가능하다. 우리가 무수히 썼던 많은 감상문에서는 나보다는 대상에 대해 치중하지는 않았는가? 심지어 어린 시절의 감상문에서는 주어진 대상에 대해서 길게 소개한 후, '참 재미있었고 감동적이다'라는 간단한 느낌을 적는 것으로 끝맺은 적도 있었을 것이다. 그것은 대상을 설명하고 소개한 글이 될 수는 있을지언정 감상문이라고 할 수는 없다. 대상이 중요한가? 그 대상을 만나고 느낀 내가 중요한가? 감상문이라면 당연히 후자이다.

때문에 감상문에서는 무엇보다 그 대상에 대한 나의 생각과 느낌, 경험 등이 구체적으로 기술될 수 있어야 한다. 생각과 느낌과 경험을 기술해야 한다는 부담감으로 오히려 같은 대상에 대한 다른 사람의 감상을 베껴오거나 참고하여 보충해서 쓰는 식으로 기술하는 경우도 있는데, 이 역시 감상문이 될 수 없다. 왜냐하면 감상문은 다른 어느 글보다 감상의 주체인 내가 살아있어야 하는 글이기 때문이다. 우리는 그 대상에 대해서 알고자 감상문을 읽지 않는다. 그 대상에 대해 쓰고 있는 그 사람, 즉 필자를 만나기 위해서, 그의 느낌과 생각을 들어보고 그의 경험을 공유하기 위해서 감상문을 읽는 것이다. 감상문을 써야 할 필자라면 이것을 기억해야 한다. 때문에 감상문은 나에게서 시작해서 나로 끝나는 글이라 할 수 있으며 매우 주관적일 수 있는 글이다.

감상의 대상은 무궁무진

우리가 보고 느낄 수 있는 대상은 셀 수 없이 많다. 즉 감상문의 대상은 무궁무진하다. 그런데 모든 사물이 감상의 대상이 되지는 않는다. 자유로운 필자라면 그 많은 대상에서 특별한 경험을 통해 감상의 대상을 선별할 것이다. 그러나 학생들의 경우 감상의 대상이 외부로부터 주어진 경우가 대부분이었다. 초등학교 시절부터 무수히 써 왔던 독후감이 그러하였듯이 감상문 과제로 주어질 경우 감상의 대상이 한정된다. 대상을 한정할 경우, 그 대상에 대해 자기만의 경험을 하지 않은 독자라면 느낀 바나 생각한 바가 특별하지 않을 것이다. 또 아무리 타인에게는 특별한 경험을 던진 대상이었다 하더라도 자신에게는 아닐 수 있다. 이럴 경우 내가 써야 하는 감상문은 억지로 써야 하는 글이 되곤 하였다.

또한 과제로 주어진 경우의 감상문은 감상의 주체인 나에 대한 이야기를 목표로 하기 보다는 그 대상에 대한 이해를 확인하기 위한 목표로 진행된 경우가 많다. 예를 들어 고등학교 시절 수행평가로 주어졌거나 국어과 교과 과정 수업 시간에 썼던 독후감은 그 대상에 대한 학생들의 자유로운 경험과 생각을 확장하고 이를 글로 정리해 보기 위해서라기보다는 그 작품을 읽었는지의 확인 여부를 위해, 또 대학 수학 능력 시험과 같은 중요한 시험에 그 작품이 출제될 경우를 대비하기 위해 마련된 과제였던 경우가 많다. 때문에 대학에 오기까지 많은 학생들이 무궁무진한 감상의 대상을 경험하고 그 안에서 어느 하나의 대상과 자신이 맺었던 고유하면서도 특별한 대상과의 만남을 기술하는 감상문을 써 본 경험이 별로 없었던 셈이다.

감상문을 쓰기 전에 세상과 만나자. 다른 사람의 눈에 띄지 않아 나를 기다려왔던 대상들을 찾아보자. 혹은 어느 대상과 맺었던 잊히지 않는 기억을 반추해보자. 우리가 쓸 수 있는 감상문의 대상은 무궁무진하다. 다른 종류의 글보다 감상문만이 가질 수 있는 폭넓은 세계를 경험해보자. 내가 경험하고 느낀 만큼 내가 쓸 수 있는 감상문도 많아질 것이다. 또 감상문을 쓰기 위해 기억에서 사라질 수 있었던 경험이나 대상을 다시 자신의 삶으로 가져오게 될 것이다. 그 과정에서 우리는 세상의 많은 것들과 특별한 만남을 하게 되고, 그 만큼 더 세상을 사랑하게 되리라.

2. 감상문, 이렇게 시작해 보자

'맛'을 주는 대상을 찾자

감상문만큼 '나의 느낌', '나의 생각'을 자유롭게 펼칠 수 있는 글은 드물다. 반대로 자신이 느낀 바나 생각한 바가 없다면 쓸 수 없는 글이 감상문이다. '나'에게 느낌과 생각을 던져준 '대상'에 대해 써야 한다. 억지 느낌이나 만들어진 허위의 생각이 아니라 나의 살아있는 생각을 쓰기 위해서는 그런 경험이 있는 대상을 찾아야 한다. 감상문에서 대상은 주어진 것도, 이미 글감으로 결정된 것도 아니다. 내가 찾는 것이고, 내가 선택하는 것이다.

감상문의 종류가 다양하니 대상의 종류에 대해서는 고민하지 않아도 된다. 영화를 선택했다면 영화 감상문이 될 것이요, 책을 선택했다면 독서 감상문, 음악을 선택했다면 음악 감상문, 미술 작품을 선택했다면 미술 감상문이 될 것이다. 그 뿐 아니다. 여행의 경험, 멋진 장소, 사람, 물건 그 모든 것이 감상문에서 내가 쓸 수 있는 '대상'

이요 '경험'이다. 감상문 쓰기가 목적이고, 감상문 쓰기를 배우고 싶다면 그 중에서 내가 가장 쓰고 싶은 종류를 나의 경험에서 찾는 것이 효과적이다. 잊히지 않는 기억을 찾거나, 지난 한 달간의 경험 중에서 가장 강렬하게 자신의 느낌을 자극했던 대상을 찾아보자. 그리고 그 대상에 대해 다시 생각해보자.

> 뉘 집에 가든지 좋은 벽면을 가진 방처럼 탐나는 것은 없다. 넓고 멀찍하고 광선이 간접으로 어리는, 물속처럼 고요한 벽면, 그런 벽면에 낡은 그림이나 한 폭 걸어 놓고 혼자 바라보고 앉았는 맛, 그런 벽면 아래에서 생각을 소화하며 어정거리는 맛, 더러는 좋은 친구와 함께 바라보며 화제 없는 이야기로 날 어둡는 줄 모르는 맛, 그리고 가끔 다른 그림으로 갈아 걸어 보는 맛, 좋은 벽은 얼마나 생활이, 인생이 의지할 수 있는 것일까! (후략)
>
> 이태준, 「벽」, 『무서록』

이태준(1904.1.7~?)
소설가. 호는 상허(尙虛)
주요 작품 : 「오몽녀」, 「가마귀」, 「달밤」, 「복덕방」 등. 문장론, 글쓰기에 대해 다룬 『문장강화』로도 유명.

예문은 이태준의 「벽」이라는 글 중 일부다. 벽처럼 흔한 대상이 있을까? 그런데 흔하다고 해서 감상문의 대상이 안 되는 것이 아니다. 흔한 벽도 감상의 대상이 될 수 있다. 단 내가 그 대상에게서 '맛'을 느꼈어야 한다. 이태준이 벽면에서 느꼈던 '맛'이 벽에 대한 글을 가능하게 했다. 즉 벽면에 얽힌 그의 강렬한 경험이 없었다면 벽에 대한 글은 불가능하다. 감상문을 쓰고자 한다면 억지로 어떤 대상에 대해서 쓰려 하지 말고 나에게 '느낌'을 주었던, '맛'을 주었던 대상을 찾는 일에서부터 시작해야 한다. 잘 찾아지지 않는다면 지난 한 달간 보았던 영화나 드라마, 글 중에서 선택해보자. 그 선택에 따라 감상문의 하위 종류도 결정될 것이다.

'그냥'과 '왠지'를 다시 생각하자

나에게 특별한 느낌을 준 대상을 찾았다면 그 느낌에 대해 다시 생각해봐야 한다. 특히 '느낌'이라고 하면 당연히 막연한 것이고 구체적인 서술이 불가능하다고 여긴다. 간혹 누군가를 만나서 그 사람에게 호감을 갖게 된 친구에게 왜 좋으냐고 물어보면 나오는 답변은 "그냥, 왠지."이다.

이제 왜 좋았는지, 왜 내게 그 대상이 다른 대상과는 달리 좀 더 강한 느낌으로 와 닿았는지를 생각할 차례다. 즉 '그냥'을 구체적으로 해부하는 과정이 필요하다. 대상에 대한 감상을 적으면서 그냥 좋았다, 왠지 괜찮았다, 아주 좋았다는 식의 막연한 감상은 독자와 교감할 수 없는 감상이다. 내가 느꼈던 것을 독자와 공유하기 위해서는 그 느낌의 실체를 구체적으로, 꼬치꼬치 해부하여 전해줄 수 있어야 한다. 느낌과 경험을 다시 생각하면서 그것을 구체적으로 하나하나 메모해 보자. 이 과정에서 대상과의 감동도 다시 느낄 수 있게 된다. 또 그것을 언어화 하는 과정에서 그 가치를 이해하게 되고 자신의 것으로 삼게 될 것이다.

이규보(1168~1231) 고려시대 문신, 문인. 명문장가로 유명. 『동국이상국집』, 『국선생전』 등.

나에게 질항아리 하나가 있는데, 여기에 술을 담아 두면 맛이 변하지 않아 보물처럼 아낀다. 그런데 질항아리가 나에게 가르쳐 주는 것이 있으니, 글을 지어 내 마음을 표현해 본다.

…(중략)… 이 항아리에 술을 부으면 채 한 말이 못 들어간다. 항아리는 술을 가득 채웠다가는 곧 비워 버리고, 텅 비면 또다시 술을 받아들인다. 진흙을 잘 구워서 빈틈없이 만든 것이라 스며들지도 새지도 않으며, 주둥이가 널찍하니 진한 술을 부었다 따라냈다 하기에 좋다. 술을 쉽게 따라 낼 수 있으니 기울어지거나 뒤엎는 일이 없고, 술을 부어 두기 좋으니 계속하여 술을 담아 둘 수 있다. 항아리가 한평생 동안 담은 술을 따져 본다면 몇 섬이나 되는지 셀 수도 없으리라. 그러나 항아리의 넓은 속은 마치 군자의 겸허한 마음과 같아, 항상 변함없고 간사스럽지 않은 것이다.

슬프다. 재물만 좇아다니는 저 소인들은, 자기들의 그릇이 작은 건 알지 못하고 좁디좁은 도량으로 끝도 없는 욕심을 따라 치달린다. 쌓아 두기만 하고 남에게 흩어줄 줄은 모르며, 아직도 부족하다고만 한다. 작은 그릇은 금세 채워지고 또 그만큼 금방 뒤엎어지는 것이다.

나는 이 항아리를 늘 곁에 두고 가득 차면 넘치게 된다는 것을 잊지 않으며 스스로 노력하겠다. 그렇게 타고난 분수 따라 한평생을 보내면 몸도 온전하고 복도 제대로 받을 것이다.

이규보, 「도앵부(陶罌賦)」

예문은 이규보의 「도앵부」이다. 부(賦)란 사물이나 그에 대한 감상을 직접 서술하던 옛글이다. 이 글을 현대식으로 보자면 질항아리에 대한 감상문이라 할 수 있다. 질항아리에 대해 자신의 마음을 표현해 본다는 말은 사물에 대한 감상이라 할 수 있기 때문이다. 인용한 글에서 두 번째 단락과 마지막 단락을 보면 작자가 왜 질항아리에 대한 마음을 표현하고자 했는지 그 이유를 구체적으로 알 수 있다. 이처럼 어떤 대상에 대한 느낌과 마음, 생각을 적을 때는 막연하게 쓰는 것이 아니라 구체적인 기술이 필요하다. 이를 위해 그 대상에 대해 숙고하면서 그 대상이 자신의 마음에 던져주는 느낌을 의미화 하는 작업이 필요하다. 그 결과를 메모해서 개요 작성하기와 실제 감상문을 쓸 때 활용해 보자. 어떤 사물에 대한 감상만이 아니라 작품에 대한 감상을 쓸 때도 마찬가지다.

3. 나만의 작품 감상문을 써 보자

감상문 중에서 가장 많이 쓰는 감상문은 독서 감상문이나 영화 감상문, 여행 감상문, 음악 감상문, 미술 감상문 등 어떤 작품에 대한 감상문이다. 인터넷이 발달하면서 이러한 감상문이 블로그나 인터넷 카페, 홈페이지에 많이 등장한다. 누구나 자신의 글을 독자에게 알릴 수 있는 세상이 되었다. 문제는 누가 독자와 소통할 수 있는 글을 쓸 수 있느냐 하는 문제다. 이제 우리도 멋진 감상문을 한번 써 보자. 나만의 느낌, 나만의 생각을 통해 세상과 교류하자.

작품 감상문은 대상 작품의 아류?

작품 감상문은 작품이 있어야 한다. 다른 감상문도 마찬가지다. 어떤 대상이나 경험이 먼저 있어야 한다. 그렇다고 해서 감상문을 대상이나 작품의 부수적인 글로 여겨서는 안 된다. 작품 감상문은 대상 작품을 모방한 모작도, 독창성이 결여된 아류도 아니다. 이태준의 「벽」이나 이규보의 「도앵부」가 실제 벽이나 질항아리에 대한 감상을 적었으나 독자적으로 존재하는 한 편의 글이 된 것처럼 작품에 대한 감상문도 독자적인 작품이다. 때문에 한 편의 감상문은 그 자체로 독립적인 글로 존재할 수 있어야 하며, 이를 위해서 글의 완결성을 갖추어야 한다. 해당 작품을 읽지 않은 사람이라도 한 편의 감상문을 이해하는 데 무리가 따르지 않도록 써야 한다. 예를 들어 독서 감상문이나 영화 감상문을 쓸 때 독자가 당연히 감상의 대상 작품을 알고 있을 거라고 전제하고 쓰는 것이 아니라 해당 작품을 모르고 있다 하더라도 자신이 쓴 감상문을 이해할 수 있도록 기술해야 한다. 때문에 작품을 소개하고 분석하는 부분에서는 글쓰기의 서술 유형들을 전략적으로 활용하여야 한다. 요약, 분석, 묘사, 설명, 인용

등을 통해 작품 소개와 그에 따른 필자의 감상을 종합할 수 있어야 한다. 또한 감상문 쓰기 역시 기본적으로 일반적인 글쓰기의 과정을 따라야 한다.

일단 작품 감상문을 쓰고자 한다면 해당 작품에 대해 짧게 요약문이나 소개하는 글을 써 보자. 이 요약이나 소개만으로는 감상문이 될 수 없다. 또 요약과 의견의 이분법적인 틀로 기술하는 것도 개성적인 감상문 쓰기에는 어울리지 않는다.

감상문에도 주제가 있다!

감상문의 주제는 작품의 주제와 일치할까? 그럴 수도 있지만 일치하지 않을 수도 있다. 앞서 설명한 바와 같이 작품과 작품 감상문은 독자적인 글이기 때문이다. 더구나 작품을 소개하는 글이 주가 되는 것이 아니라 필자의 감상이 주가 되는 글이다. 그러니 당연히 감상문에서도 주제를 정해야 한다.

감상문의 주제는 대상 작품에서 느끼고 생각한 바를 하나의 관점으로 정리함으로써 정해진다. 관점을 하나로 모아 그것을 중심으로 다시 작품을 조명하여 감상문을 쓰도록 하자.

· 독서 감상문의 예 1

무엇이 여성을 여성이게 하는가, 채영신

–『상록수』(심훈)을 읽고

1920년대 이래로 한국의 여성 교육이 본격화되면서 많은 여학생들의 희망은 좋은 직장과 조건 좋은 남자를 만나 결혼을 해서 안락한 생활을 누리는 데 있었다. 처음에는 반대가 심했던 부모들도 딸들이 학교에 진학하는 것을 찬성하게 되는데, 그 이유 역시 학교에 갔더니 좋은 직장과 조건 좋은 신랑을 얻을 수 있으리라는 기대 때문이었다. 신분제도가 없어진 사회에서 학벌이 새로운 신분 계층을 만들어내는 도구가 된 셈이다. 그러나 자신이 배운 지식을 자신만의 영달을 위해서가 아니라 특별히 가난하고 배우지 못했던 사람들과 함께 하는 삶을 위한 디딤돌로 삼았던 특이한 여학생이 있었다. 심훈의 대표작 『상록수』(1935)의 여주인공 채영신이 바로 그 장본인이다. 그녀는 최용신이라는 실존 인물을 모델로 해서 소설을 통해 창조된 인물이기도 하다.

최용신(1909~1935)은 당시 수원 천곡리에서 샘골학원을 세우고 농촌 계몽 운동을 벌이다 장이 꼬이는 장중첩증으로 수원 도립병원에서 생을 마감한다. 『상록수』에서 영신도 농촌 운동에 헌신하다 목숨을 잃는다. 조그만 동산 아래 20호 정도의 가구가 살았던 작고 가난한 마을 천곡리는 가난한 소작인이 대부분이었던 식민지 시대 대표적인 조선의 농촌이었다. 그리고 지금도 안산시 상록수 공원에는 『상록수』의 여주인공인 채영신의 실존인물이었던 최용신의 묘가 남아있다. 상록수라는 지명이, 상록 초등학교, 상록 중학교, 영신로라는 거리와 학교이름이 『상록수』에서 채영신을, 최용신을 잊지 말라고 오늘도 우리를 일깨우고 있다. 무엇 때문에 우리는 지금도 그녀, 최용신, 『상록수』의 채영신을 기억해야 하는 것일까. 채영신을 만나보자.

1. 여성스러움에 반기를 들다

소설 속에서 채영신은 여성스럽지 않다. 오히려 그녀는 여러 면에서 남자답다. 자기주장에 철저하고 남자들 앞이라고 해서 주눅 드는 법이 없다. 당시 경성의 여학생들이 잠자리 날개 옷 같은 옷으로 치장을 하며 서양의 미를 추종할 때, 그녀는 수수한 모습 그대로 방학을 이용해 농촌 계몽운동에 참여했다. 그녀의 여성스럽지 않은 모습은 소설의 첫 장면에서부터 부각된다. ○○일보사에서 주최한 학생 계몽 운동에 참가했던 대원들을 위로하는 다과회 장에서 채영신은 사회자가 발언권을 주었을 때 아무 말도 하기 싫다고 당당하게 말한다. 사회자가 여성을 차별했다고 생각했기 때문이다. "첫째, 이런 자리에서까지 남자와 여자를 구별하는지는 모르지만, 남이 다 말을 하고 난 맨 끄트머리에 언권을 주는 것이 몹시 불쾌"하다며, 여자가 여간 아니라는 남자들의 비아냥거림에도 아랑곳없이 자신의 생각을 거침없이 표현하는 영신의 모습은 자신감 넘치고 독립적이며, 여성스러움에 대한 사회적 통념에 과감하게 도전장을 제기하는 모습이기도 하다. 사회자의 부적절한 처사에 대해 거침없이 지적하고, 농촌 계몽 운동에서 겪어야 했던 고생을 자랑하기 보다는 오히려 묵묵히 이 운동을 꾸준히 해나갈 결심을 굳히며, 지식인의 사명을 분명히 공표하는 영신의 모습은 여성스럽지 못한 모습일지는 모른다. 학교를 졸업하면 양복을 갈아입고 의자에 앉아서 월급이나 타먹으려는 공상에서 벗어나, 또 남녀차별에서 벗어나 우리의 농촌, 어촌, 산촌의 민중들을 위해 희생하자는 그녀의 포부 또한 보통의 여자답지도 않을 뿐 아니라 대장부로 칭송받던 남자들의 포부보다도 더 원대하고 현실적이다. 그녀의 당당한 모습과 힘찬 언변은 남학생들에게까지도 감화시킨다.

여성의 연약함에서 벗어나서 여성스러움에 대한 사회적 통념을 뛰어넘어 민족을 위해 헌신하겠다는 그녀의 이상은 단지 말뿐인 탁상공론이 아니었다. 일상생활 하나하나에서 여자라는 이유 때문에 혹여 나약한 인간으로 취급받지 않도록 자신을 늘 경계한다. 전차 안에서 자리를 양보해주겠다는 동혁의 호의도 받아들일 수 없다. 자신을 연약한 여자라고 자리를 양보하는 대우를 받기 싫었기 때문이다. 조기 체조회에 가서는 여학생이 체조도 한다는 소문이 나든 말든 열심히 체조에 참여한다. 이는 그녀가 헌신하고자 하는 농촌 운동을 위해서 무엇보다 그녀가 극복하고자 했던 것이 여자라는 한계였기 때문은 아니었을까. 영신은 어떠한 남녀의 차별을 전제하지 않는다. 오히려 남녀의 차이를 넘어서 뜻이 같은 사람끼리 단결하여 남의 강제나 일종의 유행으로서가 아니라, 자발적으로 참여하는 농촌운동에 헌신하자고 당부한다. 결국 마을의 남자 청년들도 '여자두 저만큼이나 났어야 사내들한테 코 큰 소리를 해보지.' 라고 영신을 인정할 수밖에 없었다.

영신이 살았던 시대보다는 훨씬 남녀 평등적인 사회에 살고 있는 한국의 여성들. 그런데 지금도 채영신 만큼 자신의 성에 당당하고 사회적 통념에서 자유로운 여성을 만나기는 쉽지 않다. 영신은 지금도 우리 앞에서 이런 말을 하고 싶지 않을까. 너는 너의 여성스러움을 어디에서 찾느냐? 혹 화려한 치장과 다소곳한 성격과 살림에 알뜰한 것으로 너의 여성성을 주장하려고 하는 것은 아니냐? 사회에서 통념화 된 여성스러움을 무기로 너의 영달과 너의 안녕을 위한 도구로 사용하고 있는 것은 아니냐? 라고 말이다. 채영신은 우리에게 여성스러움에 대한 새로운 가치 정립을 제기한다. 여성스러움은 남성적 잣대 속에서 남성과는 대조적인 어떤 차별성으로 확보되지 않는다. 그것은 무엇보다도 남자나 권력자에게 잘 보이기 위한 처세술이 아니라 세상을 더 살기 좋은 세상으로 변화시킬 수 있는 동력이 되어야 한다고 말이다.

2. 여성의 행복은 사랑?

(후략)

(필자: 김윤선)

위의 글은 한국 현대 소설의 대표작인 심훈의 『상록수』를 읽고 쓴 독서 감상문의 일부이다. 『상록수』는 농민 운동과 동지적 사랑을 그린 브나르도 운동 시기의 농촌 계몽소설로 알려져 있다. 그러나 작품 감상문의 주제는 작품의 주제와 반드시 일치하는 것은 아니다. 오히려 이 감상문에서는 농촌 계몽 운동이라는 작품의 주제보다는 작품 속의 주인공 채영신의 여성성에 초점을 맞춰 과연 무엇이 여성적인 특성으로 규정될 수 있는지에 대한 문제의식에서 출발한다. 농촌 계몽이라는 관점보다는 여성주의적 관점에서 작품을 새롭게 감상한 결과이다.

이처럼 작품의 감상문을 쓸 때에는 작품에 대한 느낌과 생각을 하나의 관점으로 다시 정리하고 재해석하여 필자가 쓰고자 하는 감상문의 주제로 드러낼 수 있어야 한다. 작품 감상문의 새로운 주제는 여러 사람이 동일한 작품에 대해 쓰더라도 '나의 감상문' 쓰기를 가능하게 하는 이유이기도 하다. 동시에 이런 '나만의' 감상문이 동일 작품에 대한 다양한 감상문, 새로운 글쓰기를 가능하게 한다.

'주관적인 느낌'에 '객관의 옷'을

필자의 느낌과 생각을 솔직하게 표현할 수 있는 감상문은 다른 어느 글보다 그 내용의 성격상 주관적일 수 있는 글이다. 그러나 지나치게 주관적인 느낌만으로는 독자와 소통하지 못하는 불구의 글이 되기 쉽다. 의사소통 행위로서의 글이라는 글 본연의 성격을 염두에 둘 때, 감상문 쓰기에서 주의해야 할 점은 자신의 주관적인 느낌과 생각을 어떻게 독자와의 소통과 공감과 공유의 장으로 옮길 것이냐 하는 문제이다. 이때 필요한 것이 객관화이다.

해당 작품 분야의 전문가라면 이미 작품에 대한 관련 지식과 정보를 알고 있을 것이며, 이러한 기초 위에 자신의 주관적 느낌과 생각을 배치할 수 있는 기술이 있다. 그러나 학생들의 경우 작품과 관련된 지식과 정보가 부족할 경우가 많다. 때문에 감상문을 쓰면서 해당 작품과 관련된 지식과 정보를 찾아보는 것이 필요하다. 이것은 자신의 주관적 느낌을 이미 공인된 객관의 세계에서 확인해 보고 재평가하는 작업이기도 하며, 다양한 작품 감상의 길을 열어주는 방법이기도 하다. 문학 작품의 경우라면 그 작품과 관련된 문학사를 확인해 보는 작업, 시대적·공간적 배경을 찾아보는 일, 작가에 대해 조사해 보는 것, 작품과 관련된 기존의 평을 읽어보는 것 등이 이러한 객관화 작업을 위한 기초가 될 수 있다. 그렇다고 타인의 작품평을 그대로 모방하여 자신의 목소리를 잃어서는 안 된다.

관련 지식을 통한 내용의 객관화를 준비하는 것과 동시에 주관적인 감상을 객관화할 수 있는 또 하나의 방법은 표현의 객관화이다. 일반적인 글쓰기의 원칙을 준수하여 작성하되, 감상문이기 때문에 두드러질 수 있는 주관적인 표현들을 순화하는 작업을 거치는 것이 필요하다. 자신이 쓴 감상문을 다시 확인하고 고쳐 보자. 예를 들어 1

인칭 대명사가 주어인 '나는', '내가'라는 표현의 문장을 1인칭 대명사를 쓰지 않는 문장으로 고쳐 보자. 감정 표현의 서술어가 많지는 않은지 확인해 보자. 이 역시 다른 표현으로 고쳐 보는 과정을 거치면서 당신은 좀 더 독자와 공감할 수 있는 감상문 쓰기의 기술을 터득하게 될 것이다.

마지막으로 매력적이되 독자의 공감을 불러일으킬 수 있는 제목을 정하자. 독서 감상문의 경우 '~을 읽고' 와 같은 제목은 읽은 '나'와 내가 읽은 작품인 감상문의 '대상'만을 부각시키는 주관적인 제목이다. 이보다는 감상문 자체를 대표할 수 있는 독립적인 제목을 정하되 부제로 작품의 제목 내지는 작품의 서지 사항까지 밝혀주는 전략이 더 효과적이다.

활동 1

감상문 쓰기에서 주의해야 할 점과 어려운 점을 정리하여 발표해보자.

활동 2

문학 작품이나 영화, 그림이나 음악 등 작품을 감상하고 감상문을 써 보자.

활동 3

다음 두 글은 영화 <로빙화>를 감상한 후 쓴 대학 1년생의 영화 감상문이다. 두 글의 장단점을 비교해보자. 두 감상문 중 어느 것이 더 공감을 주는가? 내가 쓴다면 어떻게 쓸 수 있을까? <로빙화>를 보고 나만의 감상문을 써 보자.

· 예 1

<로빙화 감상문>

선입견을 깨라!

2009 서○○

우리나라에는 예쁘고 날씬한 사람이 공부를 열심히 하면, '저 아이는 팔방미인이구나!' 하지만 못생기고 뚱뚱한 사람이 공부를 열심히 하면, '저 아이는 공부라도 해서 살아가야지.' 하고 생각하는 못된 습성이 있다. 나라면 모든 나라이지 왜 꼭 우리나라로 국한하는가 하면, 외국에서는 이러한 상황을 보는 시각이 우리나라와는 상당히 다르기 때문이다.

이런 시각으로 사람들을 바라보는 것을 색안경을 끼고 바라본다고 한다. 그리고 색안경을 낀 이들이 바로 로빙화에 나온 대부분의 선생님들이다. 선생님들은 아명이 천방지축이고 집도 가난하다는 이유로 그의 그림도 고작 천방지축 꼬마가 그린 것으로 단정지어 버린다. 그와 반대로 이장 집의 아들인 임지홍도 그림을 그리는데 선생님들은 그의 집이 부자이고 그가 총명하다는 이유로 그의 그림도 무척 훌륭한 그림으로 생각한다.

이게 무슨 불공평한 경우인가? 아명은 꾀죄죄하고 가난하다는 이유로 차별을 당했고 자신의 꿈을 짓밟혔다. '이러한 차별을 현대 사회에서는 찾아볼 수 없고 현대 사회에서는 학생들의 능력을 평가한다.'고 자신 있게 말하는 사람들도 있었다. 과연 맞는 말일까? 현대 사회에서 선입견이 완전히 사라졌을까? 그렇지 않다. 물론 많이 줄어들긴 했지만 선입견을 가진 선생님들, 그리고 사람들은 아직도 상당수 존재한다.

고교등급제 등 여러 가지 우리 사회를 달구고 있는 뜨거운 논제들도 선입견과 고정관념에 관련된 것들이 대부분이다. 사회적인 문제까지 나아가지 않고 사람들이 맺는 인간관계 속에서 만으로도 선입견이나 고정관념을 충분히 볼 수 있다. 한 번 범죄를 저지르거나 좋지 않은 행동을 한 연예인들의 복귀가 어려운 것도 같은 맥락이다.

'낙인 이론'을 아는가. 어떠한 것으로 한 번 낙인이 찍힌 사람은 그 낙인을 벗기가 어렵다는 것을 표명한 이론이다. 이 이론도 선입견과 고정관념을 바탕으로 한다. 아명이 부유한 집의 자제이고 총명한 아이로 낙인이 찍혔다면 그의 그림은 대회에 벌써 제출되었을 것이다. 그러나 그것은 절대적으로 그의 잘못이 아니다. 그 사실은 누구나 말할 수 있다. 문제는 그를 평가하는 사람들, 즉 선생님들이었다.

이런 선입견이 양극화를 심화시킨다고 생각해 본 적은 없는가? 임지홍은 처음부터 똑똑한 아이로 알려졌고 그로 인해 그에게는 고아명보다 더 많은 기회가 주어졌고 더 많은 상이 주어졌다. 고아명이 바란 것은 상도, 명예도 아니었다. 그는 단지 꿈을 펼쳐 나갈 도화지가 필요했을 뿐이다. 그러나 그가 말썽을 피우고 부유하지 못하다는 이유로 그는 꿈을 실현시킬 기회조차 잃어버렸다. 부(富)는 더 많은 기회를 얻고 부를 계승하고 빈(貧)은 꿈을 잃고 빈을 계승한다.

미래의 교사들아, 염두에 두어야 할 것이 있다. 학생의 생활기록부를 펼쳐 보기 전에 학생 자체를 보아야 한다. 학생의 부모님이 무슨 직업을 가졌는지를 보기 전에 학생의 장래희망이 무엇인지를 보라. 한 분야에 뛰어난 아이라고 해서 그 아이가 모든 분야를 다 잘할 리는 만무하고 한 분야에 젬병인 아이라고 해서 모든 분야를 다 못 할 것이라 생각하지 마라. 아이를 맡은 1년 동안 그 아이의 아무 것도 바꿀 생각 하지 마라. 그러나 그 아이가 뛰어난 분야의 능력을 최대화시켜 올려 보내는 것, 그것이 당신들의 임무이다.

· 예 2

루빙화? 내가 대한민국에서 이런 영화를 찍는다면 제목은 잡초다.

2009 김○○

어라 이거 낯설지 않잖아? 이거 내 얘긴가? 아니.. 정확히 말하자면 내 얘기는 아니다. 내 초등학교 시절을 보는 것만 같다. 아 물론 '루빙화'에 나오는 대만의 60년대 모습이 꼭 같다는 건 아니다.

내 초등학교 시절 친구들 중에도 고아명처럼 머리를 빡빡 깎고 땟국물을 온몸에 덕지덕지 붙이고 다니는 녀석들이 많았다. 그들은 으레 아버지가 광부인 녀석들이었다. 그걸 구태여 자신의 몸까지 그들의 아버지처럼 검게(안 씻어서)하고 다녀 광부의 자식인 것을 티낼 이유는 없었는데도 여하간 검은 얼굴에서도 눈부시게 밝은 미소가 쏟아져 나오는 녀석들이었다.

어릴 적 나는 그들과 많이 어울려 놀곤 했다. 개중엔 축구를 잘하는 녀석도 있었고 농구나 달리기를 잘하는 녀석들도 있었다. 산타기(등산보다는 산타기라는 표현이 적절)를 좋아하는 녀석과 뒷산 탐험을 했을 때는 하마터면 산 중턱에서 고아가 될 뻔 하기도 했었다.

하… 너무 오랜 시간이 흘러서 제대로 기억도 나지 않는다. 다만 그 녀석들이 지금 무얼 하고 있는지는 짐작이 간다. 중 고등학교 때부터 술, 담배, 여자를 달고 살았던 녀석들. 지금쯤 어느 지방에 있는 대학에 다니면서 여전히 술, 담배를 입에 달고 살게다.

왜? 그 녀석들은 태생이 글러먹은 녀석들인가? 아니면 '스스로' 인생을 접어 버린 녀석들인가? 영화 '루빙화'에서 부당한 교육현실이 고아명을 죽였다면, 대한민국에서의 교육현실은 내 친구들을 꿈과 함께 영혼 채 죽여 버린 셈이다.

그들은 나와 전혀 다를 바 없는 녀석들이었다. 초등학교적만 해도 아니 적어도 중학교 때까지도 그랬다. 공부는 비록 못했더라도 그 외의 방면에선 분명 내가 존경을 마지않던 녀석들이 많았다. 그 산타기 좋아하던 녀석은 자연의 동식물 관련해서는 일가견이 있는 녀석이었다. 또 다른 친구는 웅변에 소질이 있었다. 그러나 학교 선생님 그 아무도 그들을 거들떠 보지 않았다. 아마도 가망이 없을 거라고 선생님들 스스로 판단한 모양일 것이다.

초등학교 저학년, 어릴 적엔 차별이란 것이 무엇인지도 몰랐고 선생님은 우리 모두를 똑같이 사랑하는 줄 알았다. 그러나 고학년이 되어서는 분명 느꼈다. 눈으로 보았으니깐.

6학년 때 1학년 교실 청소를 맡은 적이 있었다. 나는 친구와 교실을 매일 청소시간마다 말끔히 치웠고 그 반의 항상 미소를 머금으신 담임선생님과도 꽤나 친해졌었다. 우리가 청소시간이 되어 청소를 하러 갔을 때는 1학년이 하교한 후였고 남아있는 아이들은 언제나 딱 보기에도 가난한 집안의 아이들이었다. 그리고 항상 그 아이들은 담임선생님한테 매를 맞고 있었다. 무엇이 이유인지는 아직도 모르겠다. 허나 그때 귀티 나는 옷을 입은 아이와 꼬질꼬질한 옷을 입은 아이를 대하는 선생님의 상반된 태도에 꽤나 충격을 받았었다. 그때 왜 그 선생님은 그러한 태도를 가졌는지에 대한 의문의 실마리는 매주 갖는 학부모 모임이 갖고 있었을 것이다. 당시 그곳엔 대형 카지노가 생겼었고 그 일과 관련된 도시 사람들이 대거 이사를 온 시기였다. 그 선생님 또한 도시에서 온 사람이었다. 순박한 지역아이들과 그들의 학부모들이 무엇을 알았으랴. 학부모 모임 때 교실청소라도 있는 날이면 으레 기존의 동네 아주머니들만 창턱에 매달려 창문을 닦는 모습이 보였다. 선생님과 서울에서 온 학부모들은 고급 레스토랑에서 칼질을 하고 있었을 것이다.

꿈과 희망을 가꾸어 나가야 할 1학년생들이었다. 이유도 모르는 무언의 폭력으로 얼마나 많은 피해를 입었을까. 물론, 모든 선생님들이 위와 같진 않다. 분명 아직도 기억에 남는, 가슴으로 우리를 가르쳐주신 선생님이 많이 있었다.

그러나 그것만으로 내 친구들의 영혼을 지키기에는 역부족이었다. 대한민국의 교실에서는 오직 말 잘 듣고 공부 잘하는 녀석들만 필요로 했다. 창의력을 인정해 주지 않는 교실바닥에서는 들꽃 이름을 줄줄 외워대던 내 친구의 순박함이 필요할 리가 없었다. 아니, 구체적으로 말하자면 공부도 못하고 가난하기까지 한 아이들은 그저 인생의 낙오자로만 살아가야 했다. 수시로 이어지는 가출과 방황. 그럼에도 그냥 손을 놔버린 교육당국의 현실. 결국 끊임없이 겉도는 아이들의 악순환만 반복될 뿐이다.

고아명은 그의 미술선생님에게 '부잣집 애들은 뭐든지 잘하는 것 같아요' 라고 말하며 애써 웃어넘겼다. 그래. 그냥 그저 애써 웃어넘길 뿐이었다. 이 말은 나를 무엇보다도 가슴 저미게 만들었다. 과거 내 친구들도 이런 쓴웃음을 지었을 것이다.

루빙화. 한 때, 잠깐 피었다가 시들어 버리지만, 죽어서도 거름이 되어 차나무를 잘 자라게 만들고 좋은 향기를 전해주는 꽃이라고 한다. 분명 고아명은 죽어서도 좋은 향기를 전해주는 꽃, 루빙화가 되었다.

그러나 모질게도 대한민국의 교육은 내 친구들을 한낱 잡초로 만들어 버렸다. 좋은 향기가 나기는커녕 주변의 온전한 풀의 생장마저 방해하는 잡초로 말이다. 희망이 담긴 꽃 봉우리는 짓밟혔고 햇빛마저 강탈당한 한 떨기 야생화는 결국 잡초로 변모한 것이다.

3장 비판적 칼럼

칼럼의 개념을 살피고 칼럼의 기능, 특성을 고찰한 후, 칼럼을 쓸 때 알아야 할 내용을 소개하고 있다.

1. 칼럼의 의미

칼럼은 신문이나 잡지에서 사회적 이슈에 대하여 논평하는 글을 말한다

칼럼의 집필 목적은 사회적 이슈에 대한 논평이다.

칼럼은 기둥을 뜻하는 라틴어 칼룸나(columna)에서 나온 말로서, 주로 신문이나 잡지에서 사회적 이슈에 대하여 논평하는 것을 말한다. 신문이나 잡지의 경우에는 전문적인 칼럼니스트뿐만 아니라 교수, 기업인, 행정 관료와 같은 사회 여론 주도층이 필자가 되어 집필한다. 그러나 굳이 전문적 칼럼니스트가 아니더라도 칼럼 형식을 택해 글을 쓴다면 현재 이슈가 되고 있는 사회 문제, 그것이 문제가 되는 이유, 해결 방법 등을 고민하게 되는데, 이러한 경험은 비판적 사고력, 종합적 사고력, 논리적 사고력을 신장하는 데 큰 도움이 된다.

칼럼은 신문지면의 난(欄), 특별기사, 상시(常時) 특약기고 기사, 매일 일정한 자리에 연재되는 단평란 등의 형식으로 집필된다. 각 대학에서 발행하는 학보에도 이런 유형의 코너들이 있는데, 대학생의 경우 학내 문제에 대한 자신의 견해를 칼럼으로 작성하여 투고해 봄으로써 깊이 있는 문제의식을 기를 수 있다.

2. 칼럼의 유형

칼럼의 유형은 다양하다. 관점 칼럼, 개인의견 칼럼, 전문가의견 칼럼, 잡담 칼럼, 독자의 편지·편집자의 반응칼럼 등 다양한 유형이 있다. 관점 칼럼은 최근의 이슈에 대해 논평하는 유형이며, 개인의견 칼럼은 대개 필자의 개인 의견을 피력하는 것으로 가장 인기 있는 유형이다. 전문가의견 칼럼은 어떤 이슈를 전문가의 시각에서 해설하는 유형이고, 잡담 칼럼은 잡다한 화제를 다루는 것이며, '독자의 편지 · 편집자의 반응칼럼'은 독자들의 기고나 논평에 대하여 편집자가 대답하는 형식을 취한다.

지난 2005년 다양한 학부 전공 대학생들이 의사가 되는 길을 터주기 위해 도입한 의전원(의학전문대학원) 제도가 이공계 대학의 의전원 입시 과열 등의 부작용을 낳으면서 의전원은 이제 쇠락할 처지에 놓였다. 그렇다면 과연 의전원은 실패한 것일까. '도로 의대'가 미래 생명과학을 이끌 인재 양성의 유일한 방법이란 말인가. …(중략)…

요즘 전 세계 생명과학계는 학제 간 이합집산으로 부산하다. IT는 바이오에 접속돼 몸에서 나오는 질병 신호를 외부로 전달하는 생체 이식형 기구 개발에 나서고, 나노(nano)기술은 의학에 붙어 인공 폐와 간 등 그동안 불가능한 것으로 여겼던 인조 장기를 만든다. 분자생물학은 의료와 교접돼 주사기로 줄기세포를 몸에 넣어 난치병을 고치는 새로운 방식의 치료법을 낳았고, 유전학은 개인마다 다른 질병 유전자를 밝혀내 환자 맞춤형 진료 시대를 열어가고 있다.

이런 시대적 흐름을 두고, 대한민국 41개 의대가 모두 고교 졸업생으로만 채워지는 '순혈 의대'로 돌아간다면 '퓨전 인재'는 어디서 나오겠는가.

김철중 / 의학전문기자 · 의사, <의학전문대학원 실패 아니다>

인용한 칼럼은 전문가의견 칼럼의 예이다. 의사이며 의학전문기자인 필자가 의학전문대학원 제도의 쇠락에 대해 논평하고 있다. 필자는 전문가의 관점에서 현재의 의학 연구가 세계적으로 어떤 경향을 보여주는지를 먼저 진단하고 있다. 의학이 다양한 분야와 접맥되어 융합적 성격을 지님으로써 치료 성과를 높이고 있다는 것이다. 따라서 순혈적 성격의 기존 의대 시스템으로 회귀하기보다는 의학전문대학원 제도를 유지해야 한다는 입장이다. 이처럼 전문가의견 칼럼은 해당 분야에 전문적 시각을 갖춘 필자가 집필하기 때문에 깊이 있는 분석과 논평이 가능하며 독자들에게 설득력을 제공할 수 있는 장점이 있다.

칼럼의 유형				
관점 칼럼	개인의견 칼럼	전문가의견 칼럼	잡담 칼럼	독자의 편지·편집자의 반응 칼럼

칼럼의 주요 기능 : 여론 형성의 기능, 사회 비판의 기능

3. 칼럼의 기능

칼럼은 여론 형성의 기능이 있다

칼럼은 칼럼니스트가 신문이나 잡지에 사회적 이슈에 대하여 자신의 논평을 싣는 것이다. 신문이나 잡지는 대중 독자를 대상으로 한 매체다. 따라서 칼럼은 대중 독자들로 하여금 칼럼을 읽고 사회적 이슈를 새롭게 알게 하거나 이슈 이면의 본질을 깨닫게 하는 역할을 한다. 그로 인해 독자들은 사회적 이슈에 대한 일정한 견해를 갖게 되며 또한 어떤 형태로든 반응하게 된다. 칼럼이 사회적 이슈의 공론장이 되고 그에 대한 여론을 형성하는 것이다.

사회적 이슈가 해결이나 합의가 필요한 문제라면 칼럼은 일정 정도 문제 해결에 기여하게 된다. 칼럼에 의해 여론이 반향을 보이게 됨에 따라, 쟁점이 부각되고 해법에 대한 광범위한 모색이 이루어진다. 그 결과 합리적인 해결 방법을 찾는 데 기여하게 된다.

칼럼은 사회 비판 기능이 있다

칼럼은 사회적 이슈에 대한 논평이라고 했는데, 그에 따라 비판적 성격을 갖는 경우가 많다. 칼럼의 필자는 사회를 비판적 시각으로 관찰하고 날카로운 통찰력으로 분석한다. 사회적 이슈의 현안을 점검하고 현안 속에 담겨진 진실을 파헤치기 위해 다각적으로 정보를 확인한다. 그 결과를 칼럼으로 집필함으로써 신문이나 잡지의 대중 독자들에게 그들이 미처 알지 못했던 파묻혀 있던 진실을 적나라하게 밝혀내어 알려주는 것이다. 이러한 일련의 과정은 칼럼의 사회 비판의 기능을 잘 보여준다.

현재 우리가 생각하는 '예쁨'의 기준은 대부분 구미의 매체 자본이 정형화시킨 서구적인 이목구비의 '미'이다. 이 '미'에 대한 욕망을 자극하는 데는 스포츠신문이나 잡지, 그리고 텔레비전 등 국내의 상업적인 매체들이 주도적인 구실을 한다. '미'의 기준은

보는 사람마다 다를 수밖에 없는 극히 개인적인 영역인데, 우리의 미인관을 작고 갸름한 얼굴, '백인처럼' 높은 코와 늘씬한 몸집 쪽으로 '획일화'시켜버린 주범은 선조들이 신주단지를 모셨던 이상으로 서구를 모시고 있는 매체 자본들이다. …(중략)… 서슬이 퍼렇던 일제 말기에 창씨개명한 사람들을 우리는 통상 '훼절한 인물'이라고 보는데, 남의 나라 총칼이 무서워서도 아니고 남의 나라의 지배적인 욕망이 머리와 마음속에 주입돼서 이름도 아닌 얼굴까지 갈아치우는 우리들을 어떻게 봐야 하는가? …(중략)… 이러한 우리들이 '절개'를 가진 자율적인 개인들이라 할 수 있을까? 매판적인 매체의 충성스러운 소비자이자, 주인이 던져 놓는 먹이를 주워 먹는 정신적 노예와 크게 다르다 할 수 있을까?

박노자, <성형수술, 혹은 욕망의 노예화>

인용문은 우리 사회의 성형 열풍에 대해 비판하고 있다. 아름다워지려고 하는 것을 비판하는 것이 아니라, 어떤 모습으로 아름다워지려고 하는가를 비판하고 있다. 우리 사회의 미의 기준은 서구의 미이며 미의 기준이 이렇게 된 것은 서구를 추종하고 있는 상업적 매체가 자신들의 이익을 위해 우리의 욕구를 조장했기 때문이라는 것이다. 사회 문제의 이면적 진실을 정확하게 짚어낸 이 글은 칼럼이 사회 비판적 성격을 지녔음을 보여주는 좋은 예이다.

칼럼은 글쓰기가 사회 · 문화적 실천 행위라는 점을 잘 보여준다.

칼럼은 여론 형성 및 사회 비판의 기능을 통해, 사회 · 문화적 실천 행위라는 글쓰기의 본질적 성격을 적극적으로 구현한다. 칼럼의 필자는 사회적 이슈에 대하여 핵심 정보를 사회 구성원 전체에 알리거나 혹은 필자의 견해를 제시하여 사회 구성원을 설득할 목적으로 칼럼을 집필한다. 즉 칼럼 쓰기는 사회적으로 의미 있는 변화를 추구하는 실천 행위이다.

4. 좋은 칼럼의 조건

좋은 칼럼 소재를 찾기 위해서는 비판적 안목과 날카로운 통찰력을 갖추어야 한다 칼럼을 작성할 때도 무엇보다 먼저 어떤 시사적인 문제를 다룰 것인지를 결정해야 한다. 일반적인 글에서 쓸거리를 먼저 정하는 것과 같다. 쓸거리는 사회적인 의미를 지녀야 한다. 학내 문제라면 역시 학내에서 의미를 지니는 것이어야 한다. 특정한 개인에게 중요한 문제가 아니라 구성원에게 중요한 문제를 다루어야 한다는 것이다. 사회적 의미를 지닌 칼럼 소재를 찾기 위해서는 비판적 안목과 날카로운 통찰력을 갖춰야 한다. 이미 주요한 사회 문제로 대두되었지만 이면의 본질이 알려져 있지 않은 경우도 좋은 칼럼 소재이다. 아직 불거지지는 않았지만 진실을 파헤쳐 보니 사회적 파장이 클 것이라 예상되는 소재를 선택하는 것도 좋다. 이러한 칼럼 소재를 찾기 위해서는 비판적 시각으로 대상을 관찰할 수 있는 안목과 날카로운 통찰력을 갖추어야 한다.

전문성, 창조성, 공정성

칼럼니스트들이 좋은 칼럼의 조건으로 전문성, 창조성, 공정성을 꼽았다는 보고가 있다. 우선 비판적인 안목과 날카로운 통찰력을 갖추기 위해서는 전문성과 창조성이 있어야 한다. 사회 현상을 이해 · 분석 · 종합 · 비판하기 위해서는 그에 대한 전문적인 식견이 바탕이 되어야 한다는 것이다. 대상에 대한 이해 없이 '사회에 대해 비판적 식견을 갖자.'는 구호로만 비판적 안목이 길러지는 것은 아니기 때문이다.

한편 전문성이 있다고 해서 비판적 안목과 통찰력이 생기는 것은 아니다. 전문성의 바탕 위에 대상을 새롭게 바라볼 줄 아는 창조성이 있어야 비로소 비판적 안목과 통찰력이 생기게 된다.

칼럼은 사회적 쟁점을 다루는 경우가 많다. 사회적 쟁점은 주장의 대립에 그치는 경우도 있지만 실질적 이해관계의 대립인 경우도 있게 마련이다. 따라서 칼럼은 객관적인 자세로 최대한 공정성을 유지해야 한다. 이는 무조건 이해 당사자들의 중간적 입장을 견지하라는 것이 아니다. 불편부당한 시각으로 현안을 분석해서 합리적 결과를 도출해야 하며 필자의 사적 이익이 개입되어서는 안 된다는 의미이다.

5. 칼럼을 쓸 때 알아야 할 내용

사회적 의미가 분명해야 한다

필자가 제기한 사회적 쟁점과 그것의 사회적 의미가 실제 집필 단계에서 분명하게 설명되어야 한다. 그리고 아직 사회적으로 주목받지 못한 사안에 대해 칼럼을 썼을 경우, 그것이 왜 중요한지와 예상 파장까지를 언급해야 독자를 납득시킬 수 있다.

충분한 자료를 수집해야 한다

충분하게 자료를 수집하여 칼럼 주제를 자세하게 분석한 후 집필에 임해야 한다. 칼럼은 사회적 이슈에 대한 필자의 논평이기 때문에 주관이 전제가 되기는 한다. 그렇지만 독자를 설득하기 위해서는 타당한 자료에 근거를 둔 주관적 견해여야 한다. 따라서 충분한 자료 조사 과정이 필요하다.

만약 사회적으로 의미가 있다고 생각하고 주제를 선택했는데 지금의 자신에게 충분한 글감이 없다면 자료 조사 과정을 거쳐 만족할 만큼 글감을 수집해 놓고 집필에 임해야 한다. 학교에서의 체벌에 대하여 칼럼을 쓴다고 했을 때 충분한 글감이 확보되지 않으면 독자에게 피상적 자기 생각만 강요하다 글을 끝맺을 수밖에 없다. 학교에서의 체벌이 학생에게 주는 물리적, 정신적 피해는 얼마나 심각한지, 체벌을 하지 않을 경우 많은 학생을 효율적으로 관리할 수 있는 방안은 마련되어 있는지, 그 방안은 실질적 효과를 지닐 수 있는 것인지, 언론에서 혹시 학교 체벌을 유독 강조하여 보도하는 것은 아닌지 등 학교에서의 체벌과 관련된 다각적 탐색이 필요한 것이다. 훌륭한 자료 조사는 좋은 글감을 만들고 좋은 글감이 사회적으로 영향력 있는 칼럼이 되게 한다.

올바른 시각을 통해 진실을 밝혀주어야 한다

훌륭한 자료 조사는 사회적 이슈에 대한 올바른 시각을 형성하게 한다. 조사 과정에서 주제에 대한 처음의 입장이 바뀌는 경우도 많다. 좋은 칼럼은 사회적 현상의 이면에 내재해 있는 본질을 짚어주는 칼럼이다. 칼럼의 독자는 대중인데 대중이 미처 알지 못하는 사회 이슈의 이면을 밝혀줌으로써 올바른 여론 형성에 기여하는 것이 칼럼의 역할이라 하겠다.

해결 방안을 제시하자

그뿐만 아니라 이슈가 되고 있는 문제에 대한 글쓴이의 의견이나 해결 방안이 분명하게 드러나야 한다. 문제 자체를 단순히 반복 언급하는 것은 기사문과 별반 차이가 없다. 문제를 대중에게 환기시켜야 할 필요가 있을 경우는 기사문과 같은 글쓰기가 유용하겠지만, 칼럼을 통해 사회적 쟁점 해결에 기여해야 하겠다고 생각한 경우 합리적인 해결 방안을 제시함으로써 칼럼의 집필 의의를 높일 수 있다.

활동

1. 다음 칼럼을 읽고 아래 표의 빈칸을 채우자.

<손가락 선거>

국민은 국민 수준의 정치를 가질 뿐이라고들 한다. 그 나라 정치 수준은 그 나라 국민 수준을 반영한다는 뜻이다. 그렇다면 지금 우리나라의 정치 수준이 이 정도로 정체돼 있는 것이 우리 국민의 탓이란 말인가?

잘 모르겠다. 그러나 한 가지는 분명하다. 우리 정치 수준은 국민수준이라기보다 정당(政黨) 수준인 것만은 자신 있게 말할 수 있다. 논리적으로 말하면 정당의 수준도 결국은 국민의 수준을 반영하는 것일 터인데 거기에는 저항감이 느껴진다. 우리의 정당들은 '괴물'에 가깝다. 아무리 괜찮은 사람이라도 정당의 그늘에 들어가면 '정치꾼'이 되고 괴물의 하수인이 된다. 일종의 개체(個體)변이라고나 할까. …(중략)…

그런데 이 과정에서 자기들끼리 정치적 거래를 해서 국민의 선택을 강요한다는 데서 그 취지는 왜곡되고 있는 것이다. 지난 6·2지방선거 때도 그랬고, 오는 7·28재·보선도 그렇다. 유세장 주변에는 온통 '손가락 한 개', '손가락 두 개'만 있을 뿐이지 출마자가 누구인지는 그리 중요하지 않은 풍경이 연출되고 있다. '누가 출마했는지는 알 것 없고 그저 ○번 찍으면 된다.'는 식이다. 미국 등 정치적으로 숙달된 나라에서는 언론이 민주·공화를 가를 뿐이지 선거전에서는 '이름 석 자'로 행세하고 평가받는다. 먼저 공인으로서의 자질과 능력을 검증하고 그가 속한 정당은 이차적이다. 우리 선거는 순위가 정반대다. 그러니 우리 국회나 선출직 공직자 사회에서는 "어떻게 저런 인간들이 뽑혔나" 한심할 정도의 파렴치한 범법자들이 나올 수밖에 없다.

6·2선거가 끝난 뒤 집권 여당 사람들은 "공천이 잘못됐다."고 떠들어대고 있다. 공천의 전통(?)을 따르고 또 공천을 '거래'하는 판에서 공천의 내용이 잘못되는 것은 당연하다. 지금 식으로 공천하면 원천적으로 공천이 잘못되게 돼 있다. 실력자끼리 나눠 먹고, 정파끼리 갈라먹고, 현직이 미래의 '싹'을 잘라먹는, 이런 공천으로 잘될 턱이 없고 제대로 된 공직자가 나올 리 없다.

문제는 의식과 제도가 바뀌지 않는 한, 공천장사와 공천 야바위는 그대로일 수밖에 없다는 데 있다. 그래서 우리도 미국식 예비선거제도를 해보자는 것이다. 그것은 특히 대통령선거에서 절대적으로 필요하다. 지금 우리가 정당의 경선과정에서 하고 있는 '여론조사' 대입 방식으로는 민의가 제대로 반영되기 어렵다. 매번 여론조사 대입 범위를 놓고 싸우다가 원수 되고, 때로는 경선에 불참하거나 불복해 결국 당이 깨지는, 그래서 후보가 난립하는 상황을 우리는 여러 번 경험했다.

김대중, 『조선일보』

이 칼럼의	
사회적 이슈는?	
비판 내용은?	
해결 방안은?	
글쓰기 전략은?	

2. 일명 '김예슬 선언'은, 주체적 삶을 위해 기존의 규격화된 사회 질서에서 벗어나고자 한 용기 있는 행동이라고 평가를 받으며 세간의 주목을 받았다. 그러나 아래 칼럼은 '김예슬 선언'이 세간의 주목을 받게 된 것은 아이러니하게도 기존 질서인 대학서열체제 때문이라고 지적하고 있다. 아래 칼럼을 읽고 성찰적 안목을 보여주는 칼럼을 집필해 보자.

<김예슬 선언과 대학서열체제>

"오늘 나는 대학을 그만둔다. 아니, 거부한다." 최근 고려대 김예슬 학생의 대학거부 선언이 우리 사회에 큰 울림을 주었다. 대자보를 붙이고 일인시위를 벌인 이유를 "약하기 때문에, 되돌아가지 않기 위해"라고 밝힌 그는, 자신의 얘기를 세 장의 대자보에 담을 수 없었다며 책 『김예슬 선언』으로 펴내는 경쾌한 행보를 보였다.

한편, 『인권연대』 소식지 최근호에는 이 일을 지켜본 어느 지방대생의 '좌절'의 변이 실렸다. 만약 지방대에서 "똑같은 일이 벌어진다면 박수는커녕 눈길이라도 받았을까?"라고 질문을 던진 그는 "세상은 어느 한 대학생이 대학으로 대표되는 한국 교육에서 의미를 찾지 못하고 자퇴했다는 것보다 '고대생'이 그랬다는 것에 더 큰 관심이 있는 듯했다…… 아이러니하게도 그 대학을 스스로 거부한 그를 마지막까지 빛나게 한 건 명문대 이름이었을지도 모른다."고 썼다.

서열화 된 대학체제, 그것은 한국 사회에서 '대학, 국가, 시장이라는 억압의 삼각동맹'을 강력하게 떠받치는 강력한 장치의 하나다. '스카이'(SKY), '인(in) 서울', '지잡대'(지방의 잡다한 대학)의 구분은 대학생일 때부터 이미 '쓸모 있는 상품으로 간택되'기 위해서뿐만 아니라 거부든, 저항이든, 탈주든 사회적 발언을 하는 데서도 그럴 자격이 있는 자를 소수로 묶는다. 지금 이 시간에도 적지 않은 대학생들이 거부할 자격조차 없이 대학에서 조용히 벗어나고 있다.

김예슬 학생은 고려대에서 세 번 울었다고 한다. 삼성 이건희 회장이 400억 원을 기부하여 명예철학박사 학위를 받으러 오고 학생들이 반대시위를 하여 출교까지 당했던 2005년 삼성 사태 때, 2006년 '글로벌 고대'라는 말이 자랑스럽게 사용되던 즈음 이스라엘과 미국이 레바논을 침공했을 때, 그리고 2008년 "나는 주식회사 대한민국의 시이오(CEO)이다."라는 이명박 대통령의 뉴욕 발언을 고려대의 '이명박 라운지'에서 신문으로 읽었을 때다. 그렇게 세 번 울었던 이의 정체성도 '대학생 김예슬'이나 '인간 김예슬'보다 '고대생 김예슬'에 가깝다. 심지어 거부한 뒤에도 고려대라는 이름은 그림자든 아우라든 그에게서 사라지지 않을 것이다. 그만큼 한국 사회에서 대학 간판이라는 소유물은 다른 소유물과 달리 존재가 거부한다고 해도 그 존재의 중요한 구성 요소로 남는다.

19세기 중엽 유럽 반동의 기수 메테르니히는 대학 문을 닫아 국가의 구실을 가르쳐 주었는데, 그때는 아직 자본이 대학을 장악하기 전이었다. 오늘 우리는 자본이 대학을 장악해 나가고 그것을 매개로 사회를 지배하는 가치관과 담론, 욕망체계 속에 구성원들을 꼼짝 못하게 가두고 있음을 지켜보고 있다. 여기서 대학서열체제가 얼마나 유효하게 작용하는지 인식할 필요가 있다. 가령 '대학생 연대'라는 말도 이 체제에 단호히 맞서지 않는 한 허사에 그칠 수밖에 없다. 그러나 너무 익숙해진 탓일까, 내면화하거나 현실논리로 받아들임으로써 분할지배의 가장 강력하고 효과적인 대학서열체제의 매트릭스에서 벗어나지 못하고 있다. 이때 우리에게 남는 건 '나 홀로 자유'이거나 '소집단 안에서의 자유'밖에 없는 게 아닐까. 그것은 참된 자유의 모습이 아니다.

"대학을 가지 못한 많은 분들께 진심으로 사죄의 마음을 전한" 김예슬 학생의 성찰적 자세가 대학서열체제에 관한 물음에 이르기 바란다. 그의 "생각한 대로 말하고 말한 대로 행동하고 행동한 대로 살아내겠다는 용기"에 박수를 보낸다.

홍세화, 『한겨레』

4장 보고서

대학에서의 보고서 쓰기에서 유념해야 할 실질적인 지식을 원리적으로 이해하고 습득함으로써, 요구되는 보고서 유형에 맞추어 더 나은 보고서를 작성할 수 있도록 한다.

대학 생활에서 피할 수 없는 보고서 쓰기. 하지만, 보고서 쓰는 일이 그리 즐겁고 신나는 일이라고 하기는 어렵다. 더욱이 좋은 보고서를 제출해서 남들보다 나은 점수를 받고 싶은 욕심이 있다면, 그 스트레스 또한 만만치 않다.

자기 나름대로 열심히 보고서를 썼다고 해서 꼭 좋은 점수를 받을 수 있느냐 하면, 그런 건 또 아니다. 다른 모든 일들이 그렇듯이, 보고서도 성실성이나 열성만 가지고 잘 쓸 수 있는 게 아니다. 물론 평가도 성실성이나 열성만을 고려하는 경우는 드물다.

기본적으로 성실히 열성을 가지고 보고서를 썼다고 했을 때, 좋은 평가를 받을 수 있는 비결은 없을까? 마술 같은 비법은 없지만, 다음에 제시된 몇 가지 사항을 염두에 둔다면 조금은 더 좋은 보고서를 쓸 수 있지 않을까 한다.

1. 교수가 주문하는 보고서를 쓰자

대학에서 쓰는 보고서란, 기본적으로 강의를 담당하고 있는 교수의 주문에 따라 이루어진다는 점을 가장 먼저 생각해야 한다. 비유적으로 말해서, 학생은 식당 주인이고, 교수는 손님이고, 보고서는 주문하는 음식이라고 가정해 보자. 손님이 프라이드치킨을 주문했는데 양념 치킨을 가져다주면 어떻게 되겠는가? 설령 우리집 양념 치킨이 둘이 먹다 하나 죽어도 모를 만큼 맛있다고 해도 그렇게 해서야 어떻게 식당으로 성공할 수 있겠는가?

보고서란 것도 그렇다. 교수가 주문하는 보고서가 어떤 것인지 그 의도를 정확히 파악하지 못한다면 결코 좋은 보고서를 쓸 수 없다. 예를 들어, 한글 전용 문제에 대한 보고서를 써야 한다고 생각해 보자. 보고서의 내용이 한글 전용과 관련된 것이라고만 생각하고 보고서를 쓴다면 낭패를 볼 수도 있다. 한글 전용 문제에 대해서 작성할 수 있는 보고서는 여러 가지이다. 다음 시간에 한글 전용 문제에 대해 강의할 것에 대비해서 사전 학습이 필요하다는 뜻에서 주어진 과제라면, 특정한 책이나 논문을 요약하는 수준의 보고서를 쓰면 된다. 그렇지 않고, 한글 전용에 대해 학생의 의견이나 주장을 논리적으로 서술하는 보고서를 주문한 것이라면, 가능한 한 많은 관련 자료를 읽고 근거 대기를 통해 자신의 주장을 펼쳐야 한다. 한글 전용과 관련된 보고서라는 점에서 두 보고서가 공통점이 있지만 교수가 원하는 보고서는 완전히 다른 성격을 가진 보고서이다.

치킨의 비유를 다시 적용한다면, 한글 전용 문제란 그냥 치킨일 뿐이다. 하지만 교수가 원하는 것은 그냥 치킨이 아니라 프라이드치킨이거나 양념 치킨이다. 따라서 학생은 교수가 원하는 보고서가 그저 치킨이라고 생각지 말고, 구체적으로 어떤 치킨인지 정확히 판단해서 보고서를 준비하고 작성해야 한다.

교수의 의도를 고려할 때, 보고서는 대략 요약 보고서, 실험 · 조사 보고서, 논증 보고서의 세 유형으로 나뉜다.

1) 요약 보고서
   - 단순한 예습이나 복습을 위한 보고서
   - 지정된 논저의 내용을 정확히 이해하여 요약하는 보고서
2) 실험 · 조사 보고서
   - 구체적이고 능동적인 실험이나 조사 활동을 수행하고 그 과정과 결과를 서술하는 보고서
   - 실험 보고서, 답사 보고서, 설문 조사 보고서, 관찰 보고서
3) 논증 보고서
   - 다양한 논저들을 읽고 자신의 주장과 그 근거들을 논리적으로 구성하여 제시하는 보고서

2. 보고서 유형에 따라 유의할 점이 다르다

1) 요약 보고서

요약 보고서는, 지난 강의 내용을 복습하거나 다음 강의 내용을 예습하는 목적으로 작성하는 보고서이다. 요약 보고서의 경우는 다른 보고서들에 비해 준비할 사항이 별로 없는 편이다. 복습이나 예습을 위해 읽어야 할 자료를 교수가 지정해 주는 경우가 많기 때문이다.

쓰기의 방식은 일차적으로 요약(summary), 이차적으로 풀어쓰기(paraphrase)이다

① 요약은 글을 읽고 이해한 다음 요점을 간추려서 쓰는 방식이고, 풀어쓰기는 글을 읽고 이해한 내용을 자신의 말로 바꾸어 쓰는 방식이다.

② 서론과 결론, 특히 결론 부분을 잘 읽으면 요약이나 풀어쓰기를 쉽게 할 수 있는 경우가 많다. 다만 학습 자료의 결론 부분에 너무 의존하면 표절이 될 수 있으므로 주의해야 한다.

학습 자료의 주제와 구조를 파악하자

① 주어진 학습 자료를 읽고 요약하거나 풀어쓰기를 하는 것이 요약 보고서 작성의 핵심이므로, 무엇보다 주제를 파악하고, 그 주제를 받치고 있는 글의 구조를 파악하는 것이 중요하다.

② 글 전체의 핵심어, 주제문, 주제 단락 등을 파악한다.

③ 글 전체의 주제와 뒷받침 내용을 구분하고, 그 구조를 파악한다.

④ 단락의 핵심어, 주제문 등을 파악한다.

⑤ 개요를 만들어 보는 것도 좋은 방법이다.

작성할 보고서의 분량을 고려하자

① 읽어야 하는 학습 자료, 즉 요약과 풀어쓰기의 대상 자료의 분량은 중요한 문제가 아니다. 요약 보고서의 분량이 얼마인가가 훨씬 중요한 문제이다.

② 글의 구조를 보고서의 분량에 맞게 적절히 조정하여 반영한다. 요약 보고서의

분량이 적으면 적을수록 군더더기 없이 핵심적인 골격 중심의 보고서를 작성해야 한다.

③ 글 전체의 핵심어와 주제문을 명확히 파악한다.

④ 각 단락의 주제문을 찾는다.

교수에게 설명하거나 교수를 설득하려고 할 필요가 없다

① 요약 보고서를 통해 학생의 비판적, 창의적 능력을 평가하고자 하는 것이 아니다.

② 주어진 학습 자료를 충실히 요약하기만 하면 충분하다. 불필요한 욕심을 부릴 이유가 없다.

③ 교수가 요약 보고서 작성 과제를 통해 원하는 것은 학생의 학습 활동이므로, 과제 수행을 통해 학생으로서 필요한 공부를 했다는 점을 보이면 된다.

2) 실험 · 조사 보고서

실험 · 조사 보고서의 하위 분류가 그렇게 명확한 것은 아니다. 특히 관찰 보고서와 실험 보고서의 구별은 선명하지 않은 점이 있다. 대체로 구별하자면, 관찰은 대상을 그대로 두고 살펴보는 것인 데 비해, 실험은 대상에 인위적인 행위를 더하여 변화를 일으킨 다음 살펴보는 것이라고 할 수 있다.

실험 · 조사 보고서는, 구체적이고 능동적인 실험이나 조사 활동을 수행하고 그 과정과 결과를 서술하는 보고서이다. 실험 보고서, 답사 보고서, 설문 조사 보고서, 관찰 보고서 등으로 하위 구분할 수 있다.

실제 실험이나 조사를 수행하기 전에 관련된 자료를 학습하고, 예상되는 결과에 대한 가설을 세운다

① 실험 · 조사의 결과가 가설에 의해 왜곡되지 않도록 주의한다.

② 실험 · 조사의 조건과 과정을 명시한다면, 가설과 일치하지 않는 결과가 나오더라도 가치 있는 보고서가 될 수 있다.

촬영, 녹음, 기록된 원천 자료 자체를 제시해야 하는 보고서도 있지만, 일반적으로는 목적에 따라 원천 자료를 정리해서 제시한다. 물론 이 경우에도 원천 자료를 목적에 맞도록 왜곡해서는 안된다.

실험 · 조사의 목적, 대상, 방법, 과정, 결과를 상세하고 정확하게 명시한다

실험 · 조사 보고서 작성 과정은 기본적으로 '계획→실험 · 조사→결과 정리→보고서 작성'의 4단계로 이루어진다. 각 단계들을 차분하고 꼼꼼하게 밟아가는 것이 중요하다. 특히 결과를 정리해서 제시하는 경우, 필요하다면 원천 자료를 첨부하는 것이 일반적이다.

① 실험 보고서는 실험의 조건과 과정을 명시하는 것이 매우 중요하다. 실험에 사용된 시약, 실험 과정에서의 변화 등도 빠짐없이 기록해 두어야 한다.
② 답사 보고서는 답사 지역, 일정, 대상 등을 분명히 밝히고, 촬영, 녹음, 기록 자료를 구축해야 한다.
③ 설문 조사 보고서는 조사 목적을 달성할 수 있도록 설문지를 작성하는 것이 무엇보다 중요하다.
④ 관찰 보고서는 촬영, 녹음, 기록 자료의 구축이 가장 중요하다.

실험·조사 결과에 대한 의견을 제시한다

① 사실만으로 보고서가 되지는 않는다. 소정의 목적을 고려하여 실험·조사 결과에 대한 의견을 분명히 제시해야만 보고서로서의 가치가 있다.
② 사실과 의견은 분명히 구별되도록 서술한다.

3) 논증 보고서

논증적 보고서는, 다양한 논저들을 읽고 자신의 주장과 그 근거들을 논리적인 구조로 구성하여 독자를 설득하는 할 목적으로 쓰이는 보고서이다.

구체적인 주제일수록 좋다

① 주제가 포괄적이고 덜 한정적일수록 쓸 거리가 많아서 쓰기 쉬울 것이라고 생각하는 경우가 많지만, 실제로는 그렇지 않다.
② 포괄적인 주제의 글감을 모으기는 쉬울 수 있지만, 통일성 있는 글로 글감들을 엮기가 쉽지 않다.
③ 보고서의 주제를 구체적으로 한정하고, 필요한 경우 포괄적인 배경 논의를 보고서에 포함할 수 있다.
④ 주제가 구체화되지 않으면 깊이 있는 보고서가 되지 않는 결정적인 단점이 있다.

개요를 꼭 작성하고, 목차로 반영하여 제시한다

① 개요는 구체적일수록 좋다.
② 보고서에서 중요한 부분은, 개요를 짤 때에도 하위 구조를 갖도록 자세하게 작

본문 작성 시에도 분량과 중요도 사이의 관계를 유념해야 한다. 즉 중요한 부분의 분량이 덜 중요한 부분의 분량보다 많아야 한다.

성한다.

③ 작성된 개요를 통해 내용 면에서의 통일성과 논리성을 검증한다.

④ 보고서 작성 중에 추가하거나 수정할 내용이 있으면, 우선 개요를 수정한 다음 보고서에 반영한다.

⑤ 보고서는 반드시 개요대로 작성하고, 보고서가 완성된 이후 개요는 목차로 개조하여 보고서 앞 부분에 제시한다.

⑥ 상위 개념과 하위 개념을 적절히 활용하면 주장하고자 하는 바를 명확히 하는 데 도움이 된다.

모든 자료를 정독하기도 어렵고, 또 그럴 필요도 없다. 자료 검색을 통해 얻어진 자료 가운데, 실제로 읽어 보면 자신의 목적에 부합하지 않는 경우도 많기 때문이다.

읽은 자료의 질과 양에 따라 보고서의 질과 양이 달라진다

다음과 같은 다양한 읽기 방법을 상황에 따라 적절히 활용하자.

① 목차 읽기: 목차에는 글의 구조와 흐름이 들어 있다.

② 서론, 결론 읽기: 서론과 결론에 중요한 내용이 다 들어 있다.

③ 빠른 속도로 읽기: 글 전체의 흐름을 생각하면서 빠른 속도로 읽는다.

④ 필요한 부분만 읽기: 목차 등을 활용하여 보고서와 관련된 부분만을 발췌해서 읽는다.

⑤ 꼼꼼하게 읽기: 보고서와 직접적으로 관련된 주요 자료인 경우 꼼꼼하게 정독한다.

3. 내 생각보다 남의 생각을 잘 활용해야 한다

실험·조사 보고서에서의 자기 견해는 실험·조사 결과에 대한 해석이라고 할 수 있다. 학생들이 작성하는 보고서의 경우, 이때의 자기 견해라는 것이 이미 검증된 내용인 경우가 많기 때문에 엄밀한 의미에서는 자기 견해라고 하기 어려울 수도 있다.

보고서에는 자신의 생각만을 담는 게 아니다. 남의 생각을 공부해서 담는 것이 중요하다

① 요약 보고서는 온통 남의 생각이라고 할 수 있다.

② 실험·조사 보고서는 객관적 사실과 그에 대한 자신의 견해가 혼합된 보고서이다.

③ 논증 보고서는 남의 생각을 활용하여 자신의 주장을 설득하는 보고서이다.

인용을 하는 경우에는 반드시 인용임을 밝힌다

① 요약 보고서에서는 자신의 견해가 거의 없으므로 특별히 주석을 달 필요가 없지만 논증 보고서에서는 주석이 매우 중요하고 필수적이다.

② 남의 견해를 인용하는 경우에는 자신의 견해나 주장과의 관련성이 전제되어야 한다. 인용만 있고 견해가 없다면 인용할 필요가 없다. 왜 인용하는지 잘 생각해 보자. 인용 부분에 대한 자신의 견해가 있기 때문에 인용을 하는 것이다.

③ 인용은 꼭 필요한 만큼만 하고, 인용임을 반드시 밝힌다. 재인용도 솔직히 밝힌다.

④ 인용의 형식을 잘 지켜 다른 사람이 원전을 확인할 수 있는 정보를 충실히 제공한다.

4. 보기 좋은 떡이 먹기도 좋다

· 복잡한 내용은 도표나 그림을 활용해서 간결하고 명료하게 내용을 전달할 수 있도록 한다.

· 본문이 길다면 내용에 따라 본문을 적절히 나누고, 소제목을 활용해서 독자가 핵심 내용을 쉽게 파악할 수 있도록 시각적인 효과를 낸다. 이때 하나의 소제목 밑에 있는 글도 길이가 너무 길지 않도록 주의한다.

· 단락이 길면 핵심 내용을 파악하기 어렵고, 읽는 것 자체가 지루하다. 생각의 덩어리를 적절히 끊어서 단락을 구성한다.

· 문장의 길이는 되도록 짧게 쓰고, 중의성을 가지지 않도록 유의한다.

· 맞춤법, 띄어쓰기, 표준어, 적절한 단어 사용, 문장의 문법성 등에도 유의하자. 교수도 이것을 정확히 다 알고 있는 건 아니지만, 자신이 아는 걸 학생이 모르는 건 눈에 띈다.

좋은 단락 쓰기
· 한 단락은 둘 이상의 문장으로 구성되어야 한다.
· 단락마다 주제문이 있어야 한다.
· 주제문은 단락 첫 머리에 놓이는 것이 쓰기 쉽다.

5. 당당하고 자신 있는 태도로 쓰자

· 보고서는 개인적인 감상문이나 일기 등과 같은 사적인 글이 아니다. 객관성을 유지하는 것이 필요하다.

· '나'와 같이 자신을 드러내는 단어를 쓰지 않거나 '필자'로 대신한다.
예) 나는 A가 B보다 나은 안이라고 생각한다/주장한다.

→ A가 B보다 나은 안이다.

· 호칭에 경어를 쓰지 말아야 하고, 문장 종결법에서도 높임말을 쓰지 말아야 한다. 호칭은 직접 사람을 언급하는 것보다 그 사람의 논저를 활용하는 것이 바람직하다.

예) 홍길동 선생님께서는 ~ 주장하셨습니다.

→ 홍길동(2010)은 ~ 주장했다.

· 되도록 단정적인 말투를 쓴다. '~인 듯하다, ~인 것 같다, ~라고 생각한다, ~라고 할 수 있다, ~라고 하겠다' 등과 같이 불분명하게 쓰지 말고 '~이다'와 같이 짧고 분명하게 쓰는 것이 바람직하다.

6. 분량을 줄이고 줄이고 또 줄이자

보고서의 경우 대부분 분량이 정해져 있는데, 처음부터 그 분량에 맞게 보고서를 작성해서는 좋은 보고서를 쓰기 어렵다. 경험적으로 볼 때, 같은 말을 자꾸 되풀이하거나 불필요한 말을 늘어놓는 점은 많은 보고서에서 발견되는 문제이다. 이런 문제를 해소하는 한 가지 방법은, 정해진 분량보다 길게 보고서를 쓴 다음 다시 읽기를 반복하면서 분량을 줄이는 것이다. 힘들여 쓴 글을 덜어내고 줄이는 일에 인색해서는 절대로 좋은 보고서를 쓸 수 없다는 점을 잊지 말아야 할 것이다.

5장 이력서

이력서의 개념, 의의, 항목별 내용, 유의할 점을 설명하였다.

1. 이력서의 개념 및 의의

이력서는 지원자를 항목별로 비교하기에 좋다. 따라서 자신의 비교 우위 항목이 돋보이게 이력서를 작성하자.

이력서는 자신의 이력을 항목별로 구분하여 기록한 문서이다. 이력서를 통해 인사 담당자는 지원자의 개인 신상, 학력, 경력, 수상 경험, 어학연수 경험, 취미 등 지원자의 과거를 일목요연하게 살필 수 있다. 이력서는 지원자의 이력을 압축적으로 기록한 문서이기 때문에 자신의 장점을 효율적으로 드러내 보일 수 있는 수단이 된다. 대체적으로 이력서는 항목별로 작성하게 되어 있기 때문에 지원자들을 이 항목별로 비교하기 쉽다. 따라서 다른 지원자에 비하여 입사에 유리한 경험이나 수상 경험, 자격 사항 같은 것이 있다면 이력서를 통해 분명하게 강조할 수 있다.

또한 인사 담당자에게는 이력서가 지원자의 장점뿐만 아니라 약점까지도 손쉽게 파악할 수 있는 수단이 된다. 어떤 지원자가 회사가 요구하는 자격과 능력을 갖추었는지, 어떤 지원자가 지원 자격을 갖추지 못했는지, 또 어떤 지원자가 다른 지원자에 비하여 상대적으로 비교 우위에 있는지를 이력서를 통해 비교적 쉽게 파악할 수 있다.

이력서는 지원과 채용이라는 상황 하에서 지원자와 지원하는 곳이 처음 만나는 공간이다. 첫인상이 상대방에 대한 평가에 매우 중요한 요소라는 점은 주지의 사실이다. 따라서 이력서를 작성하는 데 가능한 한 정성을 기울여야 한다.

2. 항목별 내용

인적 사항: 이름, 주민등록번호, 주소, 나이, 연락처 등 기본적인 신상을 적는 항목

이다. 이름의 경우 한자나 영문 이름을 써야할 경우도 있다. 요즘에는 자신의 이름이 한자로 무엇인지 모르는 학생도 많다. 이력서 작성을 위해서라도 알아두어야 한다. 주소는 집주소를 정확하게 기입한다. 연락처는 항상 연락을 받을 수 있는 번호를 적는다. 휴대전화가 워낙 보편화 된 시대이기 때문에 합격하고도 통보를 받지 못하는 경우야 드물겠지만 혹시 어떤 일이 발생할지 모르기 때문에 집 전화번호도 함께 적는 것이 좋다. 이메일 주소도 자주 사용하는 것을 적는다. 이메일의 경우 합격 통보가 스팸 메일로 처리되지 않도록 관리해야 한다.

사실 인적 사항은 무엇을 써야할지 그다지 심각하게 고민하지 않아도 되는 항목이다. 인적 사항은 지원자의 기초적인 신상과 관련한 내용이기 때문에 업무 능력을 판단할 수 있는 소스는 거의 없다. 그렇지만 이 부분은 인사 담당자와 지원자의 첫 만남, 그 첫 만남 중에서도 다시 첫 만남이라고 할 수 있는 부분이기 때문에 글자 크기, 자간 등을 조정하여 시각적으로 깨끗하고 정연한 느낌이 들게 하는 것이 좋다.

학력 사항: 학력 사항도 인적 사항처럼 기록해야 할 내용이 명확하기 때문에 무엇을 기록할지 특별히 고민하지 않아도 된다. 대개 고등학교 졸업부터 작성한다. 고등학교 졸업부터 지원 시점 이전의 학력까지, 즉 최종 학력까지를 솔직하게 작성하면 된다. 대학 졸업 학력을 적을 때는 학교와 학과(전공)까지 작성하며, 대학원 졸업 학력을 적을 때는 세부 전공까지 작성하는 것이 좋다.

기간을 적을 때는 대개 연도와 월까지 적는다. 그러나 이력서 양식에 따라 일(日)까지 적어야 하는 경우도 한다. 학교 이름은 줄임말이 아닌 공식적인 이름을 적는다. 필요하다면 학교의 소재지를 적는 것도 좋다. 졸업 여부를 정확하게 밝히는 것도 중요하다. 학위 취득 과정을 이수했지만 졸업 자격을 갖추지 못했다면 이를 정확하게 기록해야 한다.

경력 사항: 지원하기 이전까지의 경력을 적는다. 기간, 회사명, 직위, 담당 업무, 구체적 성과 등을 적는다. 구체적 성과를 기록해야 인사 담당자가 지원자의 능력을 명확하게 파악할 수 있다. 이력서를 작성하기 전에 스스로 '어떤 업무–어떤 성과'라는 패턴으로 쓸 내용을 먼저 정리해 보면 좋다. 근무처는 회사의 공식적인 이름을 적는다. 근무기간은 학력 사항과 같이 적으면 된다.

경력 사원은 지원하기 이전 직장까지의 업무 경력을 적으면 되지만 신입사원은 전문적인 업무 경력이 없기 때문에 그 대신 인턴이나 아르바이트 경험 같은 것을 적는다. 인턴이나 아르바이트 경험도 가능하면 지원 업무와 관련이 있으면 유리할 것이다. 요즘에는 인턴 경험도 신입사원에게는 중요한 경력이기 때문에 자신이 원하는 직장에 취직을 하기 위해서는 어떤 인턴 경험이 있으면 좋을까를 미리 살펴보고 계획을 세워야 한다.

특기 사항: 특기 사항은 경력 사항 이외에 특별히 자신을 돋보이게 할 수 있는 것들을 적는 난으로 외국어 능력, 어학연수 경험, 수상 경력, 봉사활동 경험 등을 기록한다.

외국어 능력을 보여주는 효과적인 방법은 공식 외국어 시험의 점수일 것이다. 어떤 유형의 시험에서 어떤 점수를 받았는지 적는데 가능하면 최신 점수를 적는 것이 좋다. 어학연수 경험이 있다면 어느 나라의 어느 학교에서 얼마나 연수했었는지를 적는다. 수상 경력도 자신을 돋보이게 하는 좋은 역할을 한다. 특히 신입사원의 경우에는 차지하는 비중이 크다. 국내외의 각종 대회나 공모전 등에서 수상한 경력은 관련 분야 지원 시 많은 장점이 될 것이다. 대학 때부터 관련 분야에 관심을 갖고 있다는 점, 더구나 수상을 할 만큼의 재능을 갖추었다는 점 등은 인사 담당자에게 지원자의 역량을 보여줄 수 있는 좋은 소재인 것이다. 근래 사회적으로 토론에 대한 관심이 높아지고 있는 것을 반영하여 국회의장 배 전국 대학생 토론대회가 2009년부터 개최되었다. 그뿐만 아니라 각 대학에서도 자체적으로 토론대회, 말하기 대회, 프레젠테이션 경진대회 등을 개최하고 있는데 이러한 대회에 참여하여 수상한다면, 의사소통 능력을 강조하고 있는 요즘 기업들의 성향을 고려할 때 입사 시 장점으로 작용할 것이다. 이렇게 자신이 희망하는 지원 분야의 공모전이나 대회를 알아보고 이를 준비하여 수상의 영예까지 누리게 되면 이력서에 쓸 훌륭한 소재가 하나 더 생기는 것이다.

3. 이력서와 자기소개서

이력서와 자기소개서는 자기를 소개하는 역할을 한다는 공통점이 있다. 이력서가 규격화 된 항목 안에 자기의 이력을 일목요연하게 압축적으로 제시하는 데 비해, 자기소개서는 항목이 구분되어 있지만 비교적 자유롭게 서술할 수 있기 때문에 이력서에서 미처 보여주지 못한 장점, 예컨대 입사 후의 비전 같은 것을 통해 자신을 효과적으로 드러내 보일 수 있다. 따라서 이력서와 자기소개서가 상호보완적으로 작성되면 좋을 것이다. 이력서에서 보여주지 못하는 점을 자기소개서에서 보여주고, 너무 세부적인 내용 같아 자기소개서에 쓰기에 적합하지 않은 내용을 이력서에서 쓴다면 상호 보완하여 상승효과를 얻게 될 것이다.

4. 유의해야 할 점

자신이 작성하려고 한 내용이 빠짐없이 포함되었는지를 확인해야 한다. 학력, 경력, 수상 내용 등 자신을 돋보이게 하는 경험들이 혹시 작성 중에 누락되지 않았는지 확인해야 한다.

이력서를 작성한 후에는 오탈자가 없는지 점검해야 한다. 이력서가 오탈자가 있다거나 맞춤법이 잘못되었다면 그것은 곧 지원자의 업무 능력을 증명한다고 생각하기 때문에 제출하기 전에 오탈자나 맞춤법을 꼭 점검해야 한다. 요즘에는 인터넷으로 이력서를 제출하는 경우가 많은데 화면으로는 오탈자가 쉽게 파악되지 않으므로 이력서를 출력해서 확인하는 것이 좋다.

시각적으로 깔끔하게 작성해야 한다. 지나치게 화려하게 작성한다거나 너무 성의 없이 작성하지 않도록 한다. 글자 크기, 자간, 서체 등을 조정하여 깔끔한 느낌이 나도록 작성한다. 동일한 이력서로 여러 기업에 지원하지는 말자. 기업에 따라 원하는 인재상이 다르기 때문에 그에 맞춰 조금씩이라도 변화를 주어야 한다.

사진 수정은 될 수 있으면 하지 않는 것이 좋다. 지원 회사에서 요구하는 규격의 사진을 붙인다.

호주와의 관계를 적어야 할 때는 기준을 호주로 놓고 지원자가 호주의 누구인지를 적으면 된다. 예를 들어 호주가 지원자의 아버지이고 지원자가 호주의 큰 아들이라면 호주와의 관계에 '장남'이라고 적는다.

이력서의 마지막에는 "위 사실은 틀림없음. 2011년 ○월 ○일 홍길동"이라고 적는다.

활동

1. 취업 전 상황을 상상하여 공공 기관용 이력서를 써 보자.

<table>
<tr><td rowspan="4">사 진</td><td colspan="5">이 력 서</td></tr>
<tr><td rowspan="2">성 명</td><td rowspan="2" colspan="2"></td><td rowspan="2">㊞</td><td>주민등록번호</td></tr>
<tr><td></td></tr>
<tr><td>생년월일</td><td colspan="4">19 년 월 일생 (만 세)</td></tr>
<tr><td>주 소</td><td colspan="5"></td></tr>
<tr><td rowspan="2">연락처</td><td>집</td><td></td><td rowspan="2" colspan="2">전자 우편</td><td rowspan="2"></td></tr>
<tr><td>핸드폰</td><td></td></tr>
<tr><td>호적관계</td><td>호주와의 관계</td><td></td><td colspan="2">호주 성명</td><td></td></tr>
</table>

년	월	일	학력 및 경력사항	발령청

6장 인터넷 글쓰기

인터넷의 보급으로 인한 글쓰기의 변화를 살피고, 인터넷 글쓰기의 특성과 주의할 점을 알아본다. 인터넷 글쓰기의 실제로 이메일, 블로그, 인터넷 게시판에서의 글쓰기를 소개한다.

1. 인터넷의 보급과 글쓰기의 대중화

인터넷의 보급이 가져 온 가장 큰 변화 중 하나는 글쓰기의 대중화이다. 과거 글쓰기는 오랫동안 지식인을 비롯한 특정 계층의 전유물이었다. 대중은 작가나 저자, 필자이기보다는 독자였다. 그러나 인쇄술의 발달이 독자들의 대중화를 일으켰다면 인터넷의 보급과 발달은 작가, 필자의 대중화를 이끌었다. 대중은 이제 계몽의 대상이나 소비자로서가 아니라 글쓰기의 주체로 부상했다. 누구나 사이버 공간에서 글을 쓰고 발표하고 토론하고 비판하고 댓글이나 답문을 통해 응답하고 반응할 수 있다.

이처럼 현대는 전문 작가나 지식인만이 아니라 일반 대중이 자신들의 이야기를 스스로 쓰고 발표할 수 있는 시대이다. 그러나 대중들이 글쓰기의 주체가 되었다는 것은 형식적으로는 지식과 정보의 개방화 및 민주화의 도래로 평가될 수 있지만 질적으로는 아직도 개선의 여지가 많다.

글쓰기의 대중화가 글쓰기의 저질화로 변질되지 않도록 누구보다 글쓰기의 주체들, 대중들의 의식 개선과 글쓰기 능력의 향상이 필요하다. 더구나 인터넷의 보급은 글쓰기에서 뿐 아니라 모든 문화에서의 변화를 주도하고 있다. 인터넷에서 바람직한 글쓰기는 우리 문화 발전의 향방을 결정하는 것이기도 하다. 인터넷 글쓰기의 수준이 우리 문화의 질을 대변한다고 해도 과언이 아니다.

2. 인터넷 글쓰기의 특징

인터넷은 전 세계의 컴퓨터가 서로 연결되어 정보를 교환할 수 있는 하나의 거대한 컴퓨터 통신망이다. 따라서 인터넷 글쓰기란 이러한 통신망 안에서의 글쓰기를 말한다. 특별히 글의 장르나 종류를 지칭하는 것이 아니라 글이 전달되고 전파되는 매체적 특성을 고려한 용어이다. 그런데 이러한 매체적 특성이 문자 문화 전반의 변화를 일으키고 있다. 인터넷 글쓰기는 인터넷 상에서의 글쓰기만이 아니라 오프라인에서의 글쓰기의 변화까지 유도함으로써 문자 생활을 비롯한 인간의 모든 문화 활동에 영향력을 행사하게 된 것이다. 그러므로 인터넷 환경이 야기한 인터넷 글쓰기의 특성을 이해하고 이를 발전적으로 활용할 수 있는 지식과 기술이 필요하다.

인터넷 글쓰기는 사이버 공간을 통한 글쓰기 공간의 확장과 개방적이고 자유로운 글쓰기 환경을 조성했다. 인터넷을 통해 글의 전달을 용이하게 하였으며, 비교적 자유로운 분위기 안에서 격식과 형식의 제약 없이 인터넷 사용자들이 자신의 개성을 발휘하여 글을 쓸 수 있게 되었다. 또한 글 내부적으로는 문법 파괴, 약어와 축어 및 이모티콘 사용, 구어체 강화 등의 변화를 이끌었다. 이 외에도 인터넷 글쓰기의 특성으로는 동시성 및 신속성, 활발한 정보 교환, 친교와 여론 형성 강화, 익명 글의 증가 등이 있다.

동시성 및 신속성

인터넷 글쓰기는 실시간으로 소통될 수 있다. 쓰는 즉시 읽혀지고 읽는 즉시 새롭게 쓸 수 있다. 쓰기와 읽기가 동시에 행해질 수 있고, 행해진 결과는 신속하게 전달된다. 때문에 더욱 언어 예절을 잘 준수해야 하고 신중하게 써야 하는 글쓰기이기도 하다.

인터넷은 인쇄 · 출판 · 유통의 변화를 가져왔다. 굳이 인쇄하여 출판하지 않더라도 쉽고 빠르게 글을 유통할 수 있는 환경이 조성되었다. 특히 기사를 신속하게 전해야 하는 신문의 경우 신문사들은 발행 부수를 줄이고 홈페이지를 함께 운영하여 독자를 확보하고 있다.

정보 교환의 편리성

인터넷은 블로그, 웹진, 이메일, 메신저, UCC 등 새로운 글쓰기 영역을 창출했다.

UCC
user created contents
전문가나 전문 단체가 아닌 일반 사용자들이 직접 제작한 콘텐츠

그리고 이를 통해 수많은 정보들이 활발하게 교류된다. 정보는 그림, 사진, 음악, 동영상 등의 형태를 띠기도 하지만 기본적으로 글을 통해 전달된다.

반면 필자나 독자 모두 정보 중에서 유의미한 양질의 정보를 판단할 수 있는 능력이 필요하다. 허위 정보나 악성 루머를 쓰지도 유포하지도 않도록 주의해야 하며, 이를 판단할 수 있는 비판 능력이 필요하다. 글쓰기 환경이 대중화되면서 많은 글들을 접할 수 있게 되었지만 그 글들이 모두 좋은 글은 아니기 때문이다.

친교 기능과 여론 형성 강화

글은 친교 기능이 있다. 그런데 인터넷 환경의 대중화는 글을 통한 친교 기능을 더욱 강화시켰다. 사이버 공간 안에서 각종 동호인 활동이 성해지면서 전화나 대면보다 글을 통한 사귐이 활발해졌다. 게시판에 글을 쓰고 댓글을 달고 메신저를 하는 모든 활동을 통해 글과 문자를 통한 친교가 가능하다.

또한 친교만이 아니라 다수의 의견을 규합하는 것이 용이해지면서 여론을 형성하여 정치적인 영향력을 행사하기도 한다. 때문에 인터넷에서의 글쓰기는 이익 집단이나 권력 단체에 이용당할 수 있다. 글의 영향력이 사회 발전을 위해 증대되는 것은 바람직하지만, 어떤 집단의 공익에 저해되는 이익이나 정치권력에 이용당하지 않도록 주의하여야 한다. 현대는 인터넷 글쓰기를 활용한 1인 미디어 시대이기도 하다. 앞으로 인터넷 글쓰기의 영향력은 더욱 커질 것이다. 인터넷 글쓰기의 부작용에 대한 우려도 커지고 있다.

익명성

인터넷의 특성인 익명성은 인터넷 글쓰기에도 그대로 반영된다. 즉 자신을 밝히지 않고 글을 쓰고 유포할 수 있게 되었으며, 저자를 알 수 없는 글들을 읽을 수 있게 되었다. 익명성이 나쁜 것은 아니다. 오히려 소유권을 행사하지 않으면서 무상으로 나눌 수 있는 공여 문화를 이끌 수도 있다. 그러나 익명성이 보장되기 위해서는 책임과 의무가 보장되어야 한다. 공익을 저해하는 데 이용하는 익명성은 범법 행위와 마찬가지다.

익명성으로 인한 지나친 언어 파괴, 악성 댓글, 범죄, 음란물 유포 등에서 인터넷 글쓰기를 건전하게 지켜나가야 한다. 때문에 인터넷 글쓰기의 윤리 교육이 더욱 필요하다.

멀티미디어 요소의 활용

컴퓨터를 매개로 하여 영상, 음성, 문자와 같은 다양한 정보 매체를 복합적으로 만든 멀티미디어 요소를 활용할 수 있는 것도 인터넷 글쓰기의 특징이다. 글만을 쓰는 것이 아니라 그림과 사진을 삽입하고, 음악을 덧붙이고, 애니메이션 효과를 줄 수도 있고 동영상을 이용할 수도 있다.

이를 잘 활용하기 위해서는 글쓰기 외에도 다른 멀티미디어를 활용할 수 있는 지식과 편집 기술이 필요하다. 이를 숙지하여 인터넷 글쓰기의 장점을 살려보자.

활동

1. 인터넷 용어(신조어, 약어, 축어, 암호, 은어)를 조사해서 발표하자.

2. 인터넷 글쓰기의 특징과 인터넷 글쓰기의 문제점을 정리해서 발표하자.

3. 인터넷 글쓰기의 실제

인터넷 글쓰기의 종류는 오프라인 글쓰기의 영역을 모두 포괄할 수 있으며 그 이상이다. 특히 인터넷 글쓰기라고 했을 때는 이메일, 게시판, 블로그, 사이트, 홈페이지, 미니홈피, 온라인 저널, 카페, 커뮤니티, 온라인 토론장, 트위터 등에서 행해지는 글쓰기이다. 인터넷에서의 글도 글쓰기의 원칙들과 방법, 주의 사항을 준수해야 한다. 특히 인터넷 글쓰기는 검열이나 심의 과정 없이 필자가 직접 글을 써서 바로 전달하거나 게시하기 때문에 필자 스스로 자기 검열을 통해 정확하고 바른 표현을 쓰도록 주의하여야 한다.

또한 모니터를 통해 글을 읽게 될 독자를 고려하여 인터넷에서 글을 쓸 때에는 장문보다는 단문으로 쓰고 글의 분량도 길지 않은 것이 좋다. 글의 분량이 많으면 독자는 스크롤바를 계속 내리면서 읽어야 하는데 이는 독자에게 불편함을 주기 때문이다. 전문적인 글에서부터 간단한 댓글에 이르기까지 모든 글이 인터넷을 통해 소통되지만 인터넷 글쓰기를 보편화시킨 것은 이메일과 게시판 글쓰기의 영향이 컸다. 따라서 여기서는 이메일 쓰기와 게시판 쓰기의 예를 통해 인터넷 글쓰기의 특징과 주의할 점을 알아보고 실제로 쓰는 활동을 해 보도록 하자.

1) 이메일(E-Mail) 쓰기

이메일은 Electronic Mail의 준말로 전자우편의 하나다. 복잡한 현대사회에서 빠른 정보 교환은 필수적이다. 컴퓨터 통신망만 연결되어 있다면 쓰자마자 전송될 수 있는 이메일은 일반 우편보다 편리하여 그 사용과 역할이 점점 더 확대되고 있다. 일반 우편의 역할을 하면서도 동일 메일 대량 발송 기능, 편리한 송수신과 저렴한 비용, 수신 확인 기능, 첨부파일 기능 등이 있어 친목 뿐 아니라 업무용으로도 중요한 통신 수단이 되고 있다. 이메일은 신속하게 전달되기 때문에 답장이 필요한 이메일을 받았을 때는 바로 답신을 보내는 것이 예의이다.

업무용 메일은 간결하고 보기 좋게

업무용 메일은 용건 중심으로 쓰되, 간결하면서도 보기 좋게 작성한다. 공적 업무와 관련된 메일이므로 정확한 내용 전달이 중요하다. 형식을 갖추어 정중하고 친절하게 쓰며, 오프라인 상에서 확인할 수 있는 연락처를 함께 보내는 것이 좋다. 업무용이므로 수신자와 발신자를 정확히 적어야 하며, 호칭이나 인사말도 생략해서는 안 된다. 필요한 정보 내용을 빠뜨리지 않도록 하며, 필요하다면 첨부파일을 이용해 관련 서류를 함께 보낼 수 있다. 전해야 할 내용이 많아 메일의 내용이 길어질 경우에는 메일 본문은 핵심 사항을 요약해서 전하고 구체적인 내용은 첨부파일로 보내는 것도 좋은 방법이다.

대학생의 경우 학교 본부나 교수에게 학업이나 학교 행정과 관련된 내용의 메일을 쓰는 경우가 있다. 이럴 경우 이메일을 쓰는 학생의 입장에서는 본론 내용이 매우 긴급하다고 하더라도 예의를 벗어나지 않도록 인사와 어법에 신경을 써야 한다. 또 다루는 내용이 이메일에 적당한 내용인지 아닌지 판단해서 보내야 한다. 때로는 이메일로 답변이 곤란한 사항을 문의하는 경우가 있는데 이는 답변을 보내야 하는 사람을 난처하게 하는 일이다. 글쓰기 중에서도 이메일을 포함해서 편지 쓰기는 특히 독자를 고려해서 써야 하는 글임을 잊어서는 안 된다.

우정과 사랑의 종지부가 되지 않아야

메일은 인터넷을 이용해서 보내는 사적 편지의 기능을 한다. 편지가 친교의 기능을 하는 것처럼 이메일은 친구나 연인, 가족 등 가까운 사람들과의 정을 돈독히 해 주는 통신 수단이다. 친한 사람들끼리의 메일이라면 인터넷 매체 환경이 제공하는 멀티미디어 서비스를 활용해 좀 더 자유로운 형식으로 정겹게 메일을 쓰는 것도 가능하다. 아무리 하고픈 말이 많더라도 한 번에 긴 내용의 메일을 쓰는 것은 역효과이다.

그런데 때때로 메일을 이용해서 다투거나 관계를 정리하는 내용을 보내는 경우가 있다. 중요한 사항이나 만남이 필요한 경우를 이메일로 대체하려 하는 것은 좋지 않다. 또 상대에 대한 불만이나 단점을 이메일로 쓰고자 할 때는 더 신중해야 한다. 친한 사람일수록, 말로 하기 곤란한 내용일수록 메일로 쓰는 것도 더 조심스러운 행위이다. 대면해서 말할 수 없기 때문에 도피용으로 메일쓰기를 이용하지 않도록 하자. 들었을 때는 웃으면서 넘어갈 수 있는 내용도 글로 읽었을 때는 오해하기 쉽다. 친교의 목적으로 행하는 이메일이 우정과 사랑에 종지부를 찍는 수단이나 계기가 되지 않도록 주의하자. 친한 사람에게 보내는 메일일수록 여유와 예의를 갖추고 덕담과 칭찬으로 메일 내용을 마치는 것이 좋다.

활동

1. 학생에게 업무용 메일이라고 한다면 교수나 학교 당국에 보내는 문의 메일이라고 할 수 있다. 학생이 교수에게 보내는 메일의 대부분은 성적 관련 문의 메일이나 출결 관련 문의 메일이다. 아래 메일도 그런 예가 되는 메일로, 교수에게 보낸 메일의 전문이다. 아래 메일을 읽고 이 메일의 문제점을 찾아 발표해 보자. 교수라면 이 이메일에 대해 어떤 반응을 보일까? 답변 이메일을 써보자.

보낸사람 : 라라라<lalala@abc.net>
받는사람 : <tere0088@abc.net>
보낸날짜 : 2008. 11. 10. 수. 9시 30분 50초

안녕하세요 교수님 ㅠㅠ
제가 메일 드린건 다름이 아니라 출석때문인데요……
출석 성실하게 못한건 저도 잘 알고 있고
처음부터 너무 망쳐버린것같아서 아예 재수강하려는 마음도 있었는데요……

이번 학기에 F받아서 학사경고 받으면 제적이 된다고 해서요……
1학기 때도 학교에 적응못해서 학사경고를 받은적이 있는데 1학년때 2번 학사경고면 아예 퇴학이 되버린다고 해서
전 정말 이러지도 저러지도 못하고 있어요……ㅠㅠ

진짜 사람 살리는 셈 치고 한 번만 기회를 주시면 안될까요?
좋은 성적은 무리더라도 d+이나 c-까지만 주셔도 정말 저한테는 감지덕지거든요
제발 부탁드립니다.
진짜 한번만 살려주세요. ㅠㅠ

2. 아래 메일은 다툰 후에 여자 친구가 남자 친구에게 보낸 메일이다. 이 메일의 문제점을 찾아보자. 자신도 과거에 메일 때문에 당황했던 경우가 있었다면 언제, 왜 그러하였는지 발표해 보자. 이메일을 쓰고 읽을 때 주의 사항을 발표하거나 자신만의 이메일 쓰기의 비결(노하우)을 공개하자.

보낸사람 : 김순이<soonk@abc.net>

받는사람 : 박철수<soopark@abc.net>

보낸날짜 : 2008. 11. 10. 수. 9시 30분 50초

아까 너의 행동은 엄청 열 받게 하는구나. 아무리 생각해보아도 너를 이해할 수 없어. 더 이상 우리 만남을 계속 유지하는 게 의미없단 생각이 들어. 지난 3년의 시간이 아까울 뿐이야. ㅠㅠㅠㅠㅠㅠㅠㅠㅠㅠ

이쯤에서 서로 각자의 길을 가는 게 나을 거 같구나. >_<

나 같은 여친 만나지 말고 네 말마따나 능력 있고 착하고 예쁜 사람 만나라.

답장 안 해도 돼!!!

2) 인터넷 게시판 글쓰기

인터넷 게시판 글쓰기는 각종 관공서 및 학교나 기업 등 공적 기관의 홈페이지, 개인 홈페이지, 미니 홈피, 블로그, 각종 동호회 및 인터넷 카페 등에서 제공하는 게시판을 이용해서 글을 쓰는 것이다. 인터넷 게시판 글쓰기는 인터넷 글쓰기를 대중화시키는 데 기여했으며 그 영향력 또한 크다. 각종 포털사이트에서는 사이트에 가입한 회원들에게 개인 홈페이지나 블로그를 운영할 수 있는 공간을 무상으로 제공해 줌으로써 누구나 손쉽게 웹에서 자신의 사이버 공간을 운영할 수 있게 되었고 이것은 게시판 글쓰기의 활성화를 이끌었다.

뿐만 아니라 온라인 신문, 웹진, 인터넷 방송 등 온라인 저널도 인터넷 글쓰기를 할 수 있는 공간이다. 주요 일간지들이 인쇄된 신문을 인터넷에서 다시 올려 온라인 신문으로 운영하는 것은 물론이고 '프레시안', '오마이뉴스'처럼 인쇄 과정을 따로 두지 않고 온라인에서만 운영하는 온라인 신문들도 있다. 이런 신문에서는 전통적인 형식의 '독자 코너' 외에도 일반인들의 글을 기사나 칼럼의 형식으로 전하는 게시판을 제공하고 있으며, 기사에 대한 답변의 글을 바로 올릴 수 있는 게시판도 운영하고 있는 것이 상례다.

독자들이 언론의 수용자로서 뿐 아니라 생산자가 되어 언론의 내적·외적 변화를 이끌고 있다. 아직도 주요 언론 매체의 영향력을 무시할 수는 없지만 그들과는 다르거나 반하는 영향력이 인터넷을 통해 거점을 확보해 나감으로써 더 이상 일방적 언론 통제가 불가능한 시대에 도래하였다. 그리고 이 모든 것의 중심에는 인터넷 게시판 글쓰기가 있다.

컴퓨터 모니터를 기억하라

매체, 즉 미디어의 변화가 글쓰기의 변화를 가져온다. 인터넷 글쓰기는 종이에 쓰는 것이 아니라 모니터에서 쓰고 읽는다. 종이와 컴퓨터 모니터는 독자의 입장에서 볼 때 글을 읽는 환경이 다르다. 때문에 같은 글을 쓰더라도 인터넷 게시판에서의 글쓰기는 매체 환경을 고려하여 써야 한다.

모니터에서 잘 읽힐 수 있도록 글자의 크기, 단락의 크기, 글 전체의 분량을 조절해야 한다. 독자가 게시판 글을 클릭했을 때 글이 보기 불편하게 게시되었다면 독자는 그 글을 포기하고 다른 화면으로 이동할 것이다.

게시 전의 출력, 인터넷 글쓰기의 미덕

글을 쓰는 입장에서는 모니터에서 바로 글을 쓸 경우 오탈자가 많을 수 있다. 인터넷 글쓰기가 아니더라도 컴퓨터를 이용해서 워드 작업을 하는 대부분의 글쓰기도 반드시 퇴고 과정에서는 출력하여 확인해야 한다. 컴퓨터 화면상에서 교정을 볼 경우 실수가 많기 때문이다. 때문에 인터넷 글쓰기라 하더라도 중요한 글은 인터넷에 게시하기 전에 종이로 출력하여 다시 확인하는 작업을 하는 것이 좋다. 인터넷 게시판 글은 일단 게시 후에도 수정을 할 수 있지만 이미 독자가 읽은 후일 가능성이 높기 때문이다. 게시판에 글을 쓸 때는 게시하기 전에 글을 출력하여 확인하는 습관을 들이자.

글은 간결하게, 단락은 독립해서

인터넷 글은 종이에 인쇄한 경우보다 눈이 쉽게 피로하고 행간의 구분이 헷갈리곤 한다. 때문에 긴 글보다는 간결한 글이 좋다. 또한 모니터에서의 가독성을 높여줄 수 있는 편집 방식을 이용해야 한다. 단락을 독립해서 쓰는 것도 하나의 좋은 방법이다. 인터넷 게시판 글에서는 단락이 바뀔 때마다 행과 행 사이에 여백을 주어 독자의 가독성을 높여준다. 단락의 크기가 큰 경우에는 한 단락 내에서도 여백의 행을 둘 수 있다. 물론 단락의 크기가 크지 않은 것이 더욱 좋은 방법이다.

이와는 반대로 종이에 글을 쓸 때 학생들 중에는 간혹 단락 사이마다 행을 비우는 경우가 있다. 이는 인터넷 게시판 글쓰기에서 온 잘못된 글쓰기 습관이다. 종이에 쓸 때는 첫 칸 비우기로, 인터넷 게시판에 쓸 때는 행 비우기로 단락을 구분하자.

중요한 내용을 먼저, 역피라미드 구성

인터넷 게시판 글쓰기에서는 중요한 내용을 먼저 제시하는 두괄식 구성 혹은 역피라미드 구성이 효과적이다. 역피라미드 구성이란 중요한 내용을 먼저 소개하고 기타 세부 사항을 보충하는 구성 방식이다. 인터넷에서 독자들은 지면으로 읽는 글보다 더 빨리 제목이나 서두를 보고 계속 읽을지를 결정한다. 또한 독자들은 모니터에서 글을 읽을 때 집중이 잘 되지 않는다. 독자의 관심과 이해를 위해 중요한 내용을 먼저 소개하는 구성이 효과적이다.

그러나 모든 인터넷 게시판 글쓰기가 두괄식이거나 역피라미드 구성이어야 한다는 것은 아니다. 서술 전략에 따라 다른 구성 방식이 사용될 수 있다. 다만 인터넷 게시판 글쓰기에서는 제목과 서두가 더욱 중요하다. 제목과 서두는 글에 대한 독자의 관심 여부가 결정되는 곳이다.

멀티미디어는 인터넷 글쓰기의 매력

인터넷 게시판 글쓰기는 다양한 멀티미디어를 활용할 수 있다. 이 점이 특히 인쇄매체에서 쓰는 글과 다른 점이다. 그림, 사진, 음악, 애니메이션 효과, 동영상 등이 또 다른 문자가 되어 글을 완성해 나간다. 단순한 문서 작업으로 그치지 말고 멀티미디어 기능을 이용해서 글의 효과를 배가시켜보자. 요리에 관한 글을 쓴다면 요리 과정을 보여주는 사진을 통해 글의 이해를 용이하게 할 수 있다. 요리법을 직접 동영상을 이용해서 보여줄 수도 있다. 글을 읽는 동안 글과 어울리는 분위기의 배경 음악을 삽입해서 독자에게 정서적으로 다가갈 수도 있을 것이다.

독자와 소통하라

인터넷 게시판 글쓰기의 장점은 글을 통해 독자들과 쉽게 소통할 수 있다는 점이다. 따라서 소통의 장을 열어놓는 장치가 필요하다. 댓글, 엮인 글, 답변을 쓰게 하는 것은 독자와의 소통의 장을 적극적으로 마련하는 장치이다. 내가 쓴 글에 답변이 올라왔다면 그것에 반응하라.

이 외에도 인터넷 게시판 글에서는 길고 지루한 글을 쓰지 않도록 하자. 그 방법 중에 하나는 시의성 있는 주제를 다루는 것이다. 자신의 관심 주제에 대해 쓸 경우에는 전문가 사이트가 아니라면 일반 대중의 수준을 고려해서 지나치게 어렵거나 전문적인 내용은 풀어 써야 한다. 독자의 관심에서 멀어지는 것은 자신의 글이 인터넷의 바다에 버려지는 것과 같다.

내가 만든 세계, 블로그(blog) 글쓰기

인터넷 게시판 글쓰기의 대표적인 종류가 블로그 글쓰기다. 블로그(blog)는 1999년 피터 메홀츠가 처음 사용했다. 웹(Web)과 항해, 일지를 뜻하는 로그(log)의 합성어 웹로그(weblog)의 줄임말이다. 블로거(blogger) 즉 블로그 사이트 운영자가 취재와 편집, 발행을 총괄한다는 점에서 일인 미디어, 뉴스 게릴라라고 할 수 있다. 블로거는 게시판 형식의 사이트에 소소한 일상에서부터 사회적인 이슈까지 자유롭게 글과 사진, 동

존 바거(John Burgher) 1997년 웹로그(Weblog)라는 용어 처음 사용
피터 메홀츠 (Peter Merholz) 1999년 블로그(blog)라는 용어 처음 사용.

영상 등을 올려 미디어 커뮤니티를 이끈다.

블로그는 개인 홈페이지보다 만들기 쉽고 관리하기 편하다. 블로그에 글을 쓰는 행위를 '블로깅'(blogging)이라고도 한다. 최근에는 블로거들이 자신들의 블로깅한 내용을 책으로 출판하는 사례들이 증가하였다. 오프라인에서 출판된 글을 온라인에 탑재하는 것이 아니라 온라인에서의 글을 출판하는 현상은 블로그가 일으킨 변화이기도 하다. 블로그는 다양한 컨텐츠로 이루어질 수 있으나 대부분 글로 이루어진 컨텐츠로 운영된다. 글쓰기 능력은 블로그를 통해 네티즌들과 소통할 수 있는 힘이다.

개인 인터넷 자료 공간으로 블로그를 이용할 수도 있지만 정식으로 블로그를 운영하려고 한다면 주제를 정해서 운영하는 것이 좋다. 예를 들어 요리 관련 블로그, 영화 관련 블로그, 스포츠와 관련된 블로그는 해당 관심 분야의 네티즌들을 독자로 확보하기 쉽기 때문이다. 블로그에서 글을 쓸 때는 간단하고 이해하기 쉽게 쓰되 격있는 단어의 선택, 자세한 묘사와 강조, 재미있으면서도 유익한 내용을 담을 수 있어야 한다.

활동

1. 다음 글은 어느 인터넷 카페 게시판에 실린 글이다. 이 글에서 멀티미디어 요소를 넣는다면 어디에 어떤 요소를 첨가할 수 있을까? 인터넷 게시판을 이용해서 다시 써 보자.

지금, 만나러 갑니다

선플라워~* 조회 92 |2006.06.16.

http://

어제는 친구랑
같이 방에서 뒹굴뒹굴 일하다가,
영화를 한편 보았습니다. 디비디로요…

우연히 보게 된
'지금, 만나러 갑니다'라는
일본 영화였는데,
애잔하면서도 감동적이었어요.
친구도 많이 감동하더라고요.
저도, 잠시 할 일은 어떻게 되든 말든,
영화가 주는 감동에 빠져있었고요.

가족이란 무엇일까요?
이렇게 비 오는 날,
함께 우산을 바치고
손을 잡고 가는 사람들 아닐까요?

감독은 인터뷰에서 이렇게 말하네요.
"가족이란 당연히 곁에 있는 것처럼 느껴지지만

실은 아주 작은 운명 같은 것에 의해 만나게 되어
그 우연이 겹쳐 결국은 가족이 되어있는 것이라는 생각이 든다."

상록수 우리들의 만남도
작은 '우연'이 겹쳐 결국은 같이 모인
가족이라는 생각이 드네요.
운명의 인도로.

비 오는 날, 다시 만나고픈 사람이 있다면,
이 영화 추천합니다.

"그러나 나는 몇 번을 다시 태어나도 틀림없이
같은 길을 선택할 겁니다.
나의 행복은 당신과 함께 사는 것.
그래서 당신을..
지금, 만나러 갑니다.
いま, 會いにゆきます"

2. 다음 글은 어느 인터넷 카페 게시판에 실렸던 글이다. 아래 글을 인터넷 게시판 글에 맞게 수정하라.

겨울 풍경
문패꽃 | 조회 70 |2011.01.06. 16:08
http://

고맙습니다.
겨울은 언제나 저희들을
겸손하게 만들어 주십니다.
기형도 / 램프와 빵 -겨울 版畵 6

대한이가 소한이 집에 놀러왔다가 얼어죽었다더니 이번 겨울 소한이는 이름값을 톡톡히 합니다^^ 눈에 스스로 갇혀 들어앉은듯 저는 아무런 불만이 없지만 바깥 세상 걱정은 간간이 됩니다… 이 추위가 선선하게, 겨울이라 그런거라면 즐길맴도 있는데 딸내미 말에 의하면 지구의 오염과 온난화로 북극 빙하가 녹아내리고 에 또 제트기류가 불안정하고 찬바람이 내려와서 어쩌고저쩌고 해서 춥다는데 저는 그다지 분석적이지 못한 머리를 가진지라 차라리 눈의 여왕이 심기가 불편해서 막막 눈과 추위를 뿌려 제낀거라면 금새 머리가 끄덕여질것 같습니다^^

요 근래 바짝 추워지면서 승용차로 출근을 포기한 냄표니와 딸내미는 새벽에 일어나 중무장을 하고 눈길을 걸어 일터로 학교로 향합니다. 힘들텐데 별 불평들이 없어서 기특했는데 의외로 아빠랑 둘이서 지하철을 타고 가는 길이 즐거운가 봅니다^^ 아빠라는 존재들이 그렇듯이 엄마 없을 때에는 딸내미에게 온갖 아첨을 다 하잖아요^^ 덕분에 딸내미는 매일매일 아빠가 주는 용돈으로 주머니가 두둑해져서 집으로 올때쯤엔 "엄마 뭐 먹고싶은거 있어욤? 내 갈 때 사갈께~!" 하면서 호기롭게 전화를 걸어옵니다 ㅎㅎ 언제 기회를 보아 딸내미 없을 때 영감탱이 앉혀놓고 아부지가 말이야~페어플레이를 해야지, 아이에게 용돈으로 점수따려들면 <비열한짓>이라고 따끔하게 주의를 주어야겠습니다. 하하~~^^

꽁꽁 언 손으로 엄마랑 동생 준다고 매일 조금씩 뭔가를 사들고 오는 어린 딸을 보면서 감사함에 가슴이 뭉클해집니다. 어제는 순대(내장 많이 섞었다고 자랑하면서^^) 그저께는 찐 옥수수 그그저께는 호밀호두...오늘은 뭘까요~? (와...두껍다...ㅎㅎ) 덕분에 빙하기가 닥쳐도 끄떡없을 살들을 보유하고 있지요^^

재원이 녀석이 방안에서 "추워요~춥네요~눈이 왔어요~눈이 오네~!" 등등 혼자 언어치료를 하고 있습니다^^ 1월 한달 내내 많이 추울거라니 모두들 건강 잃지않게 조심하세요.

3. 자신이 즐겨 찾는 카페나 블로그를 소개하자. 그곳을 좋아하는 이유를 설명하고 그곳의 운영 체제와 독자 관심 전략을 조사하여 발표하자.

4. 자신의 블로그를 개설하자. 블로그의 이름을 정하고 게시판을 만들자. 게시판에 자신의 블로그를 소개하는 글을 써 보자.

부록 말하기

1. 발표

발표의 개념과 의의를 소개하고 발표의 과정과 주의사항을 알아보았다. 발표는 공적 말하기의 대표적인 형식으로 발표자는 각 단계별 과정과 특성 및 주의사항을 이해하고 준비함으로써 성공적인 발표를 행할 수 있다.

1. 발표의 개념과 의의

발표란 공적 말하기의 대표적인 형식이다. 즉 발표자가 여러 사람 앞에서 자신이 준비한 내용을 말하는 행위이다. 강의, 연설, 브리핑, 학술발표, 설교, 격려사, 축사 등이 모두 발표의 예이다. 대학의 수업에서도 교수의 강의 뿐 아니라 교과 내용과 관련된 학생들의 발표가 행해지고 있다.

대학 수업에서 행해지는 발표하기는 교과 내용과 관련된 과제를 중심으로 발표자가 조사 연구한 바를 청중이 이해하도록 전달하는 말하기가 대부분이다. 따라서 설명의 방식이 주로 행해지지만 주제에 따라서는 주장하는 바를 설득시키는 형식이 행해지기도 한다. 이처럼 발표의 목표는 청중을 이해시키고 설득시키는 것이며, 발표자는 이를 잊지 않아야 한다.

발표에서도 발표자와 청중의 상호 교감이 중요하다.

한 가지 주의할 점은 발표를 발표자의 일방적인 말하기의 형식으로 이해해서는 안 된다는 사실이다. 발표는 청중과의 상호 작용을 통한 의사소통 행위이다. 의사소통은 상호작용하는 과정이다. 이때 발표자와 청중 뿐 아니라 다른 구성 요소들도 이 과정에 영향을 끼치게 된다. 이러한 발표의 구성 요소들에 대한 이해가 발표자와 청중 모두에게 필요하며 이러한 이해를 기반으로 원활한 발표가 가능할 수 있다.

청중을 대면하고 행하는 발표는 일단 행해진 이후에는 대개 수정할 수 없기 때문에 더욱 철저한 사전 준비가 필요하다. 또 같은 내용이더라도 청중의 반응이나 주위

상황에 따라 임기응변할 수 있는 기술도 필요하다. 최근에는 다양한 시청각 매체를 활용하게 되면서 매체 활용 능력과 기술도 요구되고 있다. 또한 아무리 준비를 잘 하였다 하더라도 발표자가 발표하면서 예의에 벗어난 행동을 한다면 그 발표는 소기의 목적을 달성할 수 없다. 이러한 발표하기와 관련된 모든 능력과 기술은 단시간에 숙련될 수 없다. 때문에 이에 대한 충분한 학습과 훈련이 필요하다. 발표는 지식 기반 사회와 민주주의 사회에서 경쟁력 있는 인재로 살아가기 위한 소통능력이자 자기표현 기술이다. 그렇다면 어떻게 발표를 준비하고 행해야 할까? 대학에서 행해지는 지식과 정보를 전달하는 형식을 중심으로 발표하기에 대해 알아보자.

활동

1. 중·고등학교 시절 발표의 경험을 회상해보고 그 당시 발표의 경험과 특히 기억나는 어려움을 중심으로 간단하게 발표해 보자.

2. '자기 소개서'를 발표의 형식으로 수정·보완하여 대학 친구들과 교수님 앞에서 발표해 보자. 글로 썼을 때와 발표했을 때 달라진 점이 있다면 이를 정리해 보자.

2. 발표의 단계와 과정

발표의 종류로는 목적에 따라 정보 제공 발표, 설득 발표, 유흥 발표가 있다. 실전 방식에 따라 즉흥 발표, 암송 발표, 메모를 보면서 하는 발표, 원고를 가지고 하는 발표가 있다. 또 발표 준비나 발표 인원에 따라 개인 발표와 공동 발표가 있다. 각 발표의 목적이나 내용, 형식에 따라 발표의 단계와 과정이 조금씩 차이가 있을 수 있으나 가장 일반적으로 발표하기는 다음과 같은 과정으로 진행된다.

발표 준비 → 발표하기 → 발표 후 질의 및 평가

발표 과정은 글쓰기 과정과 유사하다. 발표 전 단계로 발표를 준비하는 과정, 실제 발표를 행하는 발표하기 과정, 발표를 마치고 발표한 결과를 정리하는 발표 후 정리 과정이 모두 발표 과정이라 할 수 있다. 물론 실제 행하는 발표하기 과정이 제일 중요하지만 3단계 과정의 철저한 준비와 실행, 점검을 통해 발표를 잘 할 수 있을 뿐만 아니라 발표하기 능력이 향상될 수 있기 때문에 모든 과정에 대한 충분한 이해와 훈련이 필요하다.

1) 발표 준비하기

능동적이고 자발적인 태도로 시작하자

발표는 발표 계획하기에서부터 시작된다. 주로 대학에서 발표하기는 교수의 과제가 제시되고 이를 수행하는 과정에서 행해진다. 교수로부터 과제가 제시되면 발표자는 이를 수행하기 위한 계획 단계로 돌입한다. 학교에서 뿐 아니라 직장이나 다른 공공기관에서도 대부분 발표의 상황이 외부로부터 주어진다. 이러한 요청이나 과제 부여에 능동적으로 참여하는 자세가 필요하다. 어쩔 수 없이 한다는 식의 소극적 태도에서 벗어나 주어진 발표 과제에 대해 능동적이고 자발적인 태도로 임하도록 하자.

특히 두 명 이상이 함께 하는 공동 발표의 경우 발표자 중 어느 한 명의 소극적 태도와 불성실한 자세는 다른 참여자에게 직접적인 피해를 줄 수 있다. 공동 발표는 개인 발표와 달리 팀워크가 평가자의 평가나 청중의 반응에 영향을 끼친다. 특히 대학에서의 공동 발표는 이러한 팀워크를 유도하고 신장시킬 수 있는 교수 목표에 따라 주어진다. 후에 전문 연구원이나 직장인이 되었을 경우에도 공동 참여 활동이 행해지는 경우가 빈번하다. 이를 배우고 훈련하는 기회로서 대학에서는 교수들이 학생들에게 공동 발표 과제를 제시하기도 한다. 혹 학생들 중에 이를 간과하고 공동 발표임에도 불구하고 '나 하나쯤이야' 하는 생각이나 '다른 유능한 조원이 있으니까' 하는 태도로 무성의하고 소극적으로 임하는 학생들이 있다. 이는 다른 발표자와 청중에게 피해를 주는 것일 뿐 아니라 누구보다 본인의 성장에 무익하다. 발표의 상황이 주어지고 발표 과제와 발표자가 결정되었을 때 발표자는 개인 발표이든 공동 발표이든 능동적이고 자발적인 참여 의지와 태도로 모든 발표 과정을 적극적으로 이끌도록 하자. 이러한 능동적이고 적극적인 태도 없이 청중의 호의적인 반응을 유도할 수 없으며 좋은 평가도 받을 수 없을 뿐 아니라 소기의 발표 목표도 달성할 수 없다.

발표 계획을 구체적으로 작성하자

좋은 발표는 구체적인 계획에서부터 온다. 철저한 계획이 성공적인 발표로 이끈다. 글쓰기에서와 마찬가지로 발표 동기, 발표 목적, 발표 주제, 발표 제목, 청중 분석, 자료 수집 및 검토, 발표문 작성, 발표장 사전 방문이나 조사, 발표 기자재 확인, 발표 형식, 발표 연습, 공동 발표일 경우 역할 분담 등에 대한 확인과 이를 수행하기 위한 준비 계획을 세우고 이를 확정지어 진행해야 한다.

이러한 계획 단계에서 다른 사람들이 이미 발표한 것을 보는 것도 도움이 될 수 있다. 최근에는 각 대학별로 발표 대회를 개최하여 동영상을 홈페이지에 올리는 경우가 있다. 이러한 동영상 자료를 찾아보는 것도 준비 단계에서 발표 준비에 도움이 될 수 있다. 또는 발표의 경험이 있는 다른 사람들에게 조언을 구하는 것도 좋다. 특히 자신이 발표하고자 하는 분야의 기경험자라면 더욱 필요한 조언과 정보를 얻을 수 있다. 발표자도 자신이 예전에 했었던 발표가 있었다면 당시의 기억을 되살려 발표 시 스스로 점검해야 할 항목들, 취약한 부분에 대한 보안책까지도 정리하여 대비한다면 실수를 줄이고 좀 더 완벽한 발표를 할 수 있을 것이다.

청중을 면밀하게 분석하자

글쓰기에서 독자 분석이 중요한 것처럼 발표에서도 청중 분석이 중요하다. 특히 청중을 대면하고 진행되기 때문에 발표에서 청중의 반응은 바로 발표의 성패로 이어진다. 대학에서의 경우 대부분의 청중은 교수와 교과목을 수강하는 학생들일 것이다.

평소 교수의 성향, 교수가 강조하는 것 등 교수의 분석도 필요하며 학생들의 분석도 중요하다. 학생들의 반응이 교실 안에서는 발표의 분위기를 결정하는 경우가 대부분이기 때문이다.

발표의 구성 요소
발표자, 청중, 메시지, 채널, 장애, 상황, 피드백

청중을 분석할 때는 발표를 들을 청중의 인원수, 연령, 사회적 계층 및 지위, 성별, 직업, 교육 수준, 청중의 심리 상태, 태도, 의식 수준, 욕구, 흥미, 발표 화제나 주제에 대한 예상 관심도 등을 고려해서 발표에 반영하도록 한다. 이러한 청중 분석과 청중에 대한 적극적인 고려를 통해 발표자는 발표 주제에서부터 발표 내용과 형식을 결정하여야 한다.

특히 발표 주제와 내용과 관련해서 청중을 분석하는 것은 실제 발표를 위해 중요하다. 자신이 발표하고자 하는 주제와 관련해서 청중이 동의하는 사람이 많을지 반대하는 사람이 많을지를 사전에 예상하고 발표 전략을 세우고, 발표 주제에 대한 청중의 지식 수준을 고려하여 내용을 정리하고, 주제에 대한 청중의 관심도를 미리 조사해 보는 것도 도움이 된다.

발표의 구성 요소를 이해하자

발표의 구성 요소는 발표자 뿐 아니라 청중, 메시지, 채널, 장애, 상황, 피드백이다. 이러한 구성 요소들이 함께 작용하면서 발표를 통한 의사소통이 성공적으로 행해질 수 있다. 때문에 각 요소들을 이해하고 이를 준비하는 것이 필요하다. 각 요소들을 간략히 소개하면 다음과 같다.

발표자는 메시지를 전달하는 발표의 주체이며, 청중은 발표를 듣고 메시지를 이해하여 피드백을 보내는 역할을 하는 사람이다. 발표 내용은 메시지이고, 이 메시지는 언어적인 요소 뿐 아니라 비언어적 요소를 통해서도 전달된다. 때문에 언어적 요소와 비언어적 요소를 모순되지 않게 전달되도록 주의하여야 한다. 목소리, 태도, 외모, 시선, 제스처, 얼굴 표정, 시각 자료, 마이크, 인터넷 등은 메시지를 전달하는 매체와 수단으로 이를 채널이라고 한다.

장애는 발표자와 청중 간의 의사소통을 방해하는 요소이다. 발표에 참여하는 사람 특히 발표자는 장애를 잘 파악하고 이해하여 가능한 장애 요소를 미리 제거하여야 하며, 장애가 발생했을 때에는 이를 해결할 수 있어야 한다. 발표 장소, 시간, 좌석 배치, 모임의 성격 등은 상황이다. 상황에 따라 발표의 전달 방법이 달라질 수 있다. 예를 들어 수업에서의 발표도 1교시 발표냐, 점심 식사 후의 5교시 발표냐에 따라 발표의 전달 방식과 전략이 달라질 수 있다. 대형 강의실에서 하는 발표와 소형 세미나실에서 하는 발표도 그 방법이 다를 수 있다. 피드백은 청중의 반응이다. 피드백은 말뿐 아니라 표정이나 몸짓을 통해서 전달될 수 있다. 발표 후 질의 시간이나 평가 시간에는 청중의 피드백을 언어를 통해 쉽게 확인할 수 있다. 그러나 발표 진행 중에는 발표자가 청중의 표정이나 몸짓을 통해 보내오는 피드백을 현명하게 읽고 이에 대응하여야 한다. 반대로 청중 역시 발표 중에는 발표자에게 발표의 사기를 저하시키고 발표를 방해할 수 있는 피드백을 보내지 않도록 주의해야 할 것이다. 특히 발표의 경험이 적고 긴장을 많이 한 발표자일수록 청중의 작은 반응 하나에도 예민하게 반응하여 발표를 준비한 만큼 제대로 수행하지 못할 수 있기 때문이다.

발표문을 마련하자

발표할 때도 발표문이 필요하다.

발표는 말하기이지만 쓰기를 필요로 한 말하기이다. 특히 공적 말하기인 발표하기는 사전에 발표문을 작성하고 이를 바탕으로 실행해야 한다. 학생들 중에는 때때로 발표할 때 발표문을 준비하지 않고 자신의 생각을 대충 정리하여 즉석해서 말해도 되는 것으로 오해하는 경우가 있다. 치밀한 발표 준비는 발표문으로 완성된다고 해도 과언이 아니다. 발표문 준비 없이 성공적인 발표는 기대할 수 없다.

발표문은 글쓰기 과정과 마찬가지로 준비하고 작성한다. 발표 주제를 정하고 자료를 수집·검토하며 개요 작성과 발표문 작성 단계로 진행하면 된다. 일반적인 글쓰기 과정을 거치지만 앞서 밝힌 바와 같이 발표의 상황을 반영하여 작성해야 할 것이다.

발표문은 두 가지로 준비하는 것도 좋다. 하나는 발표자용이고 다른 하나는 청중용이다. 발표자용의 경우 발표의 경험이 적은 초보 발표자이거나 발표자가 발표에 긴장이 많이 될수록 더 구체적으로 준비하자. 배우들의 대본처럼 인사말부터 보충 설명 부분이나 분위기 전환용 멘트, 제스처 등 발표에 관한 사항 전부를 가능한 발표문으로 미리 작성하여 발표에 대비하는 것이 도움이 된다. 특히 발표자용의 경우 분량을 고려해서 작성하는 것이 매우 중요하다. 발표 시간에 다룰 수 있을 만큼의 내용을 써서 이를 실제로 확인하도록 하자. 잘 마련된 발표문은 발표자에게 직접적인 도움이 된다. 발표자는 발표문을 통해 불필요한 반복을 피하면서 발표 주제를 주어진 시간 안에 효과적으로 전달할 수 있기 때문이다.

일반적으로 발표문이라고 할 때의 발표문은 청중에게 보여주는 발표문이다. 청중용 발표문의 경우, 글쓰기 형식, 특히 보고서 형식으로 작성하는 것이 좋다. 발표 순서와 발표의 핵심 내용을 요약하여 발표 내용을 가시화하고 청중이 이를 확인하면서 들을 수 있도록 도와줘야 한다. 발표에서는 간략히 다루지만 보충 설명이 필요하다면 발표 후에라도 청중이 이해할 수 있도록 보충 내용을 첨부하는 것도 좋다.

발표문은 청중의 이해를 도와줄 뿐 아니라 발표의 진행을 원활하게 해 주며, 청중의 적극적인 반응을 유도할 수 있는 매개이다. 청중은 발표문을 통해 발표 내용을 잘 이해할 수 있을 뿐만 아니라 발표에서 놓친 내용을 다시 확인할 수 있다. 또한 발표 후 청중에게 주어지는 질의 시간에 좀 더 구체적이면서도 발표 내용에 부합하는 질문들을 제기할 수 있게 함으로써 발표의 질을 높여주는 계기가 된다. 발표는 발표자의 원맨쇼가 아니라 청중과 함께 만들어가는 공적 말하기이기 때문이다.

발표문과 발표 자료를 보충하자

시청각 기자재가 발달하고 특히 컴퓨터 시스템이 보편화되면서 발표도 점점 이러한 시스템을 활용하는 경우가 많다. 특히 파워포인트 자료(Microsoft PowerPoint) 준비는 발표의 필수가 되고 있다. 학술 발표의 경우 전공 분야에 따라서는 발표자에게 발표문보다는 파워포인트 자료를 요구하기도 한다. 특별한 요구가 없더라도 발표 장소에 파워포인트 자료를 활용할 수 있는 기자재가 갖추어져 있다면 발표문 외에도 파워포인트 자료를 함께 준비하여 발표의 효과를 높이도록 하자. 발표문의 경우 발표자가 발표를 하는 동안 청중이 발표문을 보느라고 발표자에게 집중하지 못하거나 시선을 벗어나는 경우가 있다. 이에 비해 파워포인트 자료를 통해 프리젠테이션을 하면서 발표를 할 경우 발표 중 청중의 집중과 흥미를 효과적으로 유도할 수 있는 장점이 있다.

파워포인트 외에도 각종 사용자 제작 컨텐츠(user-created contents, UCC)나 다른 시청각 매체 자료를 활용해 발표의 효과를 높일 수 있다. 이러한 자료 활용은 발표 내용 외에도 이것을 제작하고 활용할 수 있는 기술, 기자재를 다룰 수 있는 기술이 필요하다. 때문에 자료 제작 및 활용 기술을 평소에 학습해 놓자. 주의할 점은 이러한 기술이 발표 내용보다 우월하지 않다는 점이다. 이것은 발표 내용을 효과적으로 전달해줄 수 있는 기술일 뿐이지 이러한 매체 제작 및 활용 기술이 발표 그 자체의 질과 성패를 결정하는 것은 아니다. 무엇보다 중요한 것은 발표 주제가 확실한 발표 내용을 청중에게 말하기를 통해 효과적으로 전달하는 것이다.

발표 불안증을 극복할 수 있는 대안을 마련하자

발표 불안증이 있는 사람들이 많다. 발표하기를 학습하는 이유 중의 하나도 이를 극복하기 위해서이다. 발표가 주요한 의사소통 행위의 하나로 자리 잡은 현시대에 더 이상 발표를 하지 않고 학교생활·사회생활을 유지하기는 쉽지 않다. 때문에 평소에 발표 불안증이 심한 사람이라면 발표에 임하기 전에 이를 극복할 수 있는 방법을 모색하여 준비하는 것이 필요하다. 이러한 준비가 발표를 할 때의 불안을 해소시키는 데 기여하며, 차츰 발표 자체의 어려움에서 해방될 수 있도록 도와주기 때문이다. 발표하기도 학습과 훈련을 통해 향상될 수 있는 말하기 능력임을 잊지 말자.

발표 불안증을 극복할 수 있는 최선의 방법은 철저한 준비이다. 구체적으로는 발표자가 발표에 이용할 수 있는 발표 메모 카드를 마련한다거나 사전에 녹음을 해 본다거나 청중과의 우호적인 분위기를 유도할 수 있는 유모 등으로 발표장의 분위기를 바꾸어 진행하는 방법을 이용할 수 있다. 또한 말하기 속도를 천천히 하면서 여유를 갖는 것, 시각 자료를 활용하여 청중의 시선을 발표자에게만 집중되지 않도록 하는 것 등도 도움이 된다. 또 발표자 스스로 '나는 잘 할 수 있어!' 하는 자기암시를 해 보는 것도 좋다.

발표 시에는 발표용 메모 카드를 준비하자.

발표 준비는 예행연습으로 끝내자

이제 모든 준비가 끝났다면 미리 발표를 가상하고 연습해 보자. 연극이나 음악회, 방송 등에서 공연을 앞두고 실제 상황처럼 리허설을 하듯이 발표를 앞두고도 예행연습이 필요하다. 프리젠테이션을 이용해 발표를 하는 경우에는 프리젠테이션 예행연습 기능을 이용해서 해 보는 것도 도움이 된다. 발표는 특히 시간을 엄수해야 한다. 그냥 말하기가 아니라 정해진 시간 안에 소기의 목적을 달성해야 말하기이다. 따라서 예행연습을 통해 발표 시간을 확인하고 조절해야 한다. 가능하다면 발표할 때의 청중이 아니더라도 몇 사람을 청중으로 초대하여 현장감을 살리고 발표에 대한 피드백을 들어보는 것도 좋다. 실제 발표 장소를 예행연습 장소로 이용할 수 없다 하더라도 기자재를 활용할 경우 발표 장소에 미리 가 보거나 갈 수 없는 경우는 문의를 해서 기기를 확인 점검하여 발표하는 날에 당황하는 일이 없도록 대비하자. 예행연습을 소홀히 하지 말자. 연습한 내용을 녹음해서 자기 점검하는 것이 가능하다면 이 역시 시도하여 자신의 발표 모습을 확인하고 수정·보완하는 것도 좋다. 예행연습은 성공적인 발표의 지름길임을 잊지 말자.

2) 발표하기 및 주의 사항

발표 시 청중의 듣는 태도가 중요하다.

발표자는 즉흥 발표가 아니라면, 준비 없는 발표는 해서는 안 된다. 이 장에서는 실제 발표하기 단계에서 발표자가 갖추어야 할 태도와 방법, 주의할 점들을 알아보도록 하겠다. 발표에는 주로 발표자에게 요구되는 사항들이 많다. 그러나 발표가 일방적인 말하기가 아니라 상호간의 의사소통 행위이므로 청중 역시 바른 태도와 자세가 필요하다. 발표에서 가장 중요한 것은 듣는 태도라고 말할 정도로 청중의 태도 역시 발표의 분위기와 성패를 결정짓는 요소이다. 이에 대해서도 함께 살펴보자.

자신감을 갖고 발표하자

아무리 능숙한 발표자라고 해도, 또 아무리 발표를 완벽하게 준비했다고 해도 실제 발표에서 발표자는 긴장하기 마련이다. 때문에 더욱 필요한 것이 발표자의 자신감이다. 발표의 경험이 적거나 발표 준비가 부족하였을 때는 그만큼 자신감도 떨어지기 쉽다. 발표하기 전 모든 준비 활동은 자신감 있는 발표를 위한 것이었다. 자신감 없는 발표자의 발표 내용은 청중의 공감도 설득도 이끌 수 없다. 그렇다고 예전의 웅변의 연사처럼 일방적인 강요나 큰 목소리로 발표하라는 것은 아니다. 자신감은 발표를 주도할 수 있는 덕목이고 이러한 덕목이 발표를 원활하게 한다. 발표자의 자신감은 발표 분위기를 여유 있게 하고 여유 있는 발표는 자연스럽게 청중과 교감하게 한다. 발표자들이여, 자신감을 갖자. 다른 말로 한다면 자신감이 생겼을 때 발표에 임하자.

인사와 도입부를 잊지 말자

대학 수업에서 발표자들 중에는 인사나 도입 없이 바로 발표를 진행하는 경우가 종종 있다. 글의 첫머리가 중요한 것처럼 발표의 도입부분, 첫인상이 중요하다. 발표를 시작할 때는 발표자의 간략한 인사, 발표 주제와 발표 동기, 발표 제목 등을 소개하여 청중과의 공감대를 형성하는 계기를 마련해야 한다. 또한 발표 전체 진행에 대한 발표 순서, 진행 방향을 소개하여 청중의 이해를 도와야 한다. 글에서 목차와 마찬가지로 발표에서 발표 순서는 도로 표지판 혹은 지도와 같은 역할을 한다. 도로 표지판이 있는 길을 운전 하는 것과 표지판이 전혀 없는 길을 운전하는 것을 비교해 보라. 발표 순서, 발표 내용에 대한 간략한 소개는 청중을 발표 주제와 내용으로 빠르고 안전하게 집중할 수 있게 하는 표지판임을 잊지 말자.

경어를 사용하자

발표는 공적 말하기이며 청중을 상대로 말하는 것이다. 청중이 발표자보다 연령이 어리거나 수가 적거나 학력을 비롯한 제반 조건이 낮더라도 발표를 할 때 발표자는 경어, 즉 높임말을 사용하는 것이 원칙이다. 반말을 하거나 격이 낮은 말을 하지 않도록 주의해야 한다. 특히 발표문을 준비해서 발표문을 읽게 되는 경우에도 발표문을 그대로 읽어 경어에서 벗어나는 우를 범하지 않도록 주의하여야 한다. 예를 들어 발표문에서 '나'라는 말이 나왔다면 '저'로, '갔다'는 '갔습니다'와 같이 바꿔서 말해야 한다. 만약 발표문을 그대로 읽어야 하는 경우라면 발표자는 발표를 시작하면서 청중에게 경어를 생략하겠다고 미리 양해를 구하도록 한다. 청중도 마찬가지다. 청중 중에서 누군가가 발표자에게 질문을 하는 경우나 의견을 말하는 경우가 있다면 그 때도 누구나 모두 경어를 사용해야 한다. 경어 사용은 발표자의 겸손한 태도를 보여주는 가장 좋은 표지이다. 겸손하지 않은 태도는 청중과의 소통에 장벽을 쌓는 일이며, 소통은 상호 존중에서 온다. 이는 발표에서 경어 사용이 더욱 필요한 이유이기도 하다.

목소리를 발표 전략의 도구로 삼자

발표를 할 때에는 목소리의 변화를 통해 발표 내용의 전달을 효율적으로 할 수 있다. 목소리는 가장 중요한 발표의 채널이다. 발표할 때에는 특히 말의 속도가 빨라지지 않도록 주의해야 한다. 발표자가 긴장할수록 또 발표 내용이 많아 다 전달해야 한다는 압박감이 클수록 말의 속도가 빨라지는 경향이 있는데, 이를 발표 준비 단계에서 점검해서 적절한 속도로 유지해야 한다. 보통 사람들은 1분에 100단어를 말한다. 그러나 이것은 기계적인 기준일 뿐이니 연습 단계에서 자기 점검과 동료 피드백을 받아 확인하고 조절하자. 속도의 완급, 목소리의 크기, 억양, 어조의 변화를 통해 발표 내용을 효과적으로 전달할 수 있도록 하자. 또 발표 장소를 염두에 두고 청중이 모두 잘 들을 수 있는지 확인해야 한다. 평소보다는 큰 목소리가 도움이 되지만 마이크를 사용한다면 음량 조설을 통해 목소리의 크기를 듣기 좋게 맞출 수 있어야 한다. 무엇보다도 정확하고 분명한 발음은 발표에서 기본 중의 기본이다.

자신의 말하기 속도를 재보자. 1분에 몇 단어인가?

비언어적 요소를 활용하자

발표의 구성 요소에서도 밝힌 바와 같이 발표 내용, 발표의 메시지는 비언어적 요소를 통해서도 작용한다. 비언어적 요소는 발표자와 청중 모두가 서로에게 의사를 전달할 수 있는 방법이다. 표정, 시선, 몸짓, 용모 등을 발표에 맞게 갖추도록 해야 한다. 여유 있고 미소를 띤 부드러운 표정, 확신에 찬 태도, 청중과의 시선 맞추기, 시선의 방향을 부드럽게 하면서도 특정인에게 집중되지 않도록 조심하기, 산만하지 않으면서도 의미의 강조와 청중의 집중력을 도울 수 있는 몸짓, 단정한 복장은 발표자라면 갖추어야 할 기본자세이다.

청중 역시 마찬가지다. 청중의 호의적인 태도, 관심어린 시선, 발표에 집중하는 자세는 발표자에게는 최고의 발표를 할 수 있는 분위기를 조성해준다. 교수의 경우 같은 내용을 가르치더라도 수강생들의 태도에 따라 수업 분위기가 달라지는 경험을 자주 한다. 이처럼 같은 발표자가 같은 내용의 발표를 하더라도 청중의 분위기에 따라 발표의 질이 달라지는 경우가 많다. 따라서 청중 역시 말을 하지 않더라도 비언어적 요소를 잘 활용하여 발표에 참여한다는 생각으로 임해야 한다. 특히 발표 중에 이해가 안 갈 때는 고개를 살짝 흔든다거나, 공감을 할 때에는 고개를 끄덕거리거나 공감의 미소를 보여줌으로써 청중은 발표자와 의사소통 할 수 있다. 발표자는 이러한 청중의 비언어적 요소를 반영하면서 발표를 진행할 수 있어야 한다.

발표문을 준비하되 그대로 읽지 말자

발표문을 낭독하는 것과 발표하기는 다르다. 발표는 읽기가 아니라 말하기다.

발표자들은 발표를 하면서 청중들에게 발표문을 제공해 주는 경우가 많다. 청중에게 제공되는 발표문의 필요성은 이미 발표 준비 과정을 설명하면서 언급한 바와 같다. 그런데 발표문이 발표를 방해하는 경우가 있다. 즉 발표의 이해를 돕기 위해 마련된 발표문이 발표를 주도하는 경우이다. 예를 들어 발표자가 발표문을 그대로 낭독하는 것으로 발표를 대신한다거나 청중이 발표자를 보지 않고 발표문만 보고 있는 것은 모두 발표문을 제대로 활용하지 못한 발표이다. 발표문은 발표를 도와주는 자료이지 발표의 대본이 아니다. 발표자라면 발표문을 염두에 두되 그것을 재구성하여 구조적으로 발표할 수 있어야 한다. 청중 역시 가능한 발표문을 발표 전이나 후에 활용하거나 발표 시에 발표 내용을 이해하는 도구로 그 장점을 살리되, 발표 중에는 발표문만을 보면서 발표자를 보지 않거나 발표문이 있으니까 발표는 안 들어도 된다는 식의 안일한 태도를 보이지 않도록 주의하여야 한다.

강조하되 반복의 역효과를 피하자

메시지 즉 발표의 내용을 전달하는 데 있어서는 발표 목적에 맞게 체계적이고 구조적으로 해야 한다. 특히 발표 중에 청중의 지속적인 집중을 유지하기가 쉽지 않다. 청중의 집중을 유도하기 위해 분위기 전환용 유머나 위트가 필요한 경우도 있지만 발표에 능숙한 사람이 아니라면 이를 효과적으로 행하기는 어렵다. 발표하기를 배우는 학생이라면 발표를 체계적으로 하도록 노력하는 것이 더욱 중요하다. 특히 이 과정에서 발표 내용을 발표한 후, 다시 짧게 요약하면서 핵심 내용을 강조하는 방법이 효과적이다. 그런데 청중을 집중시키기 위한 강조의 수업으로 핵심 내용 반복이 효과적일 수는 있지만, 비슷한 내용이 여러 번 반복되는 것은 오히려 청중을 지루하게 만들고 발표에 집중하지 못하게 하는 역효과를 불러온다. 발표 내용 중에서 중요한 것을 강조하고자 하는 것은 좋으나 필요 이상의 반복이 되지 않도록 경계해야 한다.

발표자용 메모 카드를 이용하자

발표자가 발표자용 발표문을 준비했다고 해도 그것을 그대로 읽으면서 발표할 수는 없다. 발표자 역시 발표문이나 파워포인트 등 시각자료를 보면서 발표를 진행할 수 있으나 특히 발표문을 그대로 손에 들고 발표를 하는 것은 좋지 않다. A4 용지 2분의 1 크기 이하의 메모 카드를 활용해서 발표자가 스스로 보기에 좋도록 발표 내용이나 진행의 팁, 코멘트를 적어 발표에 활용해보자. 이러한 메모 카드는 여러 장 준비할 수 있지만 너무 많지 않도록 주의하자. 발표자의 모든 행동이 청중의 시선 안에 있다. 여러 장의 메모 카드를 보고 진행하는 모습이 발표를 산만하게 할 수 있기 때문이다. 가능한 적게 꼭 필요한 만큼만 준비하여 이용하는 것이 효과적이다.

시각 자료는 청중을 바라보면서 활용하자

발표 시 발표자는 청중에게 등을 보이지 않아야 한다.

발표를 할 때 파워포인트를 비롯하여 시각 자료를 사용하는 경우가 많다. 시각 자료는 간략하게 만들어 사용하되 너무 많은 내용을 담지 않도록 해야 한다. 특히 시각 자료를 보여주면서 발표자가 청중을 보지 않고 시각 자료를 보는 경우가 있다. 발표자는 시각 자료를 보는 것을 청중을 보는 것보다 우선해서는 안 된다. 발표자는 항상 청중을 향해 있어야 하며, 청중에게 등을 보이지 않도록 하자. 또한 발표 준비 과정에서 설명한 바와 같이 시각 자료를 활용하기 위해서는 사전에 자료를 이용할 수 있는 장비를 철저하게 설치하여 발표 시간에 방해가 되지 않도록 유의하여야 한다.

시간 약속을 지키는 것은 발표에서도 미덕

정확한 시간 계산으로 깔끔하게 끝내자

발표의 마무리, 발표의 끝맺음도 중요하다. 보통 마무리는 발표자의 결론 내용 발표 및 인사로 끝난다. 결론에서 발표자는 발표 내용을 전체적으로 요약해주고 발표를 통해 강조하고자 한 바를 상기시키는 것이 좋다. 발표를 모두 마친 뒤에는 발표자 자신의 발표 소감을 덧붙일 수도 있으며, 무엇보다도 청중에 대한 감사의 인사를 빠뜨리지 않아야 한다. 발표자의 발표 후에 청중과의 질의 및 토론이 이어지는 경우, 발표자는 개방적인 태도로 다음 순서로 청중을 초대할 수 있어야 한다. 그런데 발표의 끝맺음을 잘 하기 위해서는 무엇보다 발표 시간을 정확하게 계산하여 발표를 하는 것이 필요하다. 발표 시간이 정해진 시간보다 지나치게 짧아서도 안 되지만 발표가 길어져서 발표 시간에 쫓겨 발표를 대충 끝내지 않도록 주의해야 한다. 정확하고 깔끔한 마무리는 청중의 가장 가까운 기억 세포에 발표에 대한 호감을 심는 일이기 때문이다.

3) 발표 후 질의 및 평가

발표 후 질의 및 평가 과정까지를 모두 발표하기로 볼 수도 있다.

발표자의 발표가 끝난 후에는 대부분 청중의 질문과 발표자의 답변, 또는 토론이 이어지기도 한다. 이 모든 과정을 마치면 발표자와 청중은 발표에 대해서 평가를 하면서 발표의 모든 과정을 끝맺게 된다. 발표 중에 중간 점검으로 평가를 행하기도 하지만 일단 발표를 모두 마친 후에 종합하여 평가한다. 물론 대학의 경우 교과 수업에서 학습 내용의 일환으로 행해진 발표의 평가 결과는 성적으로 반영 된다. 그러나 교육 과정의 하나로 행해지는 발표하기는 성적 이상의 가치가 있다.

인신 공격적 질문은 삼가고 구체적인 질문을 한다

발표에 대해 질문을 할 경우에는 청중 중의 한 사람이었던 사람이 발표자의 위치로 바뀌는 것과 같다. 때문에 이럴 경우 질문자는 자신 역시 발표자로서 갖춰야 할 태도로 질문하여야 한다. 특히 발표를 마친 발표자들에게 자신의 의견과 다르다고 해서 인식 공격적인 질문을 하는 것은 삼가야 한다.

질문자는 겸손하고 공손한 태도로 질문하되 질문의 핵심을 명확하게 전달하여야 한다. 주장에 대한 질문인지, 근거 자료에 대한 질문인지, 반박의 내용인지, 보충 설명에 대한 요구인지를 밝히면서 질문을 하는 것도 좋은 방법이다. 수업에서 행하는 발표의 경우 한 사람이 지나치게 많은 질문을 독점하지 않도록 한다.

진지하고 솔직하게 답한다

발표자들은 질문을 자신의 발표에 대한 공격으로 오해하는 경우가 있다. 오히려 그 반대다. 질문은 발표에 대한 가장 적극적인 관심의 표현이다. 발표에 대한 청중의 관심은 발표의 목표이기도 하다. 때문에 발표에 대한 질문을 공격이나 비난, 발표의 허점을 지적하는 것으로 간주할 필요는 없다. 더구나 발표자가 질문에 답함으로써 발표 내용을 더 정확하게 정리하고 의심났던 부분을 해결할 수 있다는 점에서 모두에게 유익하다.

질문에 대해서 발표자는 성실하게 임하여 솔직하고 진지하게 답변한다. 답변이 곤란한 질문이나 질문 내용을 이해하지 못했을 때는 이 역시 솔직하게 인정하고 처리하는 것이 좋다. 질문이 이해되지 않았을 때에는 질문자에게 질문 내용을 다시 한 번 말해달라고 요청함으로써 질문 내용을 정확하게 이해할 수 있을 뿐 아니라 답변을 생각할 수 있는 시간을 좀 더 확보할 수 있다. 즉각적인 답변이 어려운 경우에도 발표자는 답변을 바로 하기 어려운 질문임을 인정하고 필요하다면 추후 다른 기회를 이용해서 답변에 응하겠다는 약속을 하는 것도 해결책이다. 무리하게 억지로 답변을 하다보면 오히려 역효과를 낳는다.

평가 항목을 정하여 평가하자

평가를 할 때는 총평을 써 보는 것도 좋지만 항목을 정하여 평가하는 것이 편리하다. 총평과 항목별 평가를 병행하면 둘을 보완하면서 좀 더 객관적이면서도 종합적인 평가를 행할 수 있다.

발표 평가 항목을 정해 보자.

평가 항목은 발표자용과 청중용으로 구분하여 작성하자. 또 편의상 발표 내용과 발표 형식을 나눠서 항목을 설정하는 것이 상례다. 발표 목적과 발표 형식을 반영하여 평가 항목을 정하되, 좀 더 세부적으로는 준비 단계, 발표 단계를 나눠서 항목을 정할 수도 있으며 발표의 구성 요소별 항목을 정할 수도 있다. 수업에서 발표하기를 할 때 이러한 평가 항목을 교수의 지도하에서 미리 모든 구성원이 함께 결정하여 발표를 시작하는 것도 좋다. 평가 항목 자체가 발표하기 학습의 주요 목표가 될 수 있기 때문이다. 또한 한 사람의 평가보다는 여러 명이 함께 평가해서 그 결과를 확인해 보는 것도 좋다.

· 발표자용 평가 항목의 예

· 발표 준비를 철저히 했는가?
· 발표의 모든 과정에 능동적으로 참여했는가?
· 자신감과 신뢰감을 주는 발표였나?
· 목적(설득 · 이해 · 친교)에 부합한 발표였나?
· 청중과 공감대를 형성했나?
· 발표할 때 시선을 청중에게 골고루 나누어주었나?
· 발표 주제가 분명하였나?
· 타당한 논거와 객관적인 자료를 충분히 활용하였는가?
· 잘 알고 있는 주제를 택했나?
· 발표 주제에 대해 충분히 연구하였나?
· 청중을 고려해서 발표 전략을 세웠나?

· 발표 평가서 예(청중용)

구분	평가항목	평가
발표 내용	· 주제가 참신하고 독창적인가? · 주제는 청중의 관심을 반영하였는가? · 주제와 관련해서 내용을 충분히 다루었는가? · 구성이 체계적이고 논리적으로 전개되었는가? · 자료 조사가 충실하게 이루어졌는가? · 근거가 충분하고 타당한가?	
발표 태도	· 발표자는 자신감 있게 발표하였는가? · 발표 시간을 준수하였는가? · 비언어적 요소는 효과적으로 전달되었는가? · 발음, 성량, 말의 속도는 적절하였는가? · 청중과의 교감과 호응을 보였는가?	
	총점	

활동

1. 조별 독서 세미나 후 공동 발표를 하고자 한다. 발표 계획서를 작성해 보자.

2. 대학생 말하기 대회 사이트에 올라와 있는 동영상 자료를 보고 발표자의 발표 태도와 방식을 평가해 보자. 특히 발표 자료로 제시된 파워포인트 자료의 장단점을 분석하자.

3. 이미 작성한 보고서를 발표용 파워포인트 자료로 다시 만들어 보자. 이를 이용해서 발표해 보자.

2. 토론

토론의 개념과 의의, 방법, 유형 등을 소개하였다. 토론은 사회적 쟁점에 대해 합리적 해결 방안을 모색하는 과정이다.

최근 우리 사회에서 토론에 대한 관심이 높아지고 있다. 대표적 토론 프로그램인 MBC <100분 토론>을 비롯하여 KBS <생방송 심야 토론>, SBS <시사토론>, tvN <백지연의 끝장토론> 같은 프로그램이 비교적 높은 시청률을 기록하는 것은 토론에 대한 우리 사회의 높은 관심을 반영한다. 각 대학에서도 이와 같은 관심을 수업에 반영하여 토론 강좌를 새롭게 개설하거나 기존의 강좌를 토론식으로 운영하는 일이 늘고 있다. 중·고등학생들이 참여하는 청소년 토론대회나 대학생들의 토론대회도 활발하게 개최되고 있다. 2009년에는 제1회 국회의장 배 전국 대학생 토론대회가 개최되어 관심을 끌기도 하였다.

토론은 다양한 양상으로 이루어진다. MBC <100분 토론>에서처럼 사회적 쟁점에 대하여 찬반 견해를 가진 패널이 등장하여 토론을 하기도 하며, 학술 발표회에서 발표자의 주장에 대하여 지정 토론자나 청중들이 토론을 하기도 한다. 이렇게 공적 담화로서 토론이 진행되기도 하지만 일상의 사적 담화 형태로 토론이 이루어지기도 한다. 친구나 직장 동료와 공동의 관심사에 대하여 각자의 견해를 주장하며 상대방을 설득하려는 방식으로 토론이 이루어지기도 하는 것이다. 이처럼 공적, 사적 공간에서 다양한 방식으로 토론이 이루어진다.

1. 토론의 개념과 의의

토론(debate)이란 찬반양론이 분명히 대립되는 논제에 대해 서로 자기의 주장을 관철시키기 위해 논거를 제시하고 상대의 주장에 반론을 제기하며 자기의 주장이 옳음을 입증하고 궁극적으로 상대방을 설득하여 자신의 주장에 동조하게 하려는 일련의 말하기 과정이다.

토론은 사회적 쟁점에 대한 합리적 해결 방안을 모색하는 역할을 한다. 토론은 토론 논제가 왜 사회적 쟁점이 되는가에 대한 문제제기 및 문제 인식 단계를 거치기 때문에 문제의식을 사회적으로 공유할 수 있게 된다. 그뿐만 아니라 논쟁 과정을 통해 찬반 양측 주장의 타당성과 문제점이 자연스럽게 점검되고 정리된다. 토론을 통한 의사소통은 상호이해를 가능하게 하며 결과적으로 사회적 쟁점을 합리적으로 해결하게 한다. 합리적 해결 단계까지 진행되지는 않더라도 상호이해의 바탕을 마련해 준다는 점에서 토론은 민주사회의 의사결정 시스템이라는 의의를 갖는다.

토론을 통해 사회적 쟁점의 이슈화, 해결 방안 모색 등을 기대할 수 있다.

굳이 사회적으로 첨예한 쟁점이 아니더라도 집단 문제에 대한 토론은 해당 구성원들이 문제의 의미와 문제점을 정확하게 이해할 수 있는 좋은 방법이 된다. 그리고 토론을 통한 의사결정은 일방적 의사결정 시스템에 비해 자발적 참여를 유도할 수 있을 뿐만 아니라 여러 사람들의 지혜가 모여 해결 방법이 모색된다는 점에 장점이 있다. 활발한 토론 문화가 정착되어야 할 필요성이 여기에 있다고 하겠다.

2. 토론의 방법

1) 논제의 설정

토론에서 논제의 설정은 토론의 성패를 좌우하는 중요한 요소이다. 논제가 불명확하게 표현되어 다양한 해석 가능성이 있다거나, 찬성 혹은 반대 어느 편에 유리하게 작용할 수 있다면 토론을 원활하게 진행하기 어렵다. "정략적으로 이용될 수 있는 사형 제도를 폐지해야 한다."라는 논제가 있다면 이는 이미 찬성 측에게 유리하게 전제가 서술된 것이다. 따라서 명확하고 불편부당한 논제를 정하기 위해 심사숙고해야 한다.

논제에는 예상되는 몇 개의 부수적 쟁점이 있어야 하며 그것이 명확해야 한다. 예를 들어 사형 제도에 대한 찬·반 토론이 논제라면 사형제도의 범죄율 감소 효과, 현대사회의 징벌 목적(복수/교화), 사형수의 인권 같은 부수적 쟁점이 있어야 원활하게 토론을 진행할 수 있다는 것이다.

논제는 현재적 관심 사항이라기보다는 전통적 관심 사항에 대한 것으로 정할 수도 있으며, 혹은 그와 반대로 전통적 관심 사항이라기보다는 현재적 관심 사항의 것으로 정할 수도 있다. 어떤 경우이든 현재의 우리에게 일정한 의미를 지니는 것이어야 한다. 즉 현재와 전통이라는 표면적 시간 구분을 떠나 보편적 가치를 토론할 수 있는 논제이면 좋다.

논제는 토론자의 관심을 끌 수 있는 것이어야 한다. 보편적 가치를 지니면서도 토론자의 관심을 끌 수 있는 것이어야 활발한 토론을 기대할 수 있다. 토론자의 적극적인 관심은 충분한 토론 준비로 이어지기 때문에 이에 대한 고려도 필요하다.

이상의 내용을 종합하여 제시하면 다음과 같다.

㉠ 찬·반 토론이 대등하게 진행될 수 있는 논제여야 한다.
㉡ 명확하게 표현된 논제여야 한다. 다양한 해석의 가능성이 없어야 한다.
㉢ 부수적 쟁점들이 있는 논제여야 한다.
㉣ 현재적 관심 사항, 전통적 관심 사항 어느 경우이든 보편적 가치를 내재한 논제여야 한다.
㉤ 토론자의 관심을 충분히 끌 수 있는 논제여야 한다.

논제는 가능하면 긍정문의 형태로 작성하는 것이 좋다. 아울러 현재의 상황을 변화시키려는 측을 찬성 측으로 생각하고 작성하는 것이 좋다.

2) 토론 자료의 수집

토론에서 설득력 있는 주장을 전개하고 상대방을 논박하기 위해서는 타당한 근거를 제시해야 한다. 이를 위해서 충분한 자료 수집이 필요하다. 1차 자료로서 설문조사 결과, 인터뷰, 보편성을 확보한 개인 경험 등이 활용될 수 있다. 2차 자료로는 통계 자료, 법적 판례, TV나 방송 보도 자료, 역사 문헌, 연구 자료, 권위자의 발언 등이 있다. 이 밖에도 가능하면 다양한 참고자료를 확보해서 토론에 대비해야 한다.

수집한 자료는 모두 객관적으로 증명된 것이어야 한다. 개인적 경험이라 하더라도 상대방이나 청중을 설득할 수 있을 만큼 보편성을 획득한 것이어야 한다. 그리고 논제에 정확하게 부합되는 것이어야 한다. 논제의 핵심을 정확하게 뒷받침하지 못하는 근거는 일단 고려의 대상에서 제외하는 것이 좋다. 여러분이 상대방의 논거가 적절한 것인지를 예의 주시하는 만큼 상대방도 여러분의 논거를 주시한다. 따라서 논거로 활용될 자료가 객관적으로 증명된 것인지, 논제에 부합하는 것인지 등에 대하여 철저하게 검증 과정을 거쳐야 한다.

요즘에는 인터넷이 발달한 만큼 온라인을 통해서 수월하게 자료를 수집할 수 있다. 그러나 온라인 자료는 신빙성이 떨어지는 경우가 많기 때문에 신뢰할 수 있는 사이트를 이용하는 것이 좋다. 저서, 논문, 신문, 저널 등의 원문 PDF 파일을 이용하여 자료를 수집하면 편리하다. 혹은 이들 자료의 서지 정보를 확인하여 오프라인에서 실제 자료를 찾는 방법도 있다.

찾은 자료를 실제 토론에서 효율적으로 활용할 수 있도록 정리하는 작업도 중요하다. 토론은 매우 빠르게 진행되기 때문에 상대방의 논박에 순발력 있게 대응해야 한다. 모든 논거가 머릿속에 저장되어 있으면 금상첨화이겠지만 그렇게 되기에는 쉽지 않기 때문에 자료를 필요에 따라 빨리 확인할 수 있도록 정리해 두어야 한다. 세부 쟁점이나 중요도에 따라 정리하면 쉽게 찾을 수 있다. 또 논거의 신뢰도를 높이기 위해서 자료의 출처나 저자뿐만 아니라 연도와 쪽수까지 일단 기록해 놓는 것이 좋다. 단순히 "홍길동의 자료에 의하면"이라고 제시하기보다, "홍길동의 2010년 자료, 97쪽에 의하면"이라고 했을 때 신뢰도가 높게 평가되기 때문이다. 상대방이 사용할 것 같은 자료도 확보해야 한다. 상대방이 자신의 논거로 사용할 자료, 내 주장의 반박용으로 사용할 자료 등도 미리 확보해 두면 효율적으로 대응할 수 있다. 토론을 진행하다 보면 서로 상반된 연구 결과를 활용하는 경우를 보게 된다. 사형 제도에 대한 찬・반 토론의 경우, 사형 제도를 유지하다가 폐지한 국가의 강력 범죄율이 차이가 없다는 연구 결과가 있는 반면 반대로 유지했을 때와 폐지한 후의 범죄율이 차이가 난다는 연구 결과도 있는 식이다. 이럴 경우 예상되는 상대방의 자료를 찾아 그 연구 결과가 너무 적은 범주만 다루었다든지, 혹은 부적절한 대상을 데이터로 삼았다든지 하는 근원적 오류를 지적하여 상대방의 문제점을 부각시킬 수 있다.

논거별로 카드를 작성하면 토론 시 활용하기에 편하다.

3) 토론의 인적 구성

① 사회자

사회자는 토론의 조정자이다. 토론자들이 논제에서 벗어나지 않게 하며 모든 사람이 균등하게 발언 기회를 가질 수 있게 하고, 또 쟁점을 전환하거나 쟁점별로 토론을 요약하는 역할을 한다. 그뿐만 아니라 순발력 있게 상황을 이끌어 감으로써 활발한 토론이 되게 한다. 사회자의 역할을 정리하면 아래와 같다.

㉠ 사전에 쟁점별 질문 작성 등 개략적인 시나리오를 구성한다.
㉡ 진행 방식, 토론 시간, 청중 참여 방식과 같은 토론 규칙을 설명하고 토론자의 인적 사항을 소개한다.
㉢ 논제의 배경이나 의의 등 논제를 쉽고 간략하게 제시한다.
㉣ 진행 과정에 따라 충분히 논의된 쟁점은 요약·정리하고 다음 쟁점으로 전환하는 등 전체 토론을 자연스럽게 조정한다.
㉤ 쟁점을 최종 정리하고 토론을 마무리한다.

토론을 원만하게 진행하기 위해서는 쟁점의 효율적인 요약·정리·전환, 발언권의 적절한 분배, 논제에 대한 균형 감각 등이 필요하다. 따라서 어떤 면에서는 토론자보다 사회자의 역할과 비중이 토론에서 더 크다고 할 수 있다.

② 토론자

토론자는 토론 행위의 주체이기 때문에 좋은 토론을 위해서는 여러 가지 준비를 해야 한다. 기본적으로 논제에 대한 분명한 입장을 가져야 하며 자신의 주장을 뒷받침하는 자료들을 성실하게 수집·정리해야 한다. 토론 규칙을 숙지하고 준수해야 하며 상대 토론자를 배려해야 한다. 또한 토론은 정확한 의사전달이 중요하기 때문에 토론자는 말하기 예행연습도 할 필요가 있다. 다음은 좋은 토론자가 갖추어야 할 특성을 적은 것이다.

㉠ 논제에 대한 생각(입장)을 분명하게 정리한다. 논제 분석, 해결 방안 모색 등 철저한 준비로 주장에 대한 분명한 입장을 견지한다.
㉡ 자료를 수집하고 정리한다. 자신의 주장을 뒷받침하는 자료뿐만 아니라 상대 토론자를 논박하는 자료도 수집한다. 그리고 효율적으로 토론할 수 있도록 쟁점별로, 중요도순으로 정리한다.
㉢ 토론 규칙을 숙지한다. 유형별로 진행 방식, 시간 배분, 토론 역할 등 제반 토론

규칙이 다르기 때문에 이에 대해 충분히 숙지한다.

㉣ 예행연습을 해 본다. 가족이나 동료 앞에서 미리 자기주장을 말해 보고, 상대 토론자의 예상 질문에 답해 본다.

㉤ 토론 예절을 지킨다. 예의 바르게 행동하고 상대 토론자와 서로 존중하는 태도를 갖는다.

㉥ 표현 영역을 점검한다. 정확하게 말하기, 효과를 고려한 말하기, 여유 있게 말하기, 제스처를 동반한 말하기 등 표현 영역을 점검하여 부족한 부분을 확인, 보완한다.

㉦ 용모를 확인한다. 토론 전, 단정한 외모인지도 확인한다.

두괄식을 통한 강조, 양괄식을 통한 강조와 마무리, 세밀한 출처 밝히기를 통한 자료의 신뢰성 강조, 나열식을 통한 체계성 강조 등 자료를 어떤 방식으로 제시하느냐에 따라 토론에 미치는 효과가 달라질 것이다.

③ 청중

공식적인 토론에는 청중이 참여한다. 토론 유형에 따라 다르기는 하지만 청중 또한 토론에 능동적으로 참여할 수 있다. 그러한 경우 토론자처럼 자기의 견해를 직접 말하기도 하며 토론자에게 질문을 하기도 한다. 토론 대회의 경우에는 판정을 내리기도 한다. 다음은 청중의 역할이다.

㉠ 논제에 대해 이해하고 있어야 한다.

㉡ 진행에 방해가 되지 않게 조용히 경청한다.

㉢ 토론 규칙을 알아야 한다.

㉣ 자기 견해를 말할 경우, 입장이 분명하게 드러나게 한다.

㉤ 판정을 내릴 경우, 평가 기준과 방법을 알고 있어야 한다.

3. 토론의 유형

토론의 유형에는 칼 포퍼 식 토론, 세다 식 토론, 패널 토론 등의 방법이 있다. 칼 포퍼 식 토론이나 세다 식 토론은 엄격한 토론 규칙이 있기 때문에 발언 순서, 시간 등을 잘 준수해야 한다. 그러나 패널 토론은 이보다 자유로운 방식인데 그렇기 때문에 사회자의 역할이 중요하다.

토론 입론 단계에서는 핵심 쟁점과 관련한 모든 논증이 이루어지는 것이 좋다. 한

편 확인 질문(cross examination; 교차조사)은 입론이나 토론 중 제시된 논거에 한정하여 이루어져야 한다. 가능하면 상대 토론자가 '예, 아니요'로 짧게 대답하게 해야 유리하다. 반론에서는 새로운 논증을 도입해서는 안 된다. 팀 동료와 의견을 나누어야 할 때는 숙의시간을 요청한다.

1) 칼 포퍼 식 토론

칼 포퍼 식 토론은 인간의 지식과 이성이 오류일 가능성이 항상 있기 때문에 합리적 비판을 통해 오류를 줄여 나갈 수 있다는 비판적 합리주의자 칼 포퍼(K.Popper)의 사상에 바탕을 두고 고안되었다. 1994년 열린사회연구소(open society institute)와 소로스재단 네트워크가 비판적 합리주의자의 태도를 익힐 수 있게 공동 작업을 통해 만들어 낸 토론 유형이다. 따라서 이 토론 방식에서는 자기주장을 내세우는 입론보다도, 입론의 타당성을 묻고 검증하는 질문과 반론이 중요한 의미를 지닌다.

칼 포퍼 식 토론은 입론의 기회가 각기 한 번밖에 없다. 따라서 같은 팀에서 토론 전에 자세히 논의하여 충분한 논거를 제시하여야 한다. 또 반론에서는 새로운 논거를 제시할 수 없다.

칼 포퍼 식 토론은 찬성과 반대 각 3명씩으로 구성되는데 구체적 진행 과정은 아래와 같다.

토론의 진행 과정

1	찬성 측(갑) 입론
2	반대 측(을) 첫째 확인 질문
3	반대 측(갑) 입론
4	찬성 측(을) 첫째 확인 질문
5	찬성 측(병) 첫째 반론
6	반대 측(갑) 둘째 확인 질문
7	반대 측(병) 첫째 반론
8	찬성 측(갑) 둘째 확인 질문
9	찬성 측(을) 둘째 반론
10	반대 측(을) 둘째 반론

2) 세다 식 토론

세다 식 토론은 개인별 토론 역량을 측정하기에 좋다.

세다(CEDA: Cross Examination Debate Association) 식 토론은 네 차례의 확인 심문을 통해 상대편 주장의 문제점을 집중적으로 부각시키는 토론 유형이다. 찬성·반대 각각 두 사람씩으로 구성되며 한 사람이 입론, 반론, 확인 심문을 한 번씩 수행하게 된다. 입론, 반론, 확인 심문을 각각 한 번씩 수행하기 때문에 고른 분야에서 개인별 토론 역량을 측정할 수 있다. 현재 미국의 대학 간 토론 대회에서 널리 사용되고 있다고 한다. 구체적 토론 진행 과정은 아래와 같다.

토론의 진행 과정

1	찬성 측(갑) 입론
2	반대 측(을) 확인 질문
3	반대 측(갑) 입론
4	찬성 측(갑) 확인 질문
5	찬성 측(을) 입론
6	반대 측(갑) 확인 질문
7	반대 측(을) 입론
8	찬성 측(을) 확인 질문
9	반대 측(갑) 반론
10	찬성 측(갑) 반론
11	반대 측(을) 반론
12	찬성 측(을) 반론

3) 패널 토론

패널 토론은 각 분야의 전문가가 패널로 참석하여 논제에 대해 다양한 견해를 제시하는 토론 방식이다. 사회적 쟁점을 다양한 시각에서 바라보고 역시 다양한 해결 방안을 제시할 수 있는 장점이 있다. 칼 포퍼 식 토론이나 세다 식 토론과는 다르게, 발언 순서와 시간 등이 엄격하게 정해져 있지 않기 때문에 비교적 자유로운 방식으로 진행된다. 한편 토론 규칙이 엄격하지 않기 때문에 한두 명의 패널이 발언을 독점

할 수 있으며 논제에 대한 집중력이 떨어질 수 있는 단점도 있다. 이러한 단점을 방지하기 위해서는 사회자의 역할이 중요하다. 사회자는 패널들에 대한 고른 발언권 부여와 적절한 쟁점 전환으로 매끄러운 진행이 되게 해야 한다. 토론이 예정 시간의 2/3를 경과했을 때에는 청중도, 패널에 대해 질의하고 패널이 이에 응답하는 형태로 토론에 참여할 수 있다. 논제에 대해 더 많은 사람의 의견을 수렴할 수 있는 것이다. 자유로운 형식이지만 대략적인 진행 과정을 소개하면 아래와 같다.

사회자는 토론을 시작하면서 논제를 쉽고 간단하게 설명한다.
패널은 쟁점별로 청중 앞에서 공개적으로 토론한다.
예정 시간의 2/3를 경과했을 때 사회자는 토론 내용을 정리하여 패널과 청중에게 설명한다.
예정 시간의 마지막 1/3은 청중들이 토론에 참여할 수 있다. 대체로 청중의 질의와 패널의 답변으로 이루어진다.
사회자가 마지막으로 토론을 최종 정리한다.

3. 언어 예절

호칭, 지칭, 인사말, 경어법 등 상황에 맞는 언어 예절을 학습함으로써, 실제 생활에서 적절히 사용할 수 있도록 한다.

말이란, 내용도 중요하지만 형식도 가벼이 볼 수 없다. 내용이 같아도 어떻게 말하느냐에 따라 말의 효과가 전혀 달라질 수 있기 때문이다.

말의 형식적인 면에는 여러 가지가 고려될 수 있는데, 그 가운데 하나가 언어 예절이다. 상황에 따라 적절한 호칭과 지칭, 인사말, 경어법 등을 사용하여야 화자가 기대하는 말의 효과를 얻을 수 있다.

1. 호칭어 · 지칭어

호칭어는 부르는 말, 지칭어는 가리키는 말이다. 호칭어와 지칭어는 일치하는 경우도 있고 그렇지 않은 경우도 있다. 예를 들어, '여보'는 부부 사이의 호칭으로는 쓰이지만 지칭으로는 쓰이지 않는다.

1) 부모의 호칭어 · 지칭어

부모의 호칭어와 지칭어로는 대개의 경우 '아버지', '어머니'가 가장 좋지만, 어린 자녀인 경우에는 '아빠', '엄마'를 써도 된다. 돌아가신 아버지와 어머니의 경우에는 '아버지, 어머니'를 써도 되고, '아버님, 어머님'이라고 써도 된다. 처가 쪽 사람에게는 '아버지, 어머니'로 지칭하지만, 시댁 쪽 사람에게는 그냥 '아버지, 어머니'로 지칭하지 않고 '친정(지역 이름) 아버지, 친정(지역 이름) 어머니'라 해야 하고, 돌아가신 경우에는 '친정(지역 이름) 아버님, 친정(지역 이름) 어머님'과 같이 지칭할 수 있다.

2) 시부모의 호칭어 · 지칭어

시아버지는 '아버지'라 부를 수는 없고 '아버님'이라고만 부른다. 지칭의 경우에도 대개 '아버님'이라고 하지만, 친정 쪽 사람에게는 '시아버님'이나 '시아버지'라고 지칭한다.

시어머니는 '어머니'와 '어머님'을 호칭어로 다 쓸 수 있다. 지칭의 경우에도 둘 다 쓸 수 있지만 '어머님'을 쓰는 것이 자연스러운 경우가 많다. 친정 쪽 사람에게는 '시어머님'이나 '시아버지'라고 지칭한다.

3) 처부모의 호칭어 · 지칭어

장인은 '장인 어른' 또는 '아버님'이라 부르고, 장모는 '장모님' 또는 '어머님'이라고 부른다. 지칭인 경우에는, '장인 어른'과 '장모님'을 쓰는 것이 대개는 자연스럽지만, 처가 쪽 사람에게는 '아버님', '어머님'을 쓸 수도 있다.

4) 남편의 호칭어 · 지칭어

남편은 '여보'라고 부르는 것이 가장 좋고, 자녀가 있는 경우에는 '○○ 아버지', '○○ 아빠'라 부르는 것도 좋다.

지칭은 호칭에 비해 다소 복잡하지만, 대체로 '○○ 아버지'나 '○○ 아빠'를 쓰면 무난한 경우가 많다. 그밖에, 남편에게는 '당신'이라 지칭하고, 시부모에게는 '아비'나 '아범'이라 지칭하고, 친정 부모에게는 '○ 서방' 정도로 지칭하는 것이 좋다. 친구나 모르는 사람에게는 '우리 남편'을 쓰거나 '애 아버지', '애 아빠'를 쓸 수도 있다.

5) 아내의 호칭어 · 지칭어

아내의 호칭으로는 남편의 호칭과 마찬가지로 '여보'가 가장 좋고, 자녀가 있는 경우에는 '○○ 엄마'를 쓰는 것도 좋다.

아내의 경우에도 지칭은 호칭에 비해 다소 복잡하지만, 많은 경우에 '○○ 엄마'나 '집사람, 안사람, 처' 등으로 지칭하면 무난하다. 아내에게는 '당신'이라 지칭하고, 친부모나 처부모에게는 '어미'나 '어멈'이라 지칭하는 것이 좋다.

6) 직장에서의 호칭어 · 지칭어

직함이 있는 경우에는 직함을 활용해서 '○ 과장', '○ 과장님', '총무과장님' 등으로 부르는 것이 좋고, 직함이 없는 동료끼리는 '○○○ 씨'가 가장 무난하다. 비슷한 직급에서 나이가 많거나 해서 '○○○ 씨'라 부르기 어려운 경우에는 '선배' 또는 '선배님'이라는 호칭을 활용하는 것도 괜찮다.

2. 인사말

상황에 따라 적절한 인사말을 하는 것은 매우 중요한 일이지만, 상황에 따라 인사말이 다르기 때문에 적절히 사용하는 것이 쉽지만은 않다. 예를 들어, "안녕히 주무셨습니까?"는 아침 인사로 쓰이지만, 같은 집에서 잠을 잔 경우가 아니라면 사용하기 어렵다. 따라서 주로 가정에서 사용되는 것이 일반적이고, 같이 여행을 갔다거나 하는 특별한 상황에서만 주로 사용된다.

때와 장소를 가리지 않고 가장 무난한 인사말은 "안녕하세요?", "안녕하십니까?"라고 할 수 있다. 다만 식사 시간 즈음에 만난 경우에는 "식사하셨습니까?"나 "진지 잡수셨습니까?"와 같은 인사를 하는 것도 좋다.

생일, 입학, 졸업, 취업, 승진 등 축하의 자리에서는 "축하합니다." 정도가 가장 무난하다. 물론 상황에 따라 "기쁘시겠습니다.", "건강하시기 바랍니다." 등과 같이 말할 수도 있다.

윗사람보다 자리를 먼저 떠나는 경우, "수고하십시오." 하는 인사를 하는 사람이 많은데, 이것은 옳지 않다. 어떤 경우든 윗사람에게 계속 고생을 하라고 말하는 것은 마땅치 않기 때문이다. 상황에 따라 "안녕히 계십시오.", "먼저 실례하겠습니다.", "먼저 가겠습니다." 등을 적절히 선택해서 쓰는 것이 좋다.

어른에게 세배를 드리는 경우, "절 받으세요."나 "앉으세요."와 같이 말하는 경우가 있으나, 이는 예의에 어긋난다. 어른이 특별히 사양하거나 하는 상황이 아니라면 가만히 기다렸다가 세배를 하는 것이 좋다. 또 세배를 한 후에 "새해 복 많이 받으세요."라든가 "건강하십시오." 등의 인사말을 하는 경우도 적지 않은데, 이 또한 옳지 않다. 세배 자체가 인사이기 때문에 별도의 인사말이 필요치 않을 뿐 아니라, 건강과 관련한 인사말은 듣는 사람의 입장에서 불편하게 들릴 수도 있기 때문이다. 따라서 세배를 한 후에는 가만히 어른의 덕담을 기다리는 것이 좋다.

문상을 가서 어떤 위로의 말을 해야 할지 망설여지는 경우가 많다. 대개 고인에게 재배하고 상주에게 절을 한 후 뭐라고 위로의 말을 해야 할 듯한데, 뭐라고 말해야 할지 몰라 하는 경우이다. 그런데 이런 경우 아무런 말도 하지 않는 것이 가장 자연스럽고 예의에도 맞으므로, 고민하거나 망설일 필요가 없다. 가장 큰 위로가 필요하지만, 어떤 위로의 말도 위로가 될 수 없기 때문이다. 다만 굳이 위로의 말을 해야 하는 상황이라면, "삼가 조의를 표합니다.", "얼마 나 슬프십니까?", "뭐라 드릴 말씀이 없습니다." 정도가 좋다.

문상을 하는 사람이 말로 문상하지 않는 것이 좋은 것처럼, 상주도 문상객에게 아무 말도 하지 않는 것이 좋다. 굳이 말을 해야 한다면 "고맙습니다."나 "드릴 말씀이 없습니다." 정도로 간단히 하는 것이 좋다.

3. 경어법

말하는 사람보다 말의 주체가 되는 사람이 높은 경우 '웃으시다'처럼 서술어에 '-시-'를 넣어 존경을 표한다. 용언이 여러 개인 경우 일률적으로 규칙을 세우기는 어렵지만 대체로 문장의 마지막 용언에 '-시-'를 쓴다. 경우에 따라서는 그 밖의 용언에도 '-시-'를 넣을 수 있지만, 모든 용언에 '-시-'를 넣는 것이 항상 자연스럽지는 않다는 점도 기억해야 한다.

말하는 사람보다 높은 사람에 대해 더 높은 사람에게 말하는 경우, 예를 들어 아버지를 할아버지께 말할 때에는 "할아버지, 아버지가 진지 잡수시라고 했습니다."처럼 아버지를 높이지 않는 것이 전통이지만, "할아버지, 아버지가 진지 잡수시라고 하셨습니다."처럼 아버지를 높이는 것도 허용한다.

존경의 어휘를 적절히 쓰는 것도 중요하다. '밥', '먹다', '자다', '묻다', '있다' 등에 대한 존경의 어휘는 '진지', '잡수시다', '주무시다', '여쭙다', '계시다' 등이므로 높은 사람에 대해서는 이러한 어휘를 사용하여야 한다. 다만, '있다'에 대해서는 '계시다'를 써야 하는 경우도 있고, '있으시다'를 써야 하는 경우도 있으므로 주의해야 한다. '아버지께서 책을 읽고 계신다'는 옳지만 '교장 선생님 말씀이 계시겠습니다'는 옳지 않다. 현실에서 자주 발견되는 잘못 가운데 하나로, 윗사람의 '이'를 '이빨'이라고 낮춰 말하는 경우가 있는데, '이빨'은 짐승한테 쓰는 어휘이므로 각별한 주의를 요한다.

'해요'와 '합니다'는 모두 높임말이기는 하지만, 전자는 비격식적인 상황에서 쓰고, 후자는 격식적인 상황에서 주로 쓴다. 따라서 사적인 자리에서는 윗사람에게 '해요'라고 말해도 무방한 경우가 많지만 공적인 자리에서 격식을 차릴 필요가 있을 때에는 '합니다'라고 말하는 것이 좋다. 예를 들어, 면접을 보러 가서 면접관에게 '이랬어요, 저랬어요' 하는 것보다는 '이랬습니다, 저랬습니다' 하는 것이 적절하고, 또 예의 바르게 보인다는 것이다. 젊은 층일수록 '해요'로만 경어를 쓰는 경향이 있는데, 상황에 따라 '해요'와 '합니다'를 적절히 쓰는 것이 필요하다.

✤ 참고문헌

가톨릭대학교 교양교육원, 『분석과 비판의 기초』, 가톨릭대학교출판부, 2007.

가톨릭대학교 교양교육원, 『문제 해결과 의사소통』, 가톨릭대학교출판부, 2007.

강원경, 『독서 클럽 활동 양상 연구』, 한국교원대 석사학위논문, 1999.

강준만, 『대학생 글쓰기 특강』, 인물과 사상사, 2005.

강현화 외, 『창의적 사고와 효과적 표현』, 경희대학교 출판국, 2004.

고려대학교 사고와 표현 편찬위원회 편, 『글쓰기의 기초』, 고려대학교 출판부, 2005.

고려대학교 사고와 표현 편찬위원회 편, 『자연과학과 글쓰기』, 고려대학교 출판부, 2005.

고려대학교 사고와 표현 편찬위원회 편, 『인문학과 글쓰기』, 고려대학교 출판부, 2005.

고려대학교 사고와 표현 편찬위원회 편, 『사회과학과 글쓰기』, 고려대학교 출판부, 2005.

구자황, 「대학 글쓰기 교육을 위한 예비적 고찰」, 『어문연구』53, 2007.

김기태, 『글쓰기에서의 표절과 저작권』, 지식의 날개, 2010.

김대중, <손가락 선거>, 『조선일보』, 2010년 7월 25일.

김동식, 『인문학 글쓰기를 위하여』, 서울대학교 출판부, 2009.

김명순, 「활동 중심 읽기 교육의 내용 연구」, 한국교원대 박사학위논문, 2003.

김명순, 「독서 작문 통합 지도의 전제와 기본 방향」, 『독서연구』11, 61-81, 2004.

김문창, <우정론>, 『늘벗』1호, 1981. 4.(『김문창명상록』, 시와시학사, 2000에 재수록)

김복순, 『토론의 방법』, 국학자료원, 2007.

김성수, 『프랑켄슈타인의 글쓰기』, 글누림, 2009.

김정우, 『미디어 글쓰기』, 보고사, 2007.

김종운, <어디서나 도덕적 수범을>, 『경향신문』, 1992. 2. 27.

김철중, <의학전문대학원 실패 아니다>, 『조선일보』, 2010. 7. 11.

도정일 외, 『글쓰기의 최소원칙』, 룩스문디, 2008.

민병곤, 「논증 교육의 내용 연구」, 서울대 박사학위논문, 2004.

박구용, <지는 것을 알아야 자유롭다>, 『한겨레신문』, 2007. 2. 27.

박노자, <성형수술, 혹은 욕망의 노예화>, 『한겨레신문』, 2004. 2. 8.

박덕유, 『작문교육의 이론과 실제』, 한국문화사, 1998.

박영민, 「비평문 쓰기를 통한 작문 지도 방법 연구」, 한국교원대 박사학위논문, 2003.

박주영, 「읽기와 쓰기의 통합 지도 방법 연구」, 한국교원대 석사학위논문, 1993.

박학천 외, 『한국 실용글쓰기』, 박문각, 2010.

방민호 엮음, 『모던 수필』, 향연, 2003.

배병삼, <주미에게>, 『한겨레신문』, 2008. 3. 6.

송팔성, 『디지털 멀티미디어 글쓰기』, 태학사, 2008.

신동호, 「글 잘 쓰는 과학자가 성공할 확률 높다」, ≪과학동아≫, 2002. 2.

신우성, 『미국처럼 쓰고 일본처럼 읽어라』, 어문학사, 2009.

신헌재 외, 『국어과 협동학습 방안』, 박이정, 2003.

염수희, 「독서토의를 통한 국어과 교수 학습 방법 연구-소설 읽기를 중심으로」, 한국교원대 석사학위논문, 2001.

윤정옥, 「읽기와 쓰기의 통합에 의한 설명적 글 지도 방법 연구」, 『청람어문학』 17, 232-262, 1997.

이경화, 『읽기 교육의 원리와 방법』, 박이정, 2003.

이규보, 『욕심을 잊으면 새들의 친구가 되네』, 김하라 편역, 돌베개, 2006.

이병옥, 「한국 가면극의 구성요소 분석」, 『한국민속학』 제15집, 한국민속학회, 1982.

이상경・시정곤・전봉관, 『글쓰기 여행, 토막글에서 통글까지』, 역락, 2005.

이영수, 「'읽기'와 '쓰기'의 神經生理學的 考察」, 『한국출판학연구』 52, 237-271, 2007.

이익섭, 『국어학개설』, 학연사, 1986.

이재경, <글쓰기 교육이 경쟁력>, 『세계일보』, 2010. 9. 10

이재승, 「과정 중심의 쓰기 교재 구성에 관한 연구」, 한국교원대 박사학위논문, 1999.

이재승, 『글쓰기 교육의 원리와 방법』, 박이정, 2002.

이재승, 『아이들과 함께 하는 독서와 글쓰기 교육』, 박이정, 2004.

이재승, 「읽기와 쓰기 통합 지도의 방법과 유의점」, 『독서연구』 11, 275-299, 2004.

이태준, 『무서록』, 박문서관, 1941.

임영규, 「독서클럽 활동을 통한 효율적인 독서지도 방안 연구」, 한국교원대 석사학위논문, 2002.

임재춘, 『한국의 이공계는 글쓰기가 두렵다』, 마이넌, 2002.

자기표현과 글쓰기 편찬위원회, 『자기표현과 글쓰기』, 경진, 2009.

장하늘, 『글쓰기 표현사전』, 다산초당, 2009.

장 유, <옛사람은 문장을 지을 때 반드시 정성을 다하였다>(古人於文章必有致意), 『계곡만필』 제1권.
정약용, 『다산의 풍경』, 최지녀 편역, 돌베개, 2008.
정 철, <계주문(戒酒文)>, 송강유적보존회, 『국역 송강집』, 제일문화사, 1988.
정희모 외, 『대학 글쓰기』, 삼인, 2008.
정희모 · 이재승, 『글쓰기의 전략』, 들녘, 2005.
조선일보사 · 국립국어연구원, 『우리말의 예절(상)』, 조선일보사, 1996.
조선일보사 · 국립국어연구원, 『우리말의 예절(하)』, 조선일보사, 1996.
조효순, 『한국복식풍속사연구』, 일지사, 1988.
주세형 · 김은성 · 남가영 옮김, 『장르, 텍스트, 문법』, 박이정, 2007.
최행귀 외, 『우리 겨레의 미학사상』, 보리, 2004.
한철우 외, 『과정 중심 독서 지도』, 교학사, 2001.
한철우 외, 「표현 · 이해 교육 연구의 방향과 과제」, 『국어교육학연구』 22, 2005.
홍세화, <김예슬 선언과 대학서열체제>, 『한겨레』, 2010년 4월 25일.
고등학교 『문법』, 교육부, 1991.
<4대강 사업 군부대 투입이 '주특기 훈련'이라니>, 『한겨레』, 2010년 10월 17일.

나탈리 골드버그, 『뼛속까지 내려가서 써라』, 권진욱 역, 한문화, 2000.
노암 촘스키, 『촘스키, 누가 무엇으로 세상을 지배하는가』, 강주헌 옮김, 시대의창, 2002.
마빈 해리스, 『문화의 수수께끼』(제2판), 박종렬 옮김, 한길사, 1995.
마이클 샌델, 『정의란 무엇인가』, 이창신 옮김, 김영사, 2010.
스티븐 호킹 · 레오나르도 믈로디노프, 『위대한 설계』, 전대오 역, 까치글방, 2010.
에리히 프롬, 『사랑의 기술』, 황문수 역, 문예출판사, 1994.
윌리엄 진서, 『글쓰기 생각쓰기』, 이한중 옮김, 돌베개, 2007.
조셉 윌리엄스 · 그레고리 콜럼, 『논증의 탄생』, 윤영삼 역, 홍문관, 2008.
존 테일러 게토, *Weapons of Mass Instruction* (2008), 박경미 역, ≪녹색평론≫ 112호, 2010. 5~6.
헤르만 헤세, <저녁 구름>, 윤재근, 『수필론산고』, 문학수첩, 1992.
Charles Lpson, 『정직한 글쓰기』, 김형주 · 이정아 역, 멘토르, 2008
Stotsky, S., Research on reading/writing relationships: A synthesis and suggested directions, *Language Arts* 60, 1983.

어문규정

한글 맞춤법

제1장 총　　칙

제1항 한글 맞춤법은 표준어를 소리대로 적되, 어법에 맞도록 함을 원칙으로 한다.

제2항 문장의 각 단어는 띄어 씀을 원칙으로 한다.

제3항 외래어는 '외래어 표기법'에 따라 적는다.

제2장 자　　모

제4항 한글 자모의 수는 스물넉 자로 하고, 그 순서와 이름은 다음과 같이 정한다.

ㄱ(기역)	ㄴ(니은)	ㄷ(디귿)	ㄹ(리을)	ㅁ(미음)
ㅂ(비읍)	ㅅ(시옷)	ㅇ(이응)	ㅈ(지읒)	ㅊ(치읓)
ㅋ(키읔)	ㅌ(티읕)	ㅍ(피읖)	ㅎ(히읗)	
ㅏ(아)	ㅑ(야)	ㅓ(어)	ㅕ(여)	ㅗ(오)
ㅛ(요)	ㅜ(우)	ㅠ(유)	ㅡ(으)	ㅣ(이)

[붙임 1] 위의 자모로써 적을 수 없는 소리는 두 개 이상의 자모를 어울러서 적되, 그 순서와 이름은 다음과 같이 정한다.

ㄲ(쌍기역)	ㄸ(쌍디귿)	ㅃ(쌍비읍)	ㅆ(쌍시옷)	ㅉ(쌍지읒)	
ㅐ(애)	ㅒ(얘)	ㅔ(에)	ㅖ(예)	ㅘ(와)	ㅙ(왜)
ㅚ(외)	ㅝ(워)	ㅞ(웨)	ㅟ(위)	ㅢ(의)	

[붙임 2] 사전에 올릴 적의 자모 순서는 다음과 같이 정한다.

자 음:	ㄱ	ㄲ	ㄴ	ㄷ	ㄸ	ㄹ	ㅁ	ㅂ
	ㅃ	ㅅ	ㅆ	ㅇ	ㅈ	ㅉ	ㅊ	ㅋ
	ㅌ	ㅍ	ㅎ					
모 음:	ㅏ	ㅐ	ㅑ	ㅒ	ㅓ	ㅔ	ㅕ	ㅖ
	ㅗ	ㅘ	ㅙ	ㅚ	ㅛ	ㅜ	ㅝ	ㅞ
	ㅟ	ㅠ	ㅡ	ㅢ	ㅣ			

제3장 소리에 관한 것

제1절 된소리

제5항 한 단어 안에서 뚜렷한 까닭 없이 나는 된소리는 다음 음절의 첫소리를 된소리로 적는다.

1. 두 모음 사이에서 나는 된소리

소쩍새	어깨	오빠	으뜸	아끼다
기쁘다	깨끗하다	어떠하다	해쓱하다	가끔
거꾸로	부썩	어찌	이따금	

2. 'ㄴ, ㄹ, ㅁ, ㅇ' 받침 뒤에서 나는 된소리

산뜻하다	잔뜩	살짝	훨씬	담뿍
움찔	몽땅	엉뚱하다		

다만, 'ㄱ, ㅂ' 받침 뒤에서 나는 된소리는, 같은 음절이나 비슷한 음절이 겹쳐 나는 경우가 아니면 된소리로 적지 아니한다.

국수	깍두기	딱지	색시	싹둑(~싹둑)
법석	갑자기	몹시		

제2절 구개음화

제6항 'ㄷ, ㅌ' 받침 뒤에 종속적 관계를 가진 '-이(-)'나 '-히-'가 올 적에는, 그 'ㄷ, ㅌ'이 'ㅈ, ㅊ'으로 소리나더라도 'ㄷ, ㅌ'으로 적는다.(ㄱ을 취하고, ㄴ을 버림.)

ㄱ	ㄴ	ㄱ	ㄴ
맏이	마지	핥이다	할치다
해돋이	해도지	걷히다	거치다
굳이	구지	닫히다	다치다
같이	가치	묻히다	무치다
끝이	끄치		

제3절 'ㄷ' 소리 받침

제7항 'ㄷ' 소리로 나는 받침 중에서 'ㄷ'으로 적을 근거가 없는 것은 'ㅅ'으로 적는다.

덧저고리	돗자리	엇셈	웃어른	핫옷
무릇	사뭇	얼핏	자칫하면	뭇[衆]
옛	첫	헛		

제4절 모 음

제8항 '계, 례, 몌, 폐, 혜'의 'ㅖ'는 'ㅔ'로 소리나는 경우가 있더라도 'ㅖ'로 적는다.(ㄱ을 취하고, ㄴ을 버림.)

ㄱ	ㄴ	ㄱ	ㄴ
계수(桂樹)	게수	혜택(惠澤)	헤택
사례(謝禮)	사레	계집	게집
연몌(連袂)	연메	핑계	핑게
폐품(廢品)	페품	계시다	게시다

다만, 다음 말은 본음대로 적는다.

게송(偈頌) 게시판(揭示板) 휴게실(休憩室)

제9항 '의'나, 자음을 첫소리로 가지고 있는 음절의 'ㅢ'는 'ㅣ'로 소리나는 경우가 있더라도 'ㅢ'로 적는다.(ㄱ을 취하고, ㄴ을 버림.)

ㄱ	ㄴ	ㄱ	ㄴ
의의(意義)	의이	닁큼	닝큼
본의(本義)	본이	띄어쓰기	띠어쓰기
무늬[紋]	무니	씌어	씨어
보늬	보니	틔어	티어
오늬	오니	희망(希望)	히망
하늬바람	하니바람	희다	히다
늴리리	닐리리	유희(遊戲)	유히

제5절 두음 법칙

제10항 한자음 '녀, 뇨, 뉴, 니'가 단어 첫머리에 올 적에는, 두음 법칙에 따라 '여, 요, 유, 이'로 적는다.(ㄱ을 취하고, ㄴ을 버림.)

ㄱ	ㄴ	ㄱ	ㄴ
여자(女子)	녀자	유대(紐帶)	뉴대
연세(年歲)	년세	이토(泥土)	니토
요소(尿素)	뇨소	익명(匿名)	닉명

다만, 다음과 같은 의존 명사에서는 '냐, 녀' 음을 인정한다.

냥(兩)　냥쭝(兩-)　년(年)(몇 년)

[붙임 1] 단어의 첫머리 이외의 경우에는 본음대로 적는다.

남녀(男女)　당뇨(糖尿)　결뉴(結紐)　은닉(隱匿)

[붙임 2] 접두사처럼 쓰이는 한자가 붙어서 된 말이나 합성어에서, 뒷말의 첫소리가 'ㄴ' 소리로 나더라도 두음 법칙에 따라 적는다.

신여성(新女性)　　공염불(空念佛)　　남존여비(男尊女卑)

[붙임 3] 둘 이상의 단어로 이루어진 고유 명사를 붙여 쓰는 경우에도 붙임 2에 준하여 적는다.

한국여자대학　　대한요소비료회사

제11항 한자음 '랴, 려, 례, 료, 류, 리'가 단어의 첫머리에 올 적에는, 두음 법칙에 따라 '야, 여, 예, 요, 유, 이'로 적는다.(ㄱ을 취하고, ㄴ을 버림.)

ㄱ	ㄴ		ㄱ	ㄴ
양심(良心)	량심		용궁(龍宮)	룡궁
역사(歷史)	력사		유행(流行)	류행
예의(禮儀)	례의		이발(理髮)	리발

다만, 다음과 같은 의존 명사는 본음대로 적는다.

리(里): 몇 리냐?
리(理): 그럴 리가 없다.

[붙임 1] 단어의 첫머리 이외의 경우에는 본음대로 적는다.

개량(改良)　　선량(善良)　　수력(水力)　　협력(協力)
사례(謝禮)　　혼례(婚禮)　　와룡(臥龍)　　쌍룡(雙龍)
하류(下流)　　급류(急流)　　도리(道理)　　진리(眞理)

다만, 모음이나 'ㄴ' 받침 뒤에 이어지는 '렬, 률'은 '열, 율'로 적는다.(ㄱ을 취하고, ㄴ을 버림.)

ㄱ	ㄴ		ㄱ	ㄴ
나열(羅列)	나렬		분열(分裂)	분렬
치열(齒列)	치렬		선열(先烈)	선렬
비열(卑劣)	비렬		진열(陳列)	진렬
규율(規律)	규률		선율(旋律)	선률
비율(比率)	비률		전율(戰慄)	전률
실패율(失敗率)	실패률		백분율(百分率)	백분률

[붙임 2] 외자로 된 이름을 성에 붙여 쓸 경우에도 본음대로 적을 수 있다.

신립(申砬)　　최린(崔麟)　　채륜(蔡倫)　　하륜(河崙)

[붙임 3] 준말에서 본음으로 소리나는 것은 본음대로 적는다.

국련(국제연합)　　대한교련(대한교육연합회)

[붙임 4] 접두사처럼 쓰이는 한자가 붙어서 된 말이나 합성어에서, 뒷말의 첫소리가 'ㄴ' 또는 'ㄹ' 소리로 나더라도 두음 법칙에 따라 적는다.

역이용(逆利用)　　연이율(年利率)　　열역학(熱力學)
해외여행(海外旅行)

[붙임 5] 둘 이상의 단어로 이루어진 고유 명사를 붙여 쓰는 경우나 십진법에 따라 쓰는 수(數)도 붙임 4에 준하여 적는다.

서울여관　　신흥이발관　　육천육백육십육(六千六百六十六)

제12항 한자음 '라, 래, 로, 뢰, 루, 르'가 단어의 첫머리에 올 적에는, 두음 법칙에 따라 '나, 내, 노, 뇌, 누, 느'로 적는다.(ㄱ을 취하고, ㄴ을 버림.)

ㄱ	ㄴ	ㄱ	ㄴ
낙원(樂園)	락원	뇌성(雷聲)	뢰성
내일(來日)	래일	누각(樓閣)	루각
노인(老人)	로인	능묘(陵墓)	릉묘

[붙임 1] 단어의 첫머리 이외의 경우에는 본음대로 적는다.

쾌락(快樂)	극락(極樂)	거래(去來)	왕래(往來)
부로(父老)	연로(年老)	지뢰(地雷)	낙뢰(落雷)
고루(高樓)	광한루(廣寒樓)	동구릉(東九陵)	가정란(家庭欄)

[붙임 2] 접두사처럼 쓰이는 한자가 붙어서 된 단어는 뒷말을 두음 법칙에 따라 적는다.

내내월(來來月)　　상노인(上老人)　　중노동(重勞動)
비논리적(非論理的)

제6절 겹쳐 나는 소리

제13항 한 단어 안에서 같은 음절이나 비슷한 음절이 겹쳐 나는 부분은 같은 글자로 적는다.(ㄱ을 취하고, ㄴ을 버림.)

ㄱ	ㄴ	ㄱ	ㄴ
딱딱	딱닥	꼿꼿하다	꼿곳하다
쌕쌕	쌕색	놀놀하다	놀롤하다
씩씩	씩식	눅눅하다	눙눅하다
똑딱똑딱	똑닥똑닥	밋밋하다	민밋하다

쓱싹쓱싹	쓱삭쓱삭		싹싹하다	싹삭하다
연연불망(戀戀不忘)	연련불망		쌉쌀하다	쌉쌀하다
유유상종(類類相從)	유류상종		씁쓸하다	씁슬하다
누누이(屢屢-)	누루이		짭짤하다	짭잘하다

제4장 형태에 관한 것

제1절 체언과 조사

제14항 체언은 조사와 구별하여 적는다.

떡이	떡을	떡에	떡도	떡만
손이	손을	손에	손도	손만
팔이	팔을	팔에	팔도	팔만
밤이	밤을	밤에	밤도	밤만
집이	집을	집에	집도	집만
옷이	옷을	옷에	옷도	옷만
콩이	콩을	콩에	콩도	콩만
낮이	낮을	낮에	낮도	낮만
꽃이	꽃을	꽃에	꽃도	꽃만
밭이	밭을	밭에	밭도	밭만
앞이	앞을	앞에	앞도	앞만
밖이	밖을	밖에	밖도	밖만
넋이	넋을	넋에	넋도	넋만
흙이	흙을	흙에	흙도	흙만
삶이	삶을	삶에	삶도	삶만
여덟이	여덟을	여덟에	여덟도	여덟만
곬이	곬을	곬에	곬도	곬만
값이	값을	값에	값도	값만

제2절 어간과 어미

제15항 용언의 어간과 어미는 구별하여 적는다.

먹다	먹고	먹어	먹으니
신다	신고	신어	신으니
믿다	믿고	믿어	믿으니
울다	울고	울어	(우니)
넘다	넘고	넘어	넘으니
입다	입고	입어	입으니
웃다	웃고	웃어	웃으니
찾다	찾고	찾아	찾으니
좇다	좇고	좇아	좇으니
같나	같고	같아	같으니
높다	높고	높아	높으니
좋다	좋고	좋아	좋으니
깎다	깎고	깎아	깎으니
앉다	앉고	앉아	앉으니
많다	많고	많아	많으니
늙다	늙고	늙어	늙으니
젊다	젊고	젊어	젊으니
넓다	넓고	넓어	넓으니
훑다	훑고	훑어	훑으니
읊다	읊고	읊어	읊으니
옳다	옳고	옳아	옳으니
없다	없고	없어	없으니
있다	있고	있어	있으니

[붙임 1] 두 개의 용언이 어울려 한 개의 용언이 될 적에, 앞말의 본뜻이 유지되고 있는 것은 그 원형을 밝히어 적고, 그 본뜻에서 멀어진 것

은 밝히어 적지 아니한다.

(1) 앞말의 본뜻이 유지되고 있는 것

넘어지다	늘어나다	늘어지다	돌아가다	되짚어가다
들어가다	떨어지다	벌어지다	엎어지다	접어들다
틀어지다	흩어지다			

(2) 본뜻에서 멀어진 것

드러나다　　사라지다　　쓰러지다

[붙임 2] 종결형에서 사용되는 어미 '-오'는 '요'로 소리나는 경우가 있더라도 그 원형을 밝혀 '오'로 적는다.(ㄱ을 취하고, ㄴ을 버림.)

ㄱ	ㄴ
이것은 책이오.	이것은 책이요.
이리로 오시오.	이리로 오시요.
이것은 책이 아니오.	이것은 책이 아니요.

[붙임 3] 연결형에서 사용되는 '이요'는 '이요'로 적는다.(ㄱ을 취하고, ㄴ을 버림.)

ㄱ	ㄴ
이것은 책이요, 저것은 붓이요, 또 저것은 먹이다.	이것은 책이오, 저것은 붓이오, 또 저것은 먹이다.

第16항 어간의 끝음절 모음이 'ㅏ, ㅗ'일 때에는 어미를 '-아'로 적고, 그 밖의 모음일 때에는 '-어'로 적는다.

1. '-아'로 적는 경우

나아	나아도	나아서
막아	막아도	막아서
얇아	얇아도	얇아서
돌아	돌아도	돌아서
보아	보아도	보아서

2. '-어'로 적는 경우

개어	개어도	개어서
겪어	겪어도	겪어서
되어	되어도	되어서
베어	베어도	베어서
쉬어	쉬어도	쉬어서
저어	저어도	저어서
주어	주어도	주어서
피어	피어도	피어서
희어	희어도	희어서

제17항 어미 뒤에 덧붙는 조사 '-요'는 '-요'로 적는다.

읽어	읽어요
참으리	참으리요
좋지	좋지요

제18항 다음과 같은 용언들은 어미가 바뀔 경우, 그 어간이나 어미가 원칙에 벗어나면 벗어나는 대로 적는다.

1. 어간의 끝 'ㄹ'이 줄어질 적

갈다: 가니 간 갑니다 가시다 가오

놀다:	노니	논	놉니다	노시다	노오
불다:	부니	분	붑니다	부시다	부오
둥글다:	둥그니	둥근	둥급니다	둥그시다	둥그오
어질다:	어지니	어진	어집니다	어지시다	어지오

[붙임] 다음과 같은 말에서도 'ㄹ'이 준 대로 적는다.

마지못하다 마지않다 (하)다마다 (하)자마자
(하)지 마라 (하)지 마(아)

2. 어간의 끝 'ㅅ'이 줄어질 적

긋다:	그어	그으니	그었다
낫다:	나아	나으니	나았다
잇다:	이어	이으니	이었다
짓다:	지어	지으니	지었다

3. 어간의 끝 'ㅎ'이 줄어질 적[1)]

그렇다:	그러니	그럴	그러면	그러오
까맣다:	까마니	까말	까마면	까마오
동그랗다:	동그라니	동그랄	동그라면	동그라오
퍼렇다:	퍼러니	퍼럴	퍼러면	퍼러오
하얗다:	하야니	하얄	하야면	하야오

4. 어간의 끝 'ㅜ, ㅡ'가 줄어질 적

푸다:	퍼	펐다	뜨다:	떠	떴다

1) 고시본에서 보였던 용례 중 '그럽니다, 까맙니다, 동그랍니다, 퍼럽니다, 하얍니다'는 1994 년 12 월 16 일에 열린 국어 심의회의 결정에 따라 삭제하기로 하였다. '표준어 규정' 제17항이 자음 뒤의 '-습니다'를 표준어로 정함에 따라 '그렇습니다, 까맣습니다, 동그랗습니다, 퍼렇습니다, 하얗습니다'가 표준어가 되는 것과 상충하기 때문이다.

끄다:	꺼	껐다		크다:	커	컸다
담그다:	담가	담갔다		고프다:	고파	고팠다
따르다:	따라	따랐다		바쁘다:	바빠	바빴다

5. 어간의 끝 'ㄷ'이 'ㄹ'로 바뀔 적

걷다[步]:	걸어	걸으니	걸었다
듣다[聽]:	들어	들으니	들었다
묻다[問]:	물어	물으니	물었다
싣다[載]:	실어	실으니	실었다

6. 어간의 끝 'ㅂ'이 'ㅜ'로 바뀔 적

깁다:	기워	기우니	기웠다
굽다[炙]:	구워	구우니	구웠다
가깝다:	가까워	가까우니	가까웠다
괴롭다:	괴로워	괴로우니	괴로웠다
맵다:	매워	매우니	매웠다
무겁다:	무거워	무거우니	무거웠다
밉다:	미워	미우니	미웠다
쉽다:	쉬워	쉬우니	쉬웠다

다만, '돕-, 곱-'과 같은 단음절 어간에 어미 '-아'가 결합되어 '와'로 소리나는 것은 '-와'로 적는다.

돕다[助]:	도와	도와서	도와도	도왔다
곱다[麗]:	고와	고와서	고와도	고왔다

7. '하다'의 활용에서 어미 '-아'가 '-여'로 바뀔 적

하다:	하여	하여서	하여도	하여라	하였다

8. 어간의 끝음절 '르' 뒤에 오는 어미 '-어'가 '-러'로 바뀔 적

이르다[至]:	이르러	이르렀다	
노르다:		노르러	노르렀다
누르다:		누르러	누르렀다
푸르다:	푸르러	푸르렀다	

9. 어간의 끝음절 '르'의 'ㅡ'가 줄고, 그 뒤에 오는 어미 '-아/-어'가 '-라/-러'로 바뀔 적

가르다:	갈라	갈랐다	부르다:	불러	불렀다
거르다:	걸러	걸렀다	오르다:	올라	올랐다
구르다:	굴러	굴렀다	이르다:	일러	일렀다
벼르다:	별러	별렀다	지르다:	질러	질렀다

제3절 접미사가 붙어서 된 말

제19항 어간에 '-이'나 '-음/-ㅁ'이 붙어서 명사로 된 것과 '-이'나 '-히'가 붙어서 부사로 된 것은 그 어간의 원형을 밝히어 적는다.

1. '-이'가 붙어서 명사로 된 것

길이	깊이	높이	다듬이	땀받이	달맞이
먹이	미닫이	벌이	벼훑이	살림살이	쇠붙이

2. '-음/-ㅁ'이 붙어서 명사로 된 것

걸음	묶음	믿음	얼음	엮음	울음
웃음	졸음	죽음	앎	만듦	

3. '-이'가 붙어서 부사로 된 것

같이	굳이	길이	높이	많이	실없이
좋이	짓궂이				

4. '-히'가 붙어서 부사로 된 것

밝히　　　익히　　　작히

다만, 어간에 '-이'나 '-음'이 붙어서 명사로 바뀐 것이라도 그 어간의 뜻과 멀어진 것은 원형을 밝히어 적지 아니한다.

굽도리	다리[髢]	목거리(목병)	무녀리
코끼리	거름(비료)	고름[膿]	노름(도박)

[붙임] 어간에 '-이'나 '-음' 이외의 모음으로 시작된 접미사가 붙어서 다른 품사로 바뀐 것은 그 어간의 원형을 밝히어 적지 아니한다.

(1) 명사로 바뀐 것

귀머거리	까마귀	너머	뜨더귀	마감
마개	마중	무덤	비렁뱅이	쓰레기
올가미	주검			

(2) 부사로 바뀐 것

거뭇거뭇	너무	도로	뜨덤뜨덤	바투
불긋불긋	비로소	오긋오긋	자주	차마

(3) 조사로 바뀌어 뜻이 달라진 것

나마　　부터　　조차

제20항 명사 뒤에 '-이'가 붙어서 된 말은 그 명사의 원형을 밝히어 적는다.

1. 부사로 된 것

곳곳이 낱낱이 몫몫이 샅샅이 앞앞이 집집이

2. 명사로 된 것

곰배팔이 바둑이 삼발이 애꾸눈이
육손이 절뚝발이/절름발이

[붙임] '-이' 이외의 모음으로 시작된 접미사가 붙어서 된 말은 그 명사의 원형을 밝히어 적지 아니한다.

꼬락서니 끄트머리 모가치 바가지 바깥
사타구니 싸라기 이파리 지붕 지푸라기 짜개

제21항 명사나 혹은 용언의 어간 뒤에 자음으로 시작된 접미사가 붙어서 된 말은 그 명사나 어간의 원형을 밝히어 적는다.

1. 명사 뒤에 자음으로 시작된 접미사가 붙어서 된 것

값지다 홑지다 넋두리 빛깔 옆댕이 잎사귀

2. 어간 뒤에 자음으로 시작된 접미사가 붙어서 된 것

낚시 늙정이 덮개 뜯게질
갉작갉작하다 갉작거리다 뜯적거리다 뜯적뜯적하다
굵다랗다 굵직하다 깊숙하다 넓적하다
높다랗다 늙수그레하다 얽죽얽죽하다

다만, 다음과 같은 말은 소리대로 적는다.

(1) 겹받침의 끝소리가 드러나지 아니하는 것

할짝거리다	널따랗다	널찍하다	말끔하다
말쑥하다	말짱하다	실쭉하다	실큼하다
얄따랗다	얄팍하다	짤따랗다	짤막하다
실컷			

(2) 어원이 분명하지 아니하거나 본뜻에서 멀어진 것

넙치	올무	골막하다	납작하다

제22항 용언의 어간에 다음과 같은 접미사들이 붙어서 이루어진 말들은 그 어간을 밝히어 적는다.

1. '-기-, -리-, -이-, -히-, -구-, -우-, -추-, -으키-, -이키-, -애-'가 붙는 것

맡기다	옮기다	웃기다	쫓기다	뚫리다
울리다	낚이다	쌓이다	핥이다	굳히다
굽히다	넓히다	앉히다	얽히다	잡히다
돋구다	솟구다	돋우다	갖추다	곧추다
맞추다	일으키다	돌이키다	없애다	

다만, '-이-, -히-, -우-'가 붙어서 된 말이라도 본뜻에서 멀어진 것은 소리대로 적는다.

도리다(칼로 ~)	드리다(용돈을 ~)	고치다
바치다(세금을 ~)	부치다(편지를 ~)	거두다

미루다　　　　　　　이루다

2. '-치-, -뜨리-, -트리-'가 붙는 것

놓치다　　덮치다　　떠받치다　　받치다　　밭치다
부딪치다　　뻗치다　　엎치다　　부딪뜨리다/부딪트리다
쏟뜨리다/쏟트리다　　젖뜨리다/젖트리다
찢뜨리다/찢트리다　　훌뜨리다/훌트리다

[붙임] '-업-, -읍-, -브-'가 붙어서 된 말은 소리대로 적는다.

미덥다　　　우습다　　　미쁘다

제23항 '-하다'나 '-거리다'가 붙는 어근에 '-이'가 붙어서 명사가 된 것은 그 원형을 밝히어 적는다.(ㄱ을 취하고, ㄴ을 버림.)

ㄱ	ㄴ	ㄱ	ㄴ
깔쭉이	깔쭈기	살살이	살사리
꿀꿀이	꿀꾸리	쌕쌕이	쌕쌔기
눈깜짝이	눈깜짜기	오뚝이	오뚜기
더펄이	더퍼리	코납작이	코납자기
배불뚝이	배불뚜기	푸석이	푸서기
삐죽이	삐주기	홀쭉이	홀쭈기

[붙임] '-하다'나 '-거리다'가 붙을 수 없는 어근에 '-이'나 또는 다른 모음으로 시작되는 접미사가 붙어서 명사가 된 것은 그 원형을 밝히어 적지 아니한다.

개구리　　귀뚜라미　　기러기　　깍두기　　꽹과리
날라리　　누더기　　동그라미　　두드러기　　딱따구리

매미　　부스러기　　뻐꾸기　　얼루기　　칼싹두기

제24항 '-거리다'가 붙을 수 있는 시늉말 어근에 '-이다'가 붙어서 된 용언은 그 어근을 밝히어 적는다.(ㄱ을 취하고, ㄴ을 버림.)

ㄱ	ㄴ	ㄱ	ㄴ
깜짝이다	깜짜기다	속삭이다	속사기다
꾸벅이다	꾸버기다	숙덕이다	숙더기다
끄덕이다	끄더기다	울먹이다	울머기다
뒤척이다	뒤처기다	움직이다	움지기다
들먹이다	들머기다	지껄이다	지꺼리다
망설이다	망서리다	퍼덕이다	퍼더기다
번득이다	번드기다	허덕이다	허더기다
번쩍이다	번쩌기다	헐떡이다	헐떠기다

제25항 '-하다'가 붙는 어근에 '-히'나 '-이'가 붙어서 부사가 되거나, 부사에 '-이'가 붙어서 뜻을 더하는 경우에는 그 어근이나 부사의 원형을 밝히어 적는다.

1. '-하다'가 붙는 어근에 '-히'나 '-이'가 붙는 경우

급히　　꾸준히　　도저히　　딱히　　어렴풋이　　깨끗이

[붙임] '-하다'가 붙지 않는 경우에는 소리대로 적는다.

갑자기　　반드시(꼭)　　슬며시

2. 부사에 '-이'가 붙어서 역시 부사가 되는 경우

곰곰이　　더욱이　　생긋이　　오뚝이　　일찍이　　해죽이

第26항 '-하다'나 '-없다'가 붙어서 된 용언은 그 '-하다'나 '-없다'를 밝히어 적는다.

1. '-하다'가 붙어서 용언이 된 것

딱하다　　숱하다　　착하다　　텁텁하다　　푹하다

2. '-없다'가 붙어서 용언이 된 것

부질없다　　상없다　　시름없다　　열없다　　하염없다

제 4 절　합성어 및 접두사가 붙은 말

第27항 둘 이상의 단어가 어울리거나 접두사가 붙어서 이루어진 말은 각각 그 원형을 밝히어 적는다.

국말이　　꺾꽂이　　꽃잎　　끝장　　물난리
밑천　　부엌일　　싫증　　옷안　　웃옷
젖몸살　　첫아들　　칼날　　팥알　　헛웃음
홀아비　　홑몸　　흙내
값없다　　겉늙다　　굶주리다　　낮잡다　　맞먹다
받내다　　벋놓다　　빗나가다　　빛나다　　새파랗다
샛노랗다　　시꺼멓다　　싯누렇다　　엇나가다　　엎누르다
엿듣다　　옻오르다　　짓이기다　　헛되다

[붙임 1] 어원은 분명하나 소리만 특이하게 변한 것은 변한 대로 적는다.

할아버지　　할아범

[붙임 2] 어원이 분명하지 아니한 것은 원형을 밝히어 적지 아니한다.

골병　　골탕　　끌탕　　며칠　　아재비

오라비　　업신여기다　　부리나케

[붙임 3] '이[齒, 虱]'가 합성어나 이에 준하는 말에서 '니' 또는 '리'로 소리날 때에는 '니'로 적는다.

간니　　덧니　　사랑니　　송곳니　　앞니
어금니　　윗니　　젖니　　톱니　　틀니
가랑니　　머릿니

제28항 끝소리가 'ㄹ'인 말과 딴 말이 어울릴 적에 'ㄹ' 소리가 나지 아니하는 것은 아니 나는 대로 적는다.

다달이(달－달－이)　　따님(딸－님)　　마되(말－되)
마소(말－소)　　무자위(물－자위)　　바느질(바늘－질)
부나비(불－나비)　　부삽(불－삽)　　부손(불－손)
소나무(솔－나무)　　싸전(쌀－전)　　여닫이(열－닫이)
우짖다(울－짖다)　　화살(활－살)

제29항 끝소리가 'ㄹ'인 말과 딴 말이 어울릴 적에 'ㄹ' 소리가 'ㄷ' 소리로 나는 것은 'ㄷ'으로 적는다.

반짇고리(바느질～)　　사흗날(사흘～)　　삼짇날(삼질～)
섣달(설～)　　숟가락(술 ～)　　이튿날(이틀 ～)
잗주름(잘～)　　푿소(풀～)　　섣부르다(설～)
잗다듬다(잘～)　　잗다랗다(잘～)

제30항 사이시옷은 다음과 같은 경우에 받치어 적는다.

1. 순 우리말로 된 합성어로서 앞말이 모음으로 끝난 경우

(1) 뒷말의 첫소리가 된소리로 나는 것

고랫재　　귓밥　　나룻배　　나뭇가지　　냇가

댓가지	뒷갈망	맷돌	머릿기름	모깃불
못자리	바닷가	뱃길	볏가리	부싯돌
선짓국	쇳조각	아랫집	우렁잇속	잇자국
잿더미	조갯살	찻집	쳇바퀴	킷값
핏대	햇볕	혓바늘		

(2) 뒷말의 첫소리 'ㄴ, ㅁ' 앞에서 'ㄴ' 소리가 덧나는 것

멧나물	아랫니	텃마당	아랫마을	뒷머리
잇몸	깻묵	냇물	빗물	

(3) 뒷말의 첫소리 모음 앞에서 'ㄴㄴ' 소리가 덧나는 것

도리깻열	뒷윷	두렛일	뒷일	뒷입맛
베갯잇	욧잇	깻잎	나뭇잎	댓잎

2. 순 우리말과 한자어로 된 합성어로서 앞말이 모음으로 끝난 경우

(1) 뒷말의 첫소리가 된소리로 나는 것

귓병	머릿방	뱃병	봇둑	사잣밥
샛강	아랫방	자릿세	전셋집	찻잔
찻종	촛국	콧병	탯줄	텃세
핏기	햇수	횟가루	횟배	

(2) 뒷말의 첫소리 'ㄴ, ㅁ' 앞에서 'ㄴ' 소리가 덧나는 것

곗날	제삿날	훗날	툇마루	양칫물

(3) 뒷말의 첫소리 모음 앞에서 'ㄴㄴ' 소리가 덧나는 것

가욋일	사삿일	예삿일	훗일

3. 두 음절로 된 다음 한자어

곳간(庫間)　　셋방(貰房)　　숫자(數字)　　찻간(車間)
툇간(退間)　　횟수(回數)

제31항　두 말이 어울릴 적에 'ㅂ' 소리나 'ㅎ' 소리가 덧나는 것은 소리대로 적는다.

1. 'ㅂ' 소리가 덧나는 것

댑싸리(대ㅂ싸리)　　멥쌀(메ㅂ쌀)　　볍씨(벼ㅂ씨)
입때(이ㅂ때)　　입쌀(이ㅂ쌀)　　접때(저ㅂ때)
좁쌀(조ㅂ쌀)　　햅쌀(해ㅂ쌀)

2. 'ㅎ' 소리가 덧나는 것

머리카락(머리ㅎ가락)　　살코기(살ㅎ고기)　　수캐(수ㅎ개)　　수컷(수ㅎ것)
수탉(수ㅎ닭)　　안팎(안ㅎ밖)
암캐(암ㅎ개)　　암컷(암ㅎ것)　　암탉(암ㅎ닭)

제5절 준　말

제32항　단어의 끝모음이 줄어지고 자음만 남은 것은 그 앞의 음절에 받침으로 적는다.[2)]

(본말)	(준말)
기러기야	기럭아
어제그저께	엊그저께
어제저녁	엊저녁

2) 고시본에서 보였던 '온갖, 온가지' 중 '온가지'는 '표준어 규정' 제14항에서 비표준어로 처리하였으므로 삭제하였다.

가지고, 가지지	갖고, 갖지
디디고, 디디지	딛고, 딛지

第33항 체언과 조사가 어울려 줄어지는 경우에는 준 대로 적는다.

(본말)	(준말)
그것은	그건
그것이	그게
그것으로	그걸로
나는	난
나를	날
너는	넌
너를	널
무엇을	뭣을/무얼/뭘
무엇이	뭣이/무에

第34항 모음 'ㅏ, ㅓ'로 끝난 어간에 '-아/-어, -았-/-었-'이 어울릴 적에는 준 대로 적는다.

(본말)	(준말)	(본말)	(준말)
가아	가	가았다	갔다
나아	나	나았다	났다
타아	타	타았다	탔다
서어	서	서었다	섰다
켜어	켜	켜었다	켰다
펴어	펴	펴었다	폈다

[붙임 1] 'ㅐ, ㅔ' 뒤에 '-어, -었-'이 어울려 줄 적에는 준 대로 적는다.

(본말) (준말) (본말) (준말)

개어	개	개었다	갰다
내어	내	내었다	냈다
베어	베	베었다	벴다
세어	세	세었다	셌다

[붙임 2] '하여'가 한 음절로 줄어서 '해'로 될 적에는 준 대로 적는다.

(본말)	(준말)	(본말)	(준말)
하여	해	하였다	했다
더하여	더해	더하였다	더했다
흔하여	흔해	흔하였다	흔했다

제35항 모음 'ㅗ, ㅜ'로 끝난 어간에 '-아/-어, -았-/-었-'이 어울려 'ㅘ/ㅝ, ㅘㅆ/ㅝㅆ'으로 될 적에는 준 대로 적는다.

(본말)	(준말)	(본말)	(준말)
꼬아	꽈	꼬았다	꽜다
보아	봐	보았다	봤다
쏘아	쏴	쏘았다	쐈다
두어	둬	두었다	뒀다
쑤어	쒀	쑤었다	쒔다
주어	줘	주었다	줬다

[붙임 1] '놓아'가 '놔'로 줄 적에는 준 대로 적는다.

[붙임 2] 'ㅚ' 뒤에 '-어, -었-'이 어울려 'ㅙ, ㅙㅆ'으로 될 적에도 준 대로 적는다.

(본말)	(준말)	(본말)	(준말)
괴어	괘	괴었다	괬다
되어	돼	되었다	됐다

뵈어	봬	뵈었다	뵀다
쇠어	쇄	쇠었다	쇘다
쐬어	쐐	쐬었다	쐤다

제36항 'ㅣ' 뒤에 '-어'가 와서 'ㅕ'로 줄 적에는 준 대로 적는다.

(본말)	(준말)	(본말)	(준말)
가지어	가져	가지었다	가졌다
견디어	견뎌	견디었다	견뎠다
다니어	다녀	다니었다	다녔다
막히어	막혀	막히었다	막혔다
버티어	버텨	버티었다	버텼다
치이어	치여	치이었다	치였다

제37항 'ㅏ, ㅕ, ㅗ, ㅜ, ㅡ'로 끝난 어간에 '-이-'가 와서 각각 'ㅐ, ㅖ, ㅚ, ㅟ, ㅢ'로 줄 적에는 준 대로 적는다.

(본말)	(준말)	(본말)	(준말)
싸이다	쌔다	누이다	뉘다
펴이다	폐다	뜨이다	띄다
보이다	뵈다	쓰이다	씌다

제38항 'ㅏ, ㅗ, ㅜ, ㅡ' 뒤에 '-이어'가 어울려 줄어질 적에는 준 대로 적는다.

(본말)	(준말)	(본말)	(준말)
싸이어	쌔어 싸여	뜨이어	띄어
보이어	뵈어 보여	쓰이어	씌어 쓰여
쏘이어	쐬어 쏘여	트이어	틔어 트여
누이어	뉘어 누여		

第39항 어미 '-지' 뒤에 '않-'이 어울려 '-잖-'이 될 적과 '-하지' 뒤에 '않-'이 어울려 '-찮-'이 될 적에는 준 대로 적는다.

(본말)	(준말)		(본말)	(준말)
그렇지 않은	그렇잖은		만만하지 않다	만만찮다
적지 않은	적잖은		변변하지 않다	변변찮다

第40항 어간의 끝음절 '하'의 'ㅏ'가 줄고 'ㅎ'이 다음 음절의 첫소리와 어울려 거센소리로 될 적에는 거센소리로 적는다.

(본말)	(준말)		(본말)	(준말)
간편하게	간편케		다정하다	다정타
연구하도록	연구토록		정결하다	정결타
가하다	가타		흔하다	흔타

[붙임 1] 'ㅎ'이 어간의 끝소리로 굳어진 것은 받침으로 적는다.

않다	않고	않지	않든지
그렇다	그렇고	그렇지	그렇든지
아무렇다	아무렇고	아무렇지	아무렇든지
어떻다	어떻고	어떻지	어떻든지
이렇다	이렇고	이렇지	이렇든지
저렇다	저렇고	저렇지	저렇든지

[붙임 2] 어간의 끝음절 '하'가 아주 줄 적에는 준 대로 적는다.

(본말)	(준말)		(본말)	(준말)
거북하지	거북지		넉넉하지 않다	넉넉지 않다
생각하건대	생각건대		못하지 않다	못지않다
생각하다 못해	생각다 못해		섭섭하지 않다	섭섭지 않다

깨끗하지 않다 깨끗지 않다 | 익숙하지 않다 익숙지 않다

[붙임 3] 다음과 같은 부사는 소리대로 적는다.

결단코 결코 기필코 무심코 아무튼 요컨대
정녕코 필연코 하마터면 하여튼 한사코

제5장 띄어쓰기

제1절 조 사

제41항 조사는 그 앞말에 붙여 쓴다.

꽃**이** 꽃**마저** 꽃**밖에** 꽃**에서부터** 꽃**으로만**
꽃**이나마** 꽃**이다** 꽃**입니다** 꽃**처럼** 어디**까지나**
거기**도** 멀리**는** 웃고**만**

제2절 의존 명사, 단위를 나타내는 명사 및 열거하는 말 등

제42항 의존 명사는 띄어 쓴다.

아는 **것**이 힘이다. 나도 할 **수** 있다.
먹을 **만큼** 먹어라. 아는 **이**를 만났다.
네가 뜻한 **바**를 알겠다. 그가 떠난 **지**가 오래다.

제43항 단위를 나타내는 명사는 띄어 쓴다.

한 **개** 차 한 **대** 금 서 **돈** 소 한 **마리**
옷 한 **벌** 열 **살** 조기 한 **손** 연필 한 **자루**
버선 한 **죽** 집 한 **채** 신 두 **켤레** 북어 한 **쾌**

다만, 순서를 나타내는 경우나 숫자와 어울리어 쓰이는 경우에는 붙여 쓸 수 있다.

두**시** 삼십**분** 오**초**	제일**과**	삼학년
육**층**	1446**년** 10**월** 9**일**	2**대대**
16**동** 502**호**	제1**실습실**	80원
10**개**	7**미터**	

제44항 수를 적을 적에는 '만(萬)' 단위로 띄어 쓴다.

십이억 삼천사백오십육만 칠천팔백구십팔
12억 3456만 7898

제45항 두 말을 이어 주거나 열거할 적에 쓰이는 다음의 말들은 띄어 쓴다.

국장 **겸** 과장	열 **내지** 스물	청군 **대** 백군
책상, 걸상 **등**이 있다	이사장 **및** 이사들	사과, 배, 귤 **등등**
사과, 배 **등속**	부산, 광주 **등지**	

제46항 단음절로 된 단어가 연이어 나타날 적에는 붙여 쓸 수 있다.

그때 그곳　　좀더 큰것　　이말 저말　　한잎 두잎

제3절 보조 용언

제47항 보조 용언은 띄어 씀을 원칙으로 하되, 경우에 따라 붙여 씀도 허용한다.(ㄱ을 원칙으로 하고, ㄴ을 허용함.)

ㄱ	ㄴ
불이 꺼져 **간다.**	불이 꺼져**간다.**

내 힘으로 막아 **낸다.**	내 힘으로 막아**낸다.**
어머니를 도와 **드린다.**	어머니를 도와**드린다.**
그릇을 깨뜨려 **버렸다.**	그릇을 깨뜨려**버렸다.**
비가 올 **듯하다.**	비가 올**듯하다.**
그 일은 할 **만하다.**	그 일은 할**만하다.**
일이 될 **법하다.**	일이 될**법하다.**
비가 올 **성싶다.**	비가 올**성싶다.**
잘 아는 **척한다.**	잘 아는**척한다.**

다만, 앞말에 조사가 붙거나 앞말이 합성 동사인 경우, 그리고 중간에 조사가 들어갈 적에는 그 뒤에 오는 보조 용언은 띄어 쓴다.

잘도 놀아만 **나는구나!**	책을 읽어도 **보고…….**
네가 덤벼들어 **보아라.**	강물에 떠내려가 **버렸다.**
그가 올 듯도 **하다.**	잘난 체를 **한다.**

제4절 고유 명사 및 전문 용어

제48항 성과 이름, 성과 호 등은 붙여 쓰고, 이에 덧붙는 호칭어, 관직명 등은 띄어 쓴다.

김양수(金良洙)	서화담(徐花潭)	채영신 씨
최치원 선생	박동식 박사	충무공 이순신 장군

다만, 성과 이름, 성과 호를 분명히 구분할 필요가 있을 경우에는 띄어 쓸 수 있다.

남궁억/남궁 억　　독고준/독고 준

황보지봉(皇甫芝峰)/황보 지봉

제49항 성명 이외의 고유 명사는 단어별로 띄어 씀을 원칙으로 하되, 단위별로 띄어 쓸 수 있다.(ㄱ을 원칙으로 하고, ㄴ을 허용함.)

ㄱ	ㄴ
대한 중학교	대한중학교
한국 대학교 사범 대학	한국대학교 사범대학

제50항 전문 용어는 단어별로 띄어 씀을 원칙으로 하되, 붙여 쓸 수 있다.(ㄱ을 원칙으로 하고, ㄴ을 허용함.)

ㄱ	ㄴ
만성 골수성 백혈병	만성골수성백혈병
중거리 탄도 유도탄	중거리탄도유도탄

제6장 그 밖의 것

제51항 부사의 끝음절이 분명히 '이'로만 나는 것은 '-이'로 적고, '히'로만 나거나 '이'나 '히'로 나는 것은 '-히'로 적는다.

1. '이'로만 나는 것

가붓이	깨끗이	나붓이	느긋이	둥긋이
따뜻이	반듯이	버젓이	산뜻이	의젓이
가까이	고이	날카로이	대수로이	번거로이
많이	적이	헛되이	겹겹이	번번이
일일이	집집이	틈틈이		

2. '히'로만 나는 것

극히	급히	딱히	속히	작히

족히	특히	엄격히	정확히

3. '이, 히'로 나는 것

솔직히	가만히	간편히	나른히	무단히
각별히	소홀히	쓸쓸히	정결히	과감히
꼼꼼히	심히	열심히	급급히	답답히
섭섭히	공평히	능히	당당히	분명히
상당히	조용히	간소히	고요히	도저히

제52항 한자어에서 본음으로도 나고 속음으로도 나는 것은 각각 그 소리에 따라 적는다.

(본음으로 나는 것)	(속음으로 나는 것)
승낙(承諾)	수락(受諾), 쾌락(快諾), 허락(許諾)
만난(萬難)	곤란(困難), 논란(論難)
안녕(安寧)	의령(宜寧), 회령(會寧)
분노(忿怒)	대로(大怒), 희로애락(喜怒哀樂)
토론(討論)	의논(議論)
오륙십(五六十)	오뉴월, 유월(六月)
목재(木材)	모과(木瓜)
십일(十日)	시방정토(十方淨土), 시왕(十王), 시월(十月)
팔일(八日)	초파일(初八日)

제53항 다음과 같은 어미는 예사소리로 적는다.(ㄱ을 취하고, ㄴ을 버림.)

ㄱ	ㄴ
-(으)ㄹ거나	-(으)ㄹ꺼나
-(으)ㄹ걸	-(으)ㄹ껄
-(으)ㄹ게	-(으)ㄹ께

-(으)ㄹ세	-(으)ㄹ쎄
-(으)ㄹ세라	-(으)ㄹ쎄라
-(으)ㄹ수록	-(으)ㄹ쑤록
-(으)ㄹ시	-(으)ㄹ씨
-(으)ㄹ지	-(으)ㄹ찌
-(으)ㄹ지니라	-(으)ㄹ찌니라
-(으)ㄹ지라도	-(으)ㄹ찌라도
-(으)ㄹ지어다	-(으)ㄹ찌어다
-(으)ㄹ지언정	-(으)ㄹ찌언정
-(으)ㄹ진대	-(으)ㄹ찐대
-(으)ㄹ진저	-(으)ㄹ찐저
-올시다	-올씨다

다만, 의문을 나타내는 다음 어미들은 된소리로 적는다.

-(으)ㄹ까?　　-(으)ㄹ꼬?　　-(스)ㅂ니까?
-(으)리까?　　-(으)ㄹ쏘냐?

第54항　다음과 같은 접미사는 된소리로 적는다.(ㄱ을 취하고, ㄴ을 버림.)

ㄱ	ㄴ	ㄱ	ㄴ
심부름꾼	심부름군	귀때기	귓대기
익살꾼	익살군	볼때기	볼대기
일꾼	일군	판자때기	판잣대기
장꾼	장군	뒤꿈치	뒷굼치
장난꾼	장난군	팔꿈치	팔굼치
지게꾼	지겟군	이마빼기	이맛배기
때깔	땟갈	코빼기	콧배기
빛깔	빛갈	객쩍다	객적다
성깔	성갈	겸연쩍다	겸연적다

제55항 두 가지로 구별하여 적던 다음 말들은 한 가지로 적는다.(ㄱ을 취하고, ㄴ을 버림.)

ㄱ	ㄴ
맞추다(입을 맞춘다. 양복을 맞춘다.)	마추다
뻗치다(다리를 뻗친다. 멀리 뻗친다.)	뻐치다

제56항 '-더라, -던'과 '-든지'는 다음과 같이 적는다.

1. 지난 일을 나타내는 어미는 '-더라, -던'으로 적는다.(ㄱ을 취하고, ㄴ을 버림.)

ㄱ	ㄴ
지난 겨울은 몹시 춥더라.	지난 겨울은 몹시 춥드라.
깊던 물이 얕아졌다.	깊든 물이 얕아졌다.
그렇게 좋던가?	그렇게 좋든가?
그 사람 말 잘하던데!	그 사람 말 잘하든데!
얼마나 놀랐던지 몰라.	얼마나 놀랐든지 몰라.

2. 물건이나 일의 내용을 가리지 아니하는 뜻을 나타내는 조사와 어미는 '(-)든지'로 적는다.(ㄱ을 취하고, ㄴ을 버림.)

ㄱ	ㄴ
배든지 사과든지 마음대로 먹어라.	배던지 사과던지 마음대로 먹어라.
가든지 오든지 마음대로 해라.	가던지 오던지 마음대로 해라.

제57항 다음 말들은 각각 구별하여 적는다.

가름	둘로 가름.
갈음	새 책상으로 갈음하였다.

거름	풀을 썩인 거름.
걸음	빠른 걸음.
거치다	영월을 거쳐 왔다.
걷히다	외상값이 잘 걷힌다.
걷잡다	걷잡을 수 없는 상태.
겉잡다	겉잡아서 이틀 걸릴 일.
그러므로(그러니까)	그는 부지런하다. 그러므로 잘 산다.
그럼으로(써) (그렇게 하는 것으로)	그는 열심히 공부한다. 그럼으로(써) 은혜에 보답한다.
노름	노름판이 벌어졌다.
놀음(놀이)	즐거운 놀음.
느리다	진도가 너무 느리다.
늘이다	고무줄을 늘인다.
늘리다	수출량을 더 늘린다.
다리다	옷을 다린다.
달이다	약을 달인다.
다치다	부주의로 손을 다쳤다.
닫히다	문이 저절로 닫혔다.
닫치다	문을 힘껏 닫쳤다.
마치다	벌써 일을 마쳤다.
맞히다	여러 문제를 더 맞혔다.
목거리	목거리가 덧났다.

목걸이	금 목걸이, 은 목걸이.
바치다	나라를 위해 목숨을 바쳤다.
받치다	우산을 받치고 간다.
	책받침을 받친다.
받히다	쇠뿔에 받혔다.
밭치다	술을 체에 밭친다.
반드시	약속은 반드시 지켜라.
반듯이	고개를 반듯이 들어라.
부딪치다	차와 차가 마주 부딪쳤다.
부딪히다	마차가 화물차에 부딪혔다.
부치다	힘이 부치는 일이다.
	편지를 부친다.
	논밭을 부친다.
	빈대떡을 부친다.
	식목일에 부치는 글.
	회의에 부치는 안건.
	인쇄에 부치는 원고.
	삼촌 집에 숙식을 부친다.
붙이다	우표를 붙인다.
	책상을 벽에 붙였다.
	흥정을 붙인다.
	불을 붙인다.
	감시원을 붙인다.
	조건을 붙인다.
	취미를 붙인다.
	별명을 붙인다.

시키다	일을 시킨다.
식히다	끓인 물을 식힌다.
아름	세 아름 되는 둘레.
알음	전부터 알음이 있는 사이.
앎	앎이 힘이다.
안치다	밥을 안친다.
앉히다	윗자리에 앉힌다.
어름	두 물건의 어름에서 일어난 현상.
얼음	얼음이 얼었다.
이따가	이따가 오너라.
있다가	돈은 있다가도 없다.
저리다	다친 다리가 저린다.
절이다	김장 배추를 절인다.
조리다	생선을 조린다. 통조림, 병조림.
졸이다	마음을 졸인다.
주리다	여러 날을 주렸다.
줄이다	비용을 줄인다.
하노라고	하노라고 한 것이 이 모양이다.
하느라고	공부하느라고 밤을 새웠다.
-느니보다(어미)	나를 찾아오느니보다 집에 있거라.
-는 이보다(의존 명사)	오는 이가 가는 이보다 많다.
-(으)리만큼(어미)	나를 미워하리만큼 그에게 잘못한 일이 없다.

-(으)ㄹ 이만큼(의존 명사)　찬성할 이도 반대할 이만큼이나 많을 것이다.

-(으)러(목적)　공부하러 간다.

-(으)려(의도)　서울 가려 한다.

-(으)로서(자격)　사람으로서 그럴 수는 없다.

-(으)로써(수단)　닭으로써 꿩을 대신했다.

-(으)므로(어미)　그가 나를 믿으므로 나도 그를 믿는다.

(-ㅁ, -음)으로(써)(조사)　그는 믿음으로(써) 산 보람을 느꼈다.

문장 부호

문장 부호의 이름과 그 사용법은 다음과 같이 정한다.

Ⅰ. 마침표[終止符]

1. 온점(.), 고리점(。)

가로쓰기에는 온점, 세로쓰기에는 고리점을 쓴다.

(1) 서술, 명령, 청유 등을 나타내는 문장의 끝에 쓴다.

젊은이는 나라의 기둥이다.
황금 보기를 돌같이 하라.
집으로 돌아가자.

다만, 표제어나 표어에는 쓰지 않는다.

압록강은 흐른다(표제어)
꺼진 불도 다시 보자(표어)

(2) 아라비아 숫자만으로 연월일을 표시할 적에 쓴다.

1919. 3. 1. (1919년 3월 1일)

(3) 표시 문자 다음에 쓴다.

1. 마침표　　ㄱ. 물음표　　가. 인명

(4) 준말을 나타내는 데 쓴다.

서. 1987. 3. 5. (서기)

2. 물음표(?)

의심이나 물음을 나타낸다.

(1) 직접 질문할 때에 쓴다.

이제 가면 언제 돌아오니?
이름이 뭐지?

(2) 반어나 수사 의문(修辭疑問)을 나타낼 때 쓴다.

제가 감히 거역할 리가 있습니까?
이게 은혜에 대한 보답이냐?
남북 통일이 되면 얼마나 좋을까?

(3) 특정한 어구 또는 그 내용에 대하여 의심이나 빈정거림, 비웃음등을 표시할 때, 또는 적절한 말을 쓰기 어려운 경우에 소괄호 안에 쓴다.

그것 참 훌륭한(?) 태도야.
우리 집 고양이가 가출(?)을 했어요.

[붙임 1] 한 문장에서 몇 개의 선택적인 물음이 겹쳤을 때에는 맨 끝의 물음에만 쓰지만, 각각 독립된 물음인 경우에는 물음마다 쓴다.

너는 한국인이냐, 중국인이냐?
너는 언제 왔니? 어디서 왔니? 무엇하러?

[붙임 2] 의문형 어미로 끝나는 문장이라도 의문의 정도가 약할 때에는 물

음표 대신 온점(또는 고리점)을 쓸 수도 있다.

이 일을 도대체 어쩐단 말이냐.
아무도 그 일에 찬성하지 않을 거야. 혹 미친 사람이면 모를까.

3. 느낌표(!)

감탄이나 놀람, 부르짖음, 명령 등 강한 느낌을 나타낸다.

(1) 느낌을 힘차게 나타내기 위해 감탄사나 감탄형 종결 어미 다음에 쓴다.

앗!
아, 달이 밝구나!

(2) 강한 명령문 또는 청유문에 쓴다.

지금 즉시 대답해!
부디 몸조심하도록!

(3) 감정을 넣어 다른 사람을 부르거나 대답할 적에 쓴다.

춘향아!
예, 도련님!

(4) 물음의 말로써 놀람이나 항의의 뜻을 나타내는 경우에 쓴다.

이게 누구야!
내가 왜 나빠!

[붙임] 감탄형 어미로 끝나는 문장이라도 감탄의 정도가 약할 때에는 느낌표

대신 온점(또는 고리점)을 쓸 수도 있다.

개구리가 나온 것을 보니, 봄이 오긴 왔구나.

Ⅱ. 쉼표[休止符]

1. 반점(,), 모점(、)

가로쓰기에는 반점, 세로쓰기에는 모점을 쓴다.
문장 안에서 짧은 휴지를 나타낸다.

(1) 같은 자격의 어구가 열거될 때에 쓴다.

근면, 검소, 협동은 우리 겨레의 미덕이다.
충청도의 계룡산, 전라도의 내장산, 강원도의 설악산은 모두 국립 공원이다.

다만, 조사로 연결될 적에는 쓰지 않는다.

매화와 난초와 국화와 대나무를 사군자라고 한다.

(2) 짝을 지어 구별할 필요가 있을 때에 쓴다.

닭과 지네, 개와 고양이는 상극이다.

(3) 바로 다음의 말을 꾸미지 않을 때에 쓴다.

슬픈 사연을 간직한, 경주 불국사의 무영탑.
성질 급한, 철수의 누이동생이 화를 내었다.

(4) 대등하거나 종속적인 절이 이어질 때에 절 사이에 쓴다.

콩 심으면 콩 나고, 팥 심으면 팥 난다.
흰 눈이 내리니, 경치가 더욱 아름답다.

(5) 부르는 말이나 대답하는 말 뒤에 쓴다.

얘야, 이리 오너라.
예, 지금 가겠습니다.

(6) 제시어 다음에 쓴다.

빵, 빵이 인생의 전부이더냐?
용기, 이것이야말로 무엇과도 바꿀 수 없는 젊은이의 자산이다.

(7) 도치된 문장에 쓴다.

이리 오세요, 어머님.
다시 보자, 한강수야.

(8) 가벼운 감탄을 나타내는 말 뒤에 쓴다.
아, 깜빡 잊었구나.

(9) 문장 첫머리의 접속이나 연결을 나타내는 말 다음에 쓴다.

첫째, 몸이 튼튼해야 된다.
아무튼, 나는 집에 돌아가겠다.

다만, 일반적으로 쓰이는 접속어(그러나, 그러므로, 그리고, 그런데 등) 뒤에는 쓰지 않음을 원칙으로 한다.

그러나 너는 실망할 필요가 없다.

(10) 문장 중간에 끼어든[1] 구절 앞뒤에 쓴다.

나는, 솔직히 말하면, 그 말이 별로 탐탁하지 않소.
철수는 미소를 띠고, 속으로는 화가 치밀었지만, 그들을 맞았다.

(11) 되풀이를 피하기 위하여 한 부분을 줄일 때에 쓴다.

여름에는 바다에서, 겨울에는 산에서 휴가를 즐겼다.

(12) 문맥상 끊어 읽어야 할 곳에 쓴다.

갑돌이가 울면서, 떠나는 갑순이를 배웅했다.
갑돌이가, 울면서 떠나는 갑순이를 배웅했다.
철수가, 내가 제일 좋아하는 친구이다.
남을 괴롭히는 사람들은, 만약 그들이 다른 사람에게 괴롭힘을 당해 본다면, 남을 괴롭히는 일이 얼마나 나쁜 일인지 깨달을 것이다.

(13) 숫자를 나열할 때에 쓴다.

1, 2, 3, 4

(14) 수의 폭이나 개략의 수를 나타낼 때에 쓴다.

5, 6 세기　　　　6, 7 개

1) 이 경우, '끼어들다'냐 '끼여들다'냐에 대하여 논란의 여지가 있으나, 여기에서는 고시본대로 두기로 한다. 이하 같다.

(15) 수의 자릿점을 나타낼 때에 쓴다.

14,314

2. 가운뎃점(·)

열거된 여러 단위가 대등하거나 밀접한 관계임을 나타낸다.

(1) 쉼표로 열거된 어구가 다시 여러 단위로 나누어질 때에 쓴다.

철수 · 영이, 영수 · 순이가 서로 짝이 되어 윷놀이를 하였다.
공주 · 논산, 천안 · 아산 · 천원 등 각 지역구에서 2 명씩 국회 의원을 뽑는다.
시장에 가서 사과 · 배 · 복숭아, 고추 · 마늘 · 파, 조기 · 명태 · 고등어를 샀다.

(2) 특정한 의미를 가지는 날을 나타내는 숫자에 쓴다.

3 · 1 운동　　　　8 · 15 광복

(3) 같은 계열의 단어 사이에 쓴다.

경북 방언의 조사 · 연구
충북 · 충남 두 도를 합하여 충청도라고 한다.
동사 · 형용사를 합하여 용언이라고 한다.

3. 쌍점(:)

(1) 내포되는 종류를 들 적에 쓴다.

문장 부호: 마침표, 쉼표, 따옴표, 묶음표 등.
문방 사우: 붓, 먹, 벼루, 종이.

(2) 소표제 뒤에 간단한 설명이 붙을 때에 쓴다.

일시: 1984 년 10 월 15 일 10 시.
마침표: 문장이 끝남을 나타낸다.

(3) 저자명 다음에 저서명을 적을 때에 쓴다.

정약용: 목민심서, 경세유표.
주시경: 국어 문법, 서울 박문 서관, 1910.

(4) 시(時)와 분(分), 장(章)과 절(節) 따위를 구별할 때나, 둘 이상을 대비할 때에 쓴다.

오전 10:20 (오전 10 시 20 분)
요한 3:16 (요한 복음 3 장 16 절)[2)]
대비 65:60 (65 대 60)

4. 빗금(/)

(1) 대응, 대립되거나 대등한 것을 함께 보이는 단어와 구, 절 사이에 쓴다.

남궁만/남궁 만	백이십오 원/125 원
착한 사람/악한 사람	맞닥뜨리다/맞닥트리다

2) 이 규정집에서 '편(編)·부(部)·장(章)·항(項)'이 아라비아 숫자와 결합하여 쓰이는 경우 등은 편의상 띄어쓰기의 허용 쪽을 따라 붙여 썼으나, (일러두기의 3 번을 참조함.) 이 용례는 고시본대로 보이기로 한다.

(2) 분수를 나타낼 때에 쓰기도 한다.

3/4 분기　　　　　　　　3/20

Ⅲ. 따옴표[引用符]

1. 큰따옴표(“ ”), 겹낫표(『 』)

가로쓰기에는 큰따옴표, 세로쓰기에는 겹낫표를 쓴다.
대화, 인용, 특별 어구 따위를 나타낸다.

(1) 글 가운데서 직접 대화를 표시할 때에 쓴다.

“전기가 없었을 때는 어떻게 책을 보았을까?”
“그야 등잔불을 켜고 보았겠지.”

(2) 남의 말을 인용할 경우에 쓴다.
예로부터 “민심은 천심이다.”라고 하였다.
“사람은 사회적 동물이다.”라고 말한 학자가 있다.

2. 작은따옴표(‘ ’), 낫표(「 」)

가로쓰기에는 작은따옴표, 세로쓰기에는 낫표를 쓴다.

(1) 따온 말 가운데 다시 따온 말이 들어 있을 때에 쓴다.

“여러분! 침착해야 합니다. ‘하늘이 무너져도 솟아날 구멍이 있다.’고 합니다.”

(2) 마음 속으로 한 말을 적을 때에 쓴다.

'만약 내가 이런 모습으로 돌아간다면, 모두들 깜짝 놀라겠지.'

[붙임] 문장에서 중요한 부분을 두드러지게 하기 위해 드러냄표 대신에 쓰기도 한다.

지금 필요한 것은 '지식'이 아니라 '실천'입니다.
'배부른 돼지'보다는 '배고픈 소크라테스'가 되겠다.

Ⅳ. 묶음표[括弧符]

1. 소괄호(( ))

(1) 원어, 연대, 주석, 설명 등을 넣을 적에 쓴다.

커피(coffee)는 기호 식품이다.
3·1 운동(1919) 당시 나는 중학생이었다.
'무정(無情)'은 춘원(6·25 때 납북)의 작품이다.
니체(독일의 철학자)는 이렇게 말했다.

(2) 특히 기호 또는 기호적인 구실을 하는 문자, 단어, 구에 쓴다.

(1) 주어 (ㄱ) 명사 (라) 소리에 관한 것

(3) 빈 자리임을 나타낼 적에 쓴다.

우리 나라의 수도는 ( )이다.

2. 중괄호({ })

여러 단위를 동등하게 묶어서 보일 때에 쓴다.

주격 조사 { 이 / 가 }　　　　국가의 3요소 { 국토 / 국민 / 주민 }

3. 대괄호([ ])

(1) 묶음표 안의 말이 바깥 말과 음이 다를 때에 쓴다.

나이[年歲]　　낱말[單語]　　手足[손발]

(2) 묶음표 안에 또 묶음표가 있을 때에 쓴다.

명령에 있어서의 불확실[단호(斷乎)하지 못함]은 복종에 있어서의 불확실[모호(模糊)함]을 낳는다.

V. 이음표[連結符]

1. 줄표 (—)

이미 말한 내용을 다른 말로 부연하거나 보충함을 나타낸다.

(1) 문장 중간에 앞의 내용에 대해 부연하는 말이 끼여들 때 쓴다.

그 신동은 네 살에 — 보통 아이 같으면 천자문도 모를 나이에 — 벌써 시를 지었다.

(2) 앞의 말을 정정 또는 변명하는 말이 이어질 때 쓴다.

어머님께 말했다가 — 아니, 말씀드렸다가 — 꾸중만 들었다.
이건 내 것이니까 — 아니, 내가 처음 발견한 것이니까 — 절대로 양보할 수가 없다.

2. 붙임표(-)

(1) 사전, 논문 등에서 합성어를 나타낼 적에, 또는 접사나 어미임을 나타낼 적에 쓴다.

겨울-나그네	불-구경	손-발
휘-날리다	슬기-롭다	-(으)ㄹ걸

(2) 외래어와 고유어 또는 한자어가 결합되는 경우에 쓴다.

나일론-실　　디-장조　　빛-에너지　　염화-칼륨

3. 물결표(~)

(1) '내지'라는 뜻에 쓴다.

9월 15일 ~ 9월 25일

(2) 어떤 말의 앞이나 뒤에 들어갈 말 대신 쓴다.

새마을:	~ 운동	~ 노래
-가(家):	음악~	미술~

Ⅵ. 드러냄표[顯在符]

1. 드러냄표(˙, ˚)[3)]

· 이나 ˚ 을 가로쓰기에는 글자 위에, 세로쓰기에는 글자 오른쪽에 쓴다.
문장 내용 중에서 주의가 미쳐야 할 곳이나 중요한 부분을 특별히 드러내 보일 때 쓴다.

한글의 본 이름은 훈민정음이다.

중요한 것은 왜 사느냐가 아니라 어떻게 사느냐 하는 문제이다.

[붙임] 가로쓰기에서는 밑줄(____ , ~~~~~~)을 치기도 한다.

다음 보기에서 명사가 <u>아닌</u> 것은?

Ⅶ. 안드러냄표[潛在符]

1. 숨김표(××, ○○)

알면서도 고의로 드러내지 않음을 나타낸다.

(1) 금기어나 공공연히 쓰기 어려운 비속어의 경우, 그 글자의 수효만큼 쓴다.

배운 사람 입에서 어찌 ○○○란 말이 나올 수 있느냐?
그 말을 듣는 순간 ×××란 말이 목구멍까지 치밀었다.

---

3) 고시본에는 (˚,˙)의 순으로 되어 있으나, 사용법에 대한 규정문이나 용례에서 '˙'을 앞세웠으므로 이와 같이 제시하였다.

(2) 비밀을 유지할 사항일 경우, 그 글자의 수효만큼 쓴다.

육군 ○○ 부대 ○○○ 명이 작전에 참가하였다.
그 모임의 참석자는 김×× 씨, 정×× 씨 등 5 명이었다.

2. 빠짐표(□)

글자의 자리를 비워 둠을 나타낸다.

(1) 옛 비문이나 서적 등에서 글자가 분명하지 않을 때에 그 글자의 수효만큼 쓴다.

大師爲法主□□賴之大□薦 (옛 비문)

(2) 글자가 들어가야 할 자리를 나타낼 때 쓴다.

훈민정음의 초성 중에서 아음(牙音)은 □□□의 석 자다.

3. 줄임표(……)

(1) 할 말을 줄였을 때에 쓴다.

"어디 나하고 한번……."
하고 철수가 나섰다.

(2) 말이 없음을 나타낼 때에 쓴다.

"빨리 말해!"
"……."

국어의 로마자 표기법

제1장 표기의 기본 원칙

<국어의 로마자 표기법>은 국어를 로마자로 적는 체계적인 방법을 이른다. 곧 한글을 모르는 외국인들을 위하여 도로의 표지판이나 여권, 지도 등에 쓰이는 국어를 로마자로 적는 방법이다.

제1항 국어의 로마자 표기는 국어의 표준 발음법에 따라 적는 것을 원칙으로 한다.

[풀이] 국어를 로마자로 표기하는 방식에는 크게 두 가지가 있다. 하나는 우리말의 발음을 그대로 로마자로 옮기는 것이고, 다른 하나는 우리말 표기에 쓰이는 글자, 즉 한글의 철자를 로마자로 적는 것이다. 전자를 '전음법(轉音法, 전사법, transcription)'이라고 하고, 후자를 '전자법(轉字法, transliteration)'이라고 한다.

	표기 대상		로마자	표기법
신라	발음	[실라]	Silla	전음법
	철자	ㅅㅣㄴㄹㅏ	Sinra	전자법
종로	발음	[종노]	Jong-no	전음법
	철자	ㅈㅗㅇㄹㅗ	Jong-ro	전자법

[표 1] 전음법과 전자법

예를 들어 '신라, 종로'라는 단어를 로마자로 적을 때, 전음법에 따라 발음을 로마자로 옮기면 Silla, Jong-no로 옮겨질 것이다. 그러나 반대로 전자법에 따라 철자를 로마자로 옮기면 Sinra, Jong-ro로 옮겨진다.

전음법은 발음을 로마자로 옮기기 때문에 우리말을 잘 모르는 외국인에게 우리말 발음을 비슷하게 내도록 하는 데는 효과적이다. 그러나 이 전음법은 우리말을 일단 로마자로 옮기고 난 후에는 원래의 우리말을 복원하기가 어렵다는 단점이 있다. 곧 발음에 따라 Silla, Jon-no로 표기되고 나면 이것을 원래의 한글 꼴인 '신라, 종로'로 복원하는 것은 힘든 일이다. 그리고 우리말의 '신라'나 '실라'는 모두 [실라]로만 발음되기 때문에, 한국어로는 분명히 다른 두 단어가 전음법에 따라서 로마자로 적으면

둘 다 Silla로 적힐 수밖에 없는 문제점이 있다.1)

한편 전자법으로 한글을 로마자로 옮기면 한글의 특정한 글자는 항상 특정한 로마자에 대응되기 때문에 '한글의 로마자 표기'가 체계적으로 이루어진다. 그리고 전음법과는 달리 로마자로 옮겨진 글자를 다시 한글로 복원하기가 쉽다는 장점이 있다. 그러나 한글의 철자를 기준으로 로마자로 적으면, 우리말을 모르는 외국인이 그것을 보고서 정확하게 발음하기는 어렵다. 우리말의 음운 규칙을 모르는 외국인들은 '신라, 종로'를 Sinra, Jong-ro로 적어 놓으면 [실라], [종노]로 발음하지 못하고 글자의 꼴에 이끌려서 [신라, 신나], [종로]로 발음할 가능성이 있다.

결국 전음법이나 전자법에는 각각 장단점이 있는데, 현행의 <국어의 로마자 표기법>에서는 제1항과 같이 '국어의 표준 발음에 따라 적는 것을 원칙으로 한다.'라고 하여 전음법으로 적는다는 것을 원칙으로 삼았다. 외국인들이 우리말의 발음을 정확하게 발음하는 것이 로마자 표기의 가장 큰 목적임을 생각할 때, 전음법에서 생기는 몇 가지 불편한 점은 감수할 수밖에 없는 것이다.2)

제2항 로마자 이외의 부호는 되도록 사용하지 않는다.

[풀이] 1984년의 <로마자 표기법>에도 제2항의 규정이 나와 있었으나, 실제로는 반달표(˘)와 어깨점(')을 사용하였기 때문에 엄격하게 지켜진 규정이라고는 할 수 없다. 1984년의 로마자 표기법에서는 자음의 경우 거센소리 계열의 소리 [ㅋ, ㅌ, ㅍ, ㅊ]는 k', t', p', ch'와 같이 어깨점을 찍어서 적었고, 단모음 가운데 '어, 으'의 표기는 ŏ, ŭ와 같이 반달표를 찍어서 적었기 때문이다.

그런데 타자기나 컴퓨터가 발달하여 글자 생활이 점차 기계로 이루어짐에 따라서 로마자 이외의 부호를 사용하는 데에는 큰 어려움이 있었다. 특히 최근에는 인터넷 환경이 급격하게 확산되고, 앞으로 이러한 추세가 더욱 더 확대될 것이 틀림없는 상황에서, 컴퓨터의 자판에 없는 반달표를 로마자 표기법에 사용하는 데는 불편하기 짝이 없었다.3)

---

1) <한글 맞춤법>이 소리나는 대로만 적는 방식이 아니고, 경우에 따라서는 형태소의 원형을 밝혀 적을 수도 있기 때문에 이러한 문제가 발생한다.

2) 2000년의 '로마자 표기법'에서는 학술적인 용도 등 특수한 상황에서 한글 복원을 전제로 표기할 경우에는 전자법에 따라 할 수 있도록 규정을 마련하였다.

3) 반달표나 어깨점은 특히 인터넷의 주소를 표기하는 데는 치명적인 걸림돌이 된다.

로마자 이외의 부호가 가진 이러한 문제점 때문에 2000년에 개정된 <국어의 로마자 표기법>에서는 a부터 z까지의 로마자 스물여섯 글자 이외의 부호는 가능한 쓰지 않는다는 원칙을 세웠다. 이는 84년의 로마자 표기법에도 있었으나 느슨하게 적용하던 규정을 더욱 강화한 것이다. 이에 따라 거센소리인 [ㅋ, ㅌ, ㅍ, ㅊ]를 적는 데는 어깨점을 없애고 k, t, p, ch로 적기로 하였고, 단모음인 '어, 으'를 적는 데는 반달표 사용하지 않고 로마자 두 글자를 합쳐서 eo, eu를 쓰기로 했다.

그러나 우리말을 로마자로 적을 때 부호를 전혀 사용하지 않는 것은 아니다. 부호 가운데 붙임표만은 제한된 조건 하에서 사용할 수도 있다. 예를 들어 발음상 혼동의 우려가 있을 때나(보기 : 해운대→Hae-undae), '도, 시, 군, 구, 읍, 면, 리, 동, 가'의 행정 구역 단위 앞에는 붙임표(-)를 넣는다.(보기 : 제주도→Jeju-do, 의정부시→Uijeongbu-si)

아무튼 2000년의 로마자 표기법은 '84년의 로마자 표기법에 비해서, 로마자 이외의 부호 사용에 엄격해 진 것만은 사실이다.

제2장 표기 일람

제1항 모음은 다음 각 호와 같이 적는다.

1. 단모음

ㅏ	ㅓ	ㅗ	ㅜ	ㅡ	ㅣ	ㅐ	ㅔ	ㅚ	ㅟ
a	eo	o	u	eu	i	ae	e	oe	wi

2. 이중 모음

ㅑ	ㅕ	ㅛ	ㅠ	ㅒ	ㅖ	ㅘ	ㅙ	ㅝ	ㅞ	ㅢ
ya	yeo	yo	yu	yae	ye	wa	wae	wo	we	ui

[붙임 1] 'ㅢ'는 'ㅣ'로 소리나더라도 'ui'로 적는다.

(보기) 광희문 Gwanghuimun

[붙임 2] 장모음의 표기는 따로 하지 않는다.

제2항 자음은 다음 각 호와 같이 적는다.

1. 파열음

ㄱ	ㄲ	ㅋ	ㄷ	ㄸ	ㅌ	ㅂ	ㅃ	ㅍ
g, k	kk	k	d, t	tt	t	b, p	pp	p

2. 파찰음

ㅈ	ㅉ	ㅊ
j	jj	ch

3. 마찰음

ㅅ	ㅆ	ㅎ
s	ss	h

4. 비음

ㄴ	ㅁ	ㅇ
n	m	ng

5. 유음

ㄹ
r, l

[붙임 1] 'ㄱ, ㄷ, ㅂ'은 모음 앞에서는 'g, d, b'로, 자음 앞이나 어말에서는 'k, t, p'로 적는다.([ ] 안의 발음에 따라 표기함.)

보 구미 Gumi 영동 Yeongdong
백암 Baegam 옥천 Okcheon
합덕 Hapdeok 호법 Hobeop
월곶 [월곧] Wolgot 벚꽃 [벋꼳] beotkkot
한밭 [한받] Hanbat

[붙임 2] 'ㄹ'은 모음 앞에서는 'r'로, 자음 앞이나 어말에서는 'l'로 적는다. 단, 'ㄹㄹ'은 'll'로 적는다.

보 구리 Guri 설악 Seorak
칠곡 Chilgok 임실 Imsil
울릉 Ulleung 대관령 [대괄령] Daegwallyeong

제3장 표기상의 유의점

제1항 음운 변화가 일어날 때에는 변화의 결과에 따라 다음 각 호와 같이 적는다.

1. 자음 사이에서 동화 작용이 일어나는 경우

  (보) 백마 [뱅마] Baengma　　신문로 [신문노] Sinmunno
  종로 [종노] Jongno　　왕십리 [왕심니] Wangsimni
  별내 [별래] Byeollae　　신라 [실라] Silla

2. 'ㄴ, ㄹ'이 덧나는 경우

  (보) 학여울 [항녀울] Hangnyeoul　　알약 [알략] allyak

3. 구개음화가 되는 경우

  (보) 해돋이 [해도지] haedoji　　같이 [가치] gachi
  맞히다 [마치다] machida

4. 'ㄱ, ㄷ, ㅂ, ㅈ'이 'ㅎ'과 합하여 거센소리로 소리나는 경우

  (보) 좋고 [조코] joko　　놓다 [노타] nota
  잡혀 [자펴] japyeo　　낳지 [나치] nachi

  다만, 체언에서 'ㄱ, ㄷ, ㅂ' 뒤에 'ㅎ'이 따를 때에는 'ㅎ'을 밝혀 적는다.

  (보) 묵호 Mukho　　집현전 Jiphyeonjeon

[**붙임**] 된소리되기는 표기에 반영하지 않는다.

  (보) 압구정 Apgujeong　　낙동강 Nakdonggang
  죽변 Jukbyeon　　낙성대 Nakseongdae
  합정 Hapjeong　　팔당 Paldang
  샛별 saetbyeol　　울산 Ulsan

제2항 발음상 혼동의 우려가 있을 때에는 음절 사이에 붙임표(-)를 쓸 수 있다.

보		
	중앙 Jung-ang	반구대 Ban-gudae
	세운 Se-un	해운대 Hae-undae

제3항 고유 명사는 첫 글자를 대문자로 적는다.

보		
	부산 Busan	세종 Sejong

제4항 인명은 성과 이름의 순서로 띄어 쓴다. 이름은 붙여 쓰는 것을 원칙으로 하되 음절 사이에 붙임표(-)를 쓰는 것을 허용한다.(( )안의 표기를 허용함.)

보 민용하 Min Yongha (Min Yong-ha)
송나리 Song Nari (Song Na-ri)

(1) 이름에서 일어나는 음운 변화는 표기에 반영하지 않는다.

보 한복남 Han Boknam(Han Bok-nam)
홍빛나 Hong Bitna (Hong Bit-na)

(2) 성의 표기는 따로 정한다.

제5항 '도, 시, 군, 구, 읍, 면, 리, 동'의 행정 구역 단위와 '가'는 각각 'do, si, gun, gu, eup, myeon, ri, dong, ga'로 적고, 그 앞에는 붙임표(-)를 넣는다. 붙임표(-) 앞뒤에서 일어나는 음운 변화는 표기에 반영하지 않는다.

보		
	충청북도 Chungcheongbuk-do	제주도 Jeju-do
	의정부시 Uijeongbu-si	양주군 Yangju-gun
	도봉구 Dobong-gu	신창읍 Sinchang-eup
	삼죽면 Samjuk-myeon	인왕리 Inwang-ri
	당산동 Dangsan-dong	봉천1동 Bongcheon 1(il)-dong
	종로 2가 Jongno 2(i)-ga	퇴계로 3가 Toegyero 3(sam)-ga

[붙임] '시, 군, 읍'의 행정 구역 단위는 생략할 수 있다.

보		
	청주시 Cheongju	함평군 Hampyeong
	순창읍 Sunchang	

제6항 자연 지물명, 문화재명, 인공 축조물명은 붙임표(-) 없이 붙여 쓴다.

보 남산 Namsan　　속리산 Songnisan
금강 Geumgang　　독도 Dokdo
경복궁 Gyeongbokgung　　무량수전 Muryangsujeon
연화교 Yeonhwagyo　　극락전 Geungnakjeon
안압지 Anapji　　남한산성 Namhansanseong
화랑대 Hwarangdae　　불국사 Bulguksa
현충사 Hyeonchungsa　　독립문 Dongnimmun
오죽헌 Ojukheon　　촉석루 Chokseongnu
종묘 Jongmyo　　다보탑 Dabotap

제7항 인명, 회사명, 단체명 등은 그 동안 써 온 표기를 쓸 수 있다.

제8항 학술 연구 논문 등 특수 분야에서 한글 복원을 전제로 표기할 경우에는 한글 표기를 대상으로 적는다. 이 때 글자 대응은 제2장을 따르되 'ㄱ, ㄷ, ㅂ, ㄹ'은 'g, d, b, l'로만 적는다. 음가 없는 'ㅇ'은 붙임표(-)로 표기하되 어두에서는 생략하는 것을 원칙으로 한다. 기타 분절의 필요가 있을 때에도 붙임표(-)를 쓴다.

보 집 jib　　짚 jip
밖 bakk　　값 gabs
붓꽃 buskkoch　　먹는 meogneun
독립 doglib　　문리 munli
물엿 mul-yeos　　굳이 gud-i
좋다 johda　　가곡 gagog
조랑말 jolangmal　　없었습니다 eobs-eoss-seubnida

[부칙]

① (시행일) 이 규정은 고시한 날부터 시행한다.

② (표지판 등에 대한 경과 조치) 이 표기법 시행 당시 종전의 표기법에 의하여 설치된 표지판(도로, 광고물, 문화재 등의 안내판)은 2005. 12. 31.까지 이 표기법을 따라야 한다.

③ (출판물 등에 대한 경과 조치) 이 표기법 시행 당시 종전의 표기법에 의하여 발간된 교과서 등 출판물은 2002. 2. 28.까지 이 표기법을 따라야 한다.

참고

'국어의 로마자 표기법'의 변천

〈국어의 로마자 표기법의 역사〉 국어를 로마자로 적는 방법은 꽤 많이 변화였는데, 이를 간략히 소개하면 다음과 같다.

① **머큔-라이샤워 표기법(1939)** : 국어를 로마자로 적는 방법이 최초로 등장한 것은 19세기 초라고 알려져 있으나, 체계를 갖춘 표기법이 등장한 것은 1930년대이다.

1935년에는 정인섭이 <조선어음의 만국 음성부호 표기>를 발표하였는데, 이는 1940년에 조선어 학회에서 발표한 <조선어음 나마자(羅馬字) 표기법>의 토대가 되었다. 1939년에는 미국 사람인 머큔(George S. McCune)과 라이샤워(Edwin O. Reishcauer)가 로마자 표기법을 제정하였다. 이를 <머큔-라이샤워 표기법>이라고 부르는데, 이 표기법은 국어의 발음을 로마자로 옮기는 '전음법(轉音法, 전음법, transcription)'을 표기 원칙으로 삼고 있다. 그리고 유성 파열음과 무성 파열음을 구분하여 각각 별도의 로마자를 배당했다. 국어의 자음과 모음 가운데 로마자에는 대응하는 글자가 없는 [어]와 [으]는 ŏ, ŭ와 같이 반달표를 사용하여 적은 것이 특징이다. 이 표기법은 미국의 지도에서 한국 지명을 표기할 때 채택되었을 뿐만 아니라 백과사전을 비롯해서 각종 한국 관련 자료에 널리 이용되어, 영어권의 로마자 표기법으로서는 가장 대표적인 표기법이 되었다. 1940년에는 조선어 학회에서, 정인섭의 안(1935년)을 바탕으로 전음법과 전자법을 절충한 형태로 <조선어음 나마자(羅馬字) 표기법>을 제정한 바가 있다.

② **한글을 로마자로 적는 법(1948)** : 해방이 되자 로마자 표기법을 새롭게 정비할 필요가 있었는데, 1948년에 문교부는 <머큔-라이샤워 표기법>을 바탕으로 <한글을 로마자로 적는 법>을 만들었다. 그러나 이 표기법은 국가에서 정한 최초의 공식적인 로마자 표기법이었음에도 불구하고 널리 쓰이지 않았고, 실제로는 그 동안 만들어졌던 여러 가지 로마자 표기법이 혼용되었다. 이 시기에 나온 로마자 표기법을 예로 들면 1947년에는 미국인 루코프(Lukoff)가 만든 <한글 로마자 안>과, 1954년에 예일

대학의 마틴(Samuel E. Martin) 교수가 만든 <한글 로마자 안(일명 '예일 체계')>이 있다.

③ **한글의 로마자 표기법(1959)** : 1959년에 문교부에서는 <한글의 로마자 표기법>을 다시 제정하였는데, 한글의 철자를 로마자로 옮기는 이른바 '전자법(轉字法, transliteration)'을 원칙으로 하였다. 이 체계는 우리말의 파열음을 표기할 때, 우리나라 사람이 인식하지 못하는 유성 파열음과 무성 파열음을 구분하지 않았고, 모음 '어'와 '으'를 eo, eu의 두 글자로 표기하기로 한 것이 특징이다. 그러나 1959년의 로마자 표기법도 교과서나 일부 정부 간행물에서만 지켜졌을 뿐 외국 기관이나 영자 신문 등에서는 기존의 <머큔-라이샤워 표기법>에 따랐다.

④ **국어의 로마자 표기법(1984)** : 해방 후 로마자 표기법을 두 차례나 개정하였음에도 불구하고 국내외에서 사용되는 로마자 표기법이 통일되지 못하였다. 그리고 1986년의 아시아 경기 대회와 1988년의 올림픽을 앞두고 외국인을 위주로 그들이 읽기에 편하도록 로마자 표기법을 개정하여야 한다는 일부 학자들의 주장이 제기되었다. 이에 1984년에는 문교부에서 전음법을 바탕으로 하여 <머큔-라이샤워 표기법>과 거의 비슷한 <국어의 로마자 표기법>을 또 다시 내놓게 되었다.

⑤ **국어의 로마자 표기법(2000)** : 1984년에 만든 <국어의 로마자 표기법>에도 몇 가지 큰 문제점이 있었다. 이들 문제점 가운데 가장 큰 것은 이 표기법이 외국인을 위주로 하는 표기법이라는 점이다. 1984년의 로마자 표기법에서는 외국인, 특히 영어를 모국어로 하는 외국인들을 배려해 자음을 유성음과 무성음으로 구분하여 적어서 '경기'를 Kyŏng-gi로, '대덕'을 Taeduk으로 적었다. 이렇게 되면 유성 자음과 무성 자음의 차이를 인식하지 못하기 때문에 이 둘을 동일한 음소로 인식하는 우리나라 사람의 언어 의식으로 보면 불합리한 측면이 있었다. 곧 우리나라 사람의 인식으로 보면 '경기'의 두 [ㄱ]은 동일한 음소인데도 불구하고 1984년의 로마자 표기법은 이 소리를 구별하여 'k'와 'g'로 적었다. 그리고 '대덕'의 두 [ㄷ]도 마찬가지로 우리나라 사람의 인식으로는 동일한 음소인데도 로마자로는 't'와 'd'로 구분하여 적은 것이다.

1984년의 로마자 표기법에 나타나는 두 번째 문제점은 반달표(˘)와 어깨점(')을 사용한다는 것이다. 한국어의 [어]와 [으]의 발음을 표현할 때는 ŏ와 ŭ처럼 반달표를 사용했으나 언중들이 이런 특수 부호의 의미를 알지 못해 흔히 생략하거나 무시하고 적는 수가 많았다. 그리고 반달표는 컴퓨터 자판에 없는 부호이기 때문에 컴퓨터 사용이 일반화된 시대에 걸맞지 않다는 문제도 있었다. 반달표뿐만 아니라 [ㅊ, ㅋ, ㅌ, ㅊ] 등 거센소리를 나타낼 때 쓰는 어깨점(태백 T'aebaek)도 사용하기에 불편하기는 마찬가지였다.

1984년의 로마자 표기법에 나타나는 이러한 문제점을 해결하기 위하여 '국립 국어 연구원'이 주관하여 1995년부터 로마자 표기법에 대한 개정 작업에 착수하였다. 곧 학계 전문가로 '로마자 개정 실무 소위원회'를 구성하여 공청회를 열고 각종 여론 조사와 전문가의 연구 검토를 거쳐 2000년에 <국어의 로마자 표기법>을 확정하여 발표하였다. 다음은 그 동안 제정되었던 로마자 표기법의 특징을 정리하여 표로 보인 것이다.

			머큔-라이샤워	문교부	문교부	문교부	문화 관광부
발표 연대			1939년	1948년	1959년	1984년	2000년
표기 원칙			전음법	절충식	전자법	전음법	전음법
자모음 표기	자음	ㄱ	k/g	k/g	g	k/g	g/k
		ㅋ	k'	kh(k')	k	k'	k
		ㄲ	kk	gg	gg	kk	kk
		ㅈ	ch/j	ch/j	j	ch/j	j
		ㅊ	ch'	chh	ch	ch'	ch
		ㅉ	tch	dch	jj	tch	jj
	모음	ㅓ	ŏ	ŏ	eo	ŏ	eo
		ㅡ	ŭ	ŭ	eu	ŭ	eu
표기 용례		한국	Han-guk	Han-guk	Han-gug	Han-guk	Han-guk
		전주	Chŏnju	Chŏnju	Jeonju	Chŏnju	Jeonju
		금산	Kŭmsan	Kŭmsan	Geumsan	Kŭmsan	Geumsan
특징		모음 표기	구별 부호 사용	구별 부호 사용	단모음 표기에 2글자 사용	구별 부호 사용	단모음 표기에 2글자 사용
		자음 표기	유·무성 구별	유·무성 부분적 구별	유·무성 구별하지 않음	유·무성 구별	자음을 음운 환경에 따라 구별

[표 1. '국어의 로마자 표기법'의 일람표]

〈현행의 '국어의 로마자 표기법(2000)'의 개정 내용〉 현행의 <국어의 로마자 표기법(2000)>에 반영된 기본 정신은 '외국인 위주에서 내국인 위주로 바뀐 표기법'이라고 할 수 있다. 로마자 표기법이 외국인들을 위한 어문 규정이라고 해도 그것은 기본적으로 한국인들의 표준 발음과 언어 정서에 맞아야 한다는 것이다.

또한 현행의 <국어의 로마자 표기법(2000)>은 글자 생활의 정보화와 기계화를 염두에 두고, 이에 장애가 되는 사항은 없앴다. 특히 타자기나 컴퓨터의 자판에 없는 반달표(˘)는 글자 생활의 기계화를 가로막는 큰 장애 요소며, 현재처럼 컴퓨터나 인터넷의 이용량이 급격하게 증가하는 상황을 고려할 때는 반드시 없애야 할 부호였다. 그리고 어깨점(')은 타자기와 컴퓨터의 자판에서 사용되고 있지만 글자 체계에 이러한 부호를 사용하는 것은 바람직하지 않으므로 이번 개정에서 사용하지 않도록 하였다. <국어의 로마자 표기법(2000)>에서 개정된 주요 내용은 다음과 같다.

① '어, 으'의 표기는 ŏ, ŭ에서 eo, eu로 바뀌었다.(반달표 폐지)
② 모음 앞의 무성 자음 'ㄱ, ㄷ, ㅂ, ㅈ'의 표기는 k, t, p, ch에서 g, d, b, j로 바뀌었다.
③ 'ㅋ, ㅌ, ㅍ, ㅊ'의 표기는 k', t', p', ch'에서 k, t, p, ch로 바뀌었다.(어깨점 폐지)
④ 'ㅅ'은 경우에 따라 sh와 s로 나누어 적던 것을 s로만 적는다.
⑤ 오래 전부터 쓰던 회사 명, 단체 명 등은 관용을 허용한다.

글쓰기의 원리와 실제

초판 1쇄 인쇄 • 2011년 3월 15일
초판 2쇄 발행 • 2012년 3월 15일
초판 3쇄 발행 • 2014년 3월 14일

저 자 • 양정호 외
발행인 • 박성복
발행처 • 도서출판 월인
서울특별시 강북구 수유2동 252-9
등 록 • 제6-0364호
등록일 • 1998년 5월 4일
전 화 • (02) 912-5000
팩 스 • (02) 900-5036
www.worin.net

ISBN 978-89-8477-490-2 93810

값 12,000원